事例でわかる!

空き家対策実務マニュアル

「財産管理人制度」と「略式代執行」の使い方

川口市都市計画部住宅政策課
松木利史［著］

ぎょうせい

❈はじめに❈

全国で空き家が大きな問題として取り上げられるようになり始めたのは、平成22年頃からであろうか。それほど表面化しないまでも地域レベルでは空き家の問題というものはあったのであろうが、行政が関与するものとして認識されるようになったのはおそらく埼玉県所沢市で空き家条例ができ、追随する形で各地に空き家条例ができるようになってからであろう。

空き家そのものは、東京圏への一極集中と、それに伴う地方の過疎化によって、特に地方で空き家が深刻に目立つ状況である。しかし、東京圏にあっても、分母となる住宅の絶対数が多いことから、空き家の数だけで見れば相当に多いものとなっている。また、東京圏は地方に比べて住宅が密集していることにより近隣に重大な悪影響を与えやすいため問題化がしやすい状況にある。

以前に熊本県のある町の職員が川口市に視察に来た際には、「自分達の町では人間関係、家族関係が密なために空き家所有者の連絡先は皆知っているし、高齢者の単独世帯の方が亡くなって相続人がいないということもほとんどない」という話を聞いたことがある。また、他に聞いた話では、他所に引っ越していく際にはきちんと後始末をしていくことがコミュニティの了解であり、やらないわけにはいかないという場所もあるようである。これらの話がすべての地方に当てはまるわけではないとは思うが、ただ、本書で紹介する所有者不明の空き家問題については、地方よりも核家族化が進んで住宅が使い捨てされており、また、コミュニティの人間関係が希薄な都市圏のほうがより深刻なのではないかとも思う。

さて、空き家対策に関する条例の策定が相次ぎ、平成27年5月に「空家等対策の推進に関する特別措置法」（以下、空家法）が施行して以来、自治体職員は、空家法で空き家問題の当事者となった（所有者等が解決の主体であることは空家法にも明記しているが、市民の感覚としては

「法律ができて行政が措置してくれることになった」というものであり、苦情の連絡はおおむねそういった認識から来るものであることは自治体職員なら肌で感じていることと思う。）ことと、そうは言っても空家法では特定空家等に対する第14条に基づく対応以外には行政が公権力をもって手を出せるところもなく、多くの空き家に関しては引き続き本来的な民事の問題であることに変わりはないことから、行政がどこまで積極的にかかわるべきなのか、悩んで苦しんでいることと思う。

この書籍は、空き家対策に困っている自治体職員に川口市がこれまでにどのように取り組んできたかを伝えて、少しでも参考になればと考えて書いたものである。そのため、法律論や制度の解説については本書では必要最小限にとどめて、これらの詳細な議論については他の著名な方々が記した書籍に譲ることとして、自治体が行う実務的で、現実的な話としての空き家問題への対応を川口市の実例を軸として記している。例えば、代執行の進め方としてこれまでの多くの図書等では「関係者との調整」といった一文を見かけることはあったものの具体的に何をすればいいのか、といったことはあまり記載されたものを見ることはなかった。本書では、これに対して実例の中で実際に誰にどのような対応を取ったかを列挙している。また、財産管理人制度について書かれた多くの書籍は、財産管理人となる方のために書かれていることから、自治体が申立てをしようと考えた際にその複雑な内容を見て制度の利用に臆してしまうこともあったと思うが、自治体職員が申立てを自身で行う場合にはその内容の多くは必ずしも必要ではないことから、職員が具体的に何をするのか、最低限、何をすればいいのか、書類のサンプルも交えて実務上必要な部分について紹介をしている。

また、本書の内容については、基本的には、筆者が各所の空き家対策の集まりなどにご招待いただいた際にお話しした内容や視察対応でした話などを再構成したものであることから、空き家対策を行っている自治体職員であれば当然理解していると考えて書き漏らしてしまい説明不足となってしまっている部分もおそらくあろうと思う。なるべく丁寧に書き直したつもりではあるものの至らない点があることはご容赦願いたい。

この原稿を書いている最中にも、国や他の自治体でも新しい動きが出てきたり（校正中に民法・不動産登記法の改正情報があり、大幅に追記を行った。）、また、改めて勉強し直して勘違いをしていることに気づいたところもある。これらについては、なるべく反映したつもりではあるが、まだまだ勉強不足であることを痛感することとなり、出版後に間違いに気づき赤面してしまうこともおそらく今後出てくるかと思う。もし機会が与えられるならアップデートしていければと思う。

なお、本書は筆者の主観も多分に入っており、必ずしも川口市の公式見解というわけではないことはご承知願いたい。文責は全て筆者にあるものである。

最後に、本書は個人として書いたものではあるが、多分に川口市で作成した『所有者所在不明・相続人不存在の空家対応マニュアル～財産管理人制度の利用の手引き～』を参照しており、また財産管理人選任や略式代執行の事例にしても川口市の空き家対策のスタッフ、他にも多くの方々の力により行われたものであり、さらには日々の業務の中で様々な方との会話によって気づいたことも多々ある。決して私一人の力で出版に至ったわけでもなく著者となっていることに少々気後れもしている。

ここに、私と共に空き家対策をしてきた方々を紹介し、お礼を言いたい。

石井住宅政策課長（当時）

織原住宅政策課長

山縣、椎木、原田、石田、小舘、北原、大塚のこれまで私と共に空き家対策に尽力いただいた空き家対策係員また、細萱都市計画部長（当時）には、本書の執筆を勧めていただき、特に感謝をしている。

また、モデル事業は私が配属される前年に策定されたものであり、策定に携わられた弁護士の方々と私の前任者及び当時の係員にも感謝をしたい。

さらに、他の自治体職員の方との会話により気づかされたことも多かった。川口市に行政視察に来ていただいたり、または電話でそれぞれの自治体の抱える困難な問題点や情報を教えていただいた各自治体職員の方々、国土交通省と埼玉県の空き家対策に携わる方々、さいたま家庭裁判所の方々、他にも様々な方のおかげで本書を著すことができたと思っている。

この場を借りて感謝をしたい。

令和3年7月

松木　利史

目次

第2章 所有者不明の空き家とは

第3章 財産管理人制度の使い方

第4章　略式代執行制度の使い方

第5章 参考資料

第1章

川口市の概要・空き家対策

1

川口市の概要

(1) 川口市について

川口市のある埼玉県は、東京都の北側に隣接しており、県南部にある川口市はその中で東京23区の北区、足立区に隣接している。県内では、県庁所在地であるさいたま市の南側に隣接し、県内の他の隣接市は越谷市、草加市、戸田市、蕨市である。

市域の鉄道は、JR京浜東北線と武蔵野線、地下鉄の埼玉高速鉄道が通り、高速道路は、東北自動車道、東京外郭環状道路、首都高速道路が通っている。

都心からは20キロ圏内にあり、JR川口駅から新宿駅までは17分、東京駅までは23分と都心へのアクセスのよい街である。

平成30年4月に中核市となっている。

面積は61.95㎢、総人口は令和2年1月1日で60万7,105人であり、人口密度は1平方キロメートルあたり9,800人となっている。

川口市は、古くから鋳物の街として知られ、川口駅周辺は鋳物工場が集中する市街地であった。昭和40年代以降は、都心へのアクセスのよさから、市街化が郊外へも広がっていった。駅前にあった工場には新たに高層マンションが多く建てられて人口の増加が進む一方で、古くからの市街地では区画整理が行われないままとなっている場所も多いことから、無接道の狭小地も多く残り、そのような土地に建つ家屋では居住者が亡くなったあと、解決の難しい空き家となることが多くなっている。

表1 川口市の概要

都道府県	埼玉県
面　　積	61.95㎢
総 人 口	607,105人
人口密度	9,800人／㎢
隣接自治体	東京都（足立区、北区） さいたま市、越谷市、 草加市、戸田市、蕨市

（令和2年1月1日　川口市統計より）

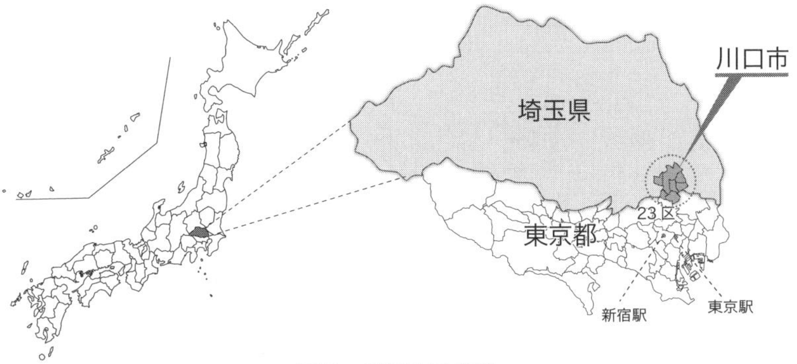

図1　川口市の立地

⑵　川口市の人口・世帯数の推移

東京圏への一極集中を受け、人口、世帯数とも一貫して増加傾向にある。平均世帯人員は平成27年で1世帯あたり2.35人となっている。このグラフにはないが、単身世帯の増加が著しく、また、夫婦のみの世帯も大きく増えている。

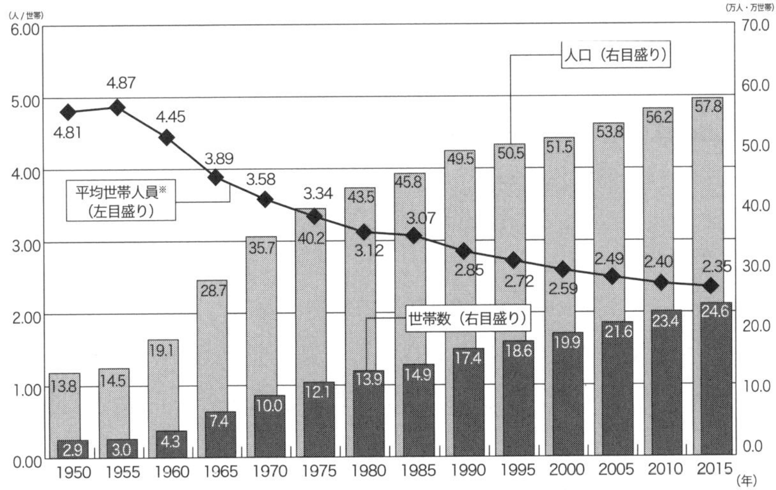

※平均世帯人員：人口を世帯数で割って求めた数値
出典：川口市住生活基本計画

図2　国勢調査による人口・世帯数

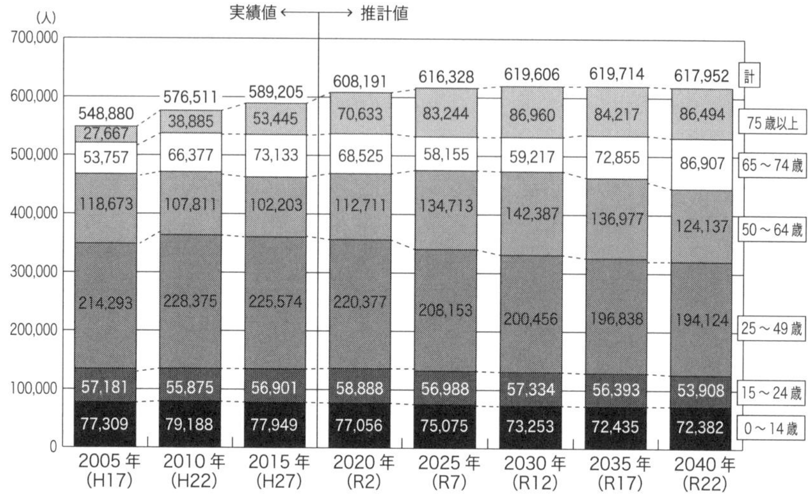

出典：川口市住生活基本計画

図３　年齢別人口推計

令和元年の人口推計では、その後15年ほどは、増加が続く予想となっているものの、少子高齢化が進行している。

⑶　川口市の空き家の概要

①　世帯数と空き家の関係

住宅土地統計調査によると、昭和43年の調査では全国で住宅総数が世帯総数を上回り、次の昭和48年の調査では、全都道府県において、住宅の数が世帯数を上回った。このことはつまり、少なくとも数字の上では一世帯あたり1つ以上の住宅が行き渡る状況となったことを示している。

川口市では昭和53年の調査で住宅の総数と世帯数がほとんど同数である。単純に考えれば全ての住宅に居住世帯があるという状況であるが、実際には、その時代においても、川口市では1万3,200戸、約9.5%が空き家として存在していたことになる。

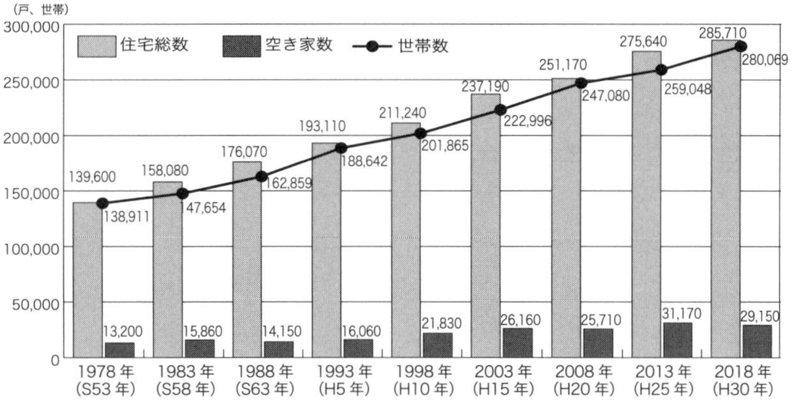

出典：住宅総数と空き家数は住宅・土地統計調査（旧住宅統計調査含む）
　　　世帯数は川口市統計（各年1月1日）

図4　世帯数の推移（昭和53年～平成30年）

なお、この統計調査の「空き家」には、マンション等の空き住戸も含まれることから、空家法の対象となる「空家等」に該当しないものも含まれている。

空き家率は、昭和50年代から10％前後で推移している。昭和63年、平成5年に数値が下がっているのは、バブル経済の影響によるものと考えられるが、そのような不動産の価値が跳ね上がった時代背景であって

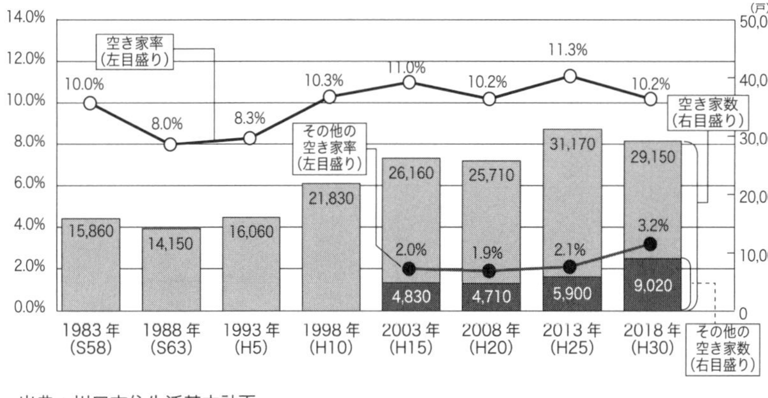

出典：川口市住生活基本計画

図5　川口市の空き家の推移

も8%程度は空き家があったこととなる。東京圏にある川口市では住宅需要も大きく、固定資産税等のことを考慮しても不動産を遊ばせておく余裕があったとは考えにくい。何らかの理由で放置されていた空き家も一定数はあったであろうが、この調査の空き家のうちの多くは、入居者や購入者の募集期間、居住者が死亡してから相続までの期間など、必然的に発生する居住者のいない一定の期間にあったものが、調査上カウントされたものであると推測される。住人の流入出の多い川口市では、バブル当時ですら8%の空き家があったこと、昭和53年当時でも9.5%程度の空き家があることから、10%程度の空き家は、統計調査上は存在が自然であると考えられ、多くは賃貸などのために適切な管理がされているものと考えられる。

その他の空き家とは、空き家のうち、別荘などの二次的住宅、賃貸用の住宅、売却用の住宅などを除いた、いわば利用目的のない住宅であるが、この「その他の空き家率」は、平成15年から2%前後で推移していたところ、平成30年調査では、3.2%、空き家の3割程度に増加している。

住宅土地統計調査上の川口市の空き家の総数は、平成20年調査では2万6,000戸ほどで、最近2回の調査では3万戸前後と数だけみると多くなっているが、約8割以上の2万5,000戸程度は一戸ずつでは空家法の適

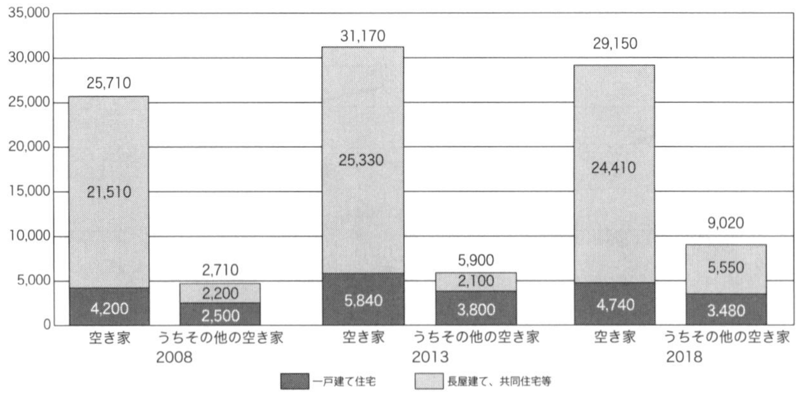

図6　空き家数・その他の空き家数の推移

用を受けない長屋、共同住宅等の空き室となっている。

また、その他の空き家の戸数は、平成30年調査では9,020戸と、平成25年調査の5,900戸から大幅に増えているが、増加分はほとんど共同住宅・長屋等の空き室・空き家（平成25年2,100戸→平成30年5,550戸）であり、一戸建てのその他の空き家については、3,800件から3,480件とむしろ減少している。空き家対策に当たって潜在的な存在としても主に対象となるのは、この3,480件の戸建てのその他の空き家であるが、住宅総数から言えば1.2％程度の割合となっている。

② 川口市の空き家対策係について

川口市が空き家の相談を受け付ける窓口を設置したのは平成24年1月のことで、当時は防犯対策室という防犯を担当する部署に窓口を設置していた。この部署で「川口市空き家等の適正管理に関する条例」を策定し平成25年10月に施行して空き家対策を行っていた。平成27年度からは、空家法が施行されることもあって、組織が再編され、都市計画部内に現在の住宅政策課及び「空き家対策係」が置かれることとなった。

③ 空き家の通報について

空き家対策係で近隣住民から通報を受ける新たな空き家は年間百件前後であり、過去に通報を受けていた空き家では、居住が開始される、また、解体されるなどして空き家ではなくなるものは3、4割程度であるが、多くは樹木の剪定がされるなどの管理にとどまるものなので、再び通報が来ることとなる。そのため、過去に通報のあった空き家の再通報も含めれば、年間二百数十件ほどの通報件数となっている。

通報件数の全体的な傾向としては、春から夏にかけて増加し、秋から冬にかけては減少するという状況となっているが、大きな台風などがあれば通報は激増する。

春から夏にかけて通報が多いのは、草木が成長し虫が発生する時期には近隣の空き家が気になるということだと考えられる。また、空き家に住み着いた猫の声がうるさいという苦情、ハチが巣を作ったという苦情もこの時期に寄せられる。

秋になると空き家の落ち葉についての苦情もあるが、木の成長が止まり、草が枯れる時期には通報が少なくなることから、空き家の建物そのものが気になる事例というのは多くはないということかと思う。

通報総数	682件
解決	471件
うち、解体済み	243件
未解決	211件

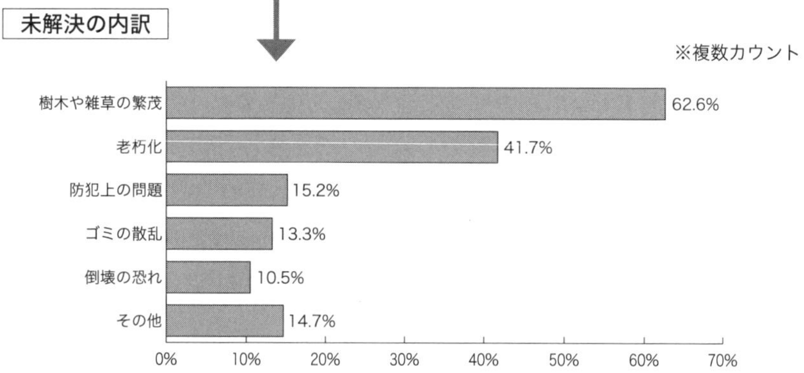

出典：川口市都市計画部住宅政策課空き家対策係集計

図7　空き家の通報状況（平成24年1月～31年3月末の数値）

1年間を通して市民から寄せられる空き家の通報内容については、樹木や雑草の繁茂によるものが一番多くなっており、このほとんどが隣地（通報者の自宅等）への枝の越境や、空き家の敷地内で雑草が生えているという程度のもので、「空家法第1条の規定内容からも御指摘のような相隣関係のみの問題に対応しないことは明らかである」（「「特定空家等に対する措置」に関する適切な実施を図るために必要な指針（ガイドライン）」（以下、ガイドライン）のQ&A）のとおり、本来は行政で対応する必要はないものである。道路の通行に支障があったり、害虫が発生して深刻な被害が出ていたりといった内容の通報は多くない。

あとは、空き家なのでなんとなく心配だ、火でもつけられたら、といった心理的なものや、先にも述べた動物やハチに関連した通報である。現地調査の結果、適切に管理され何も問題が見られなかったものも少なからずある。

④　平成28年度　空家等実態調査

平成28年度には空き家の実態調査として、現地調査と、現地調査の結果空き家であると判断した物件の所有者等に対してアンケート調査を行っている。

この調査は、空家法に基づく法定の計画として平成30年3月に策定された「川口市空家等対策計画」のための基礎調査として行ったものであり、調査方法や調査結果の概要については、当該計画に記載している（川口市HPで公開）ため、ここでは所有者アンケート調査の結果について一部抜粋して紹介し、所感を述べさせていただきたいと思う。

【空き家を利用していない理由は?】

n＝249（複数回答（回答者数133））
図中注釈（回答数）

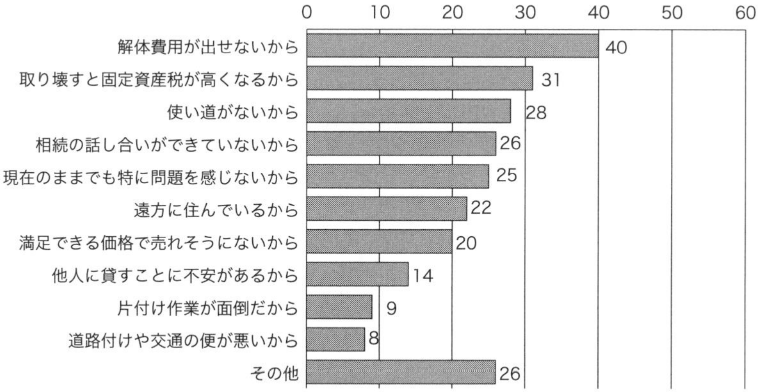

資料：平成28年度川口市空家等実態調査

図8　利用しない理由への回答

主な回答として、「解体費用が出せない」「固定資産税が上がる」「使い道がない」「相続の話し合いができていない」「特に問題を感じていない」となっている。

回答のうち、「使い道がない」「遠方に住んでいる」「他人に貸すことに不安がある」「片づけ作業が面倒である」「交通が不便である」といったものが、建物の利用を前提とする回答ということになろうが、上位に入っているのは「使い道がない」だけである。空き家についてはそのまま何らかの利用をしたいと考えるよりは、前提として解体処分することによって敷地を利用する、又は売却してお金に換えるという考えの所有者が多いのではないかということが窺える。

川口市では土地の価値が比較的高いので、敷地にある程度の広さがあり接道もあって再建築ができる場合は、売却処分してしまえば利用しない空き家を持て余している所有者としては解決を図ることが可能である。親が亡くなって空き家になったものの相続人にとっては実家であり心情的に売却に抵抗があるということも考えられないことはないが、私がこれまでの実務で相続人と話してきた感触からは、皆さんこちらが想像するよりもずっとドライであり、そのような声はあまり聞いたことはない。親が施設に入っており本人が亡くなるまでは売却するにしのびない、という話を何件か聞いているくらいである。

もし処分ができない回答どおりの納得できる理由があるとすれば、「建物しか所有していないため解体費用が捻出できない」「敷地に接道がなく、再建築ができないため売却できない」「狭小地であり売却しても高く売れない」「相続でもめている、連絡のつかない相続人がいる」といったことが考えられ、こういった事情のある空き家であれば、確かに解決が困難ではあるだろうが、そのような空き家は、川口市で把握している空き家の中で、このアンケート結果ほどの割合を占めてはいない。

上位4つの回答については、売却するなり賃貸に出すなりといった解決を図ることが川口市では可能であり、「利用をしないことによる管理上の問題を感じていないため行動に移さず先延ばしにしている」というものが実のところ多いのではないかと感じている。

このアンケート自体が問題意識を抱かせることになったのか、直近数か月の間に解体等がされ解決された件数が増えたという事実もある。

【管理上どのような問題があるか?】

n＝501（複数回答（回答者数370））
図中注釈（回答数）

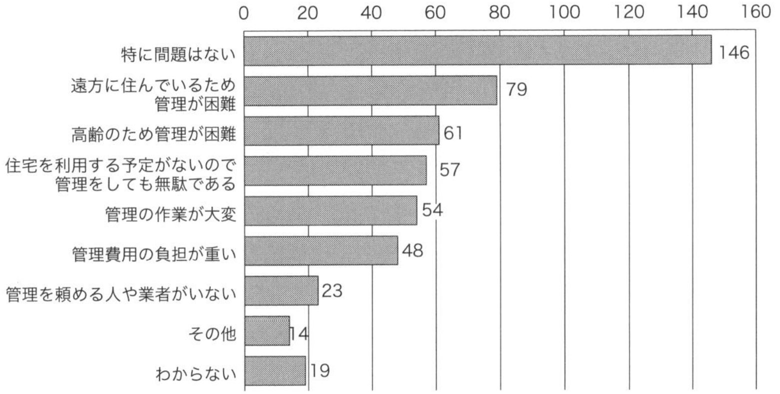

資料：平成28年度川口市空家等実態調査

図9　管理上の問題への回答

こちらは、「特に問題はない」という回答が圧倒的であった。この結果については、前の「利用しない理由」で「問題を感じていないというのが主な理由ではないか?」と述べたことを裏付けるものである。利用をしていない空き家ではどうしても近隣が期待するほどのマメな管理が必ずしもできていない事例が多い。管理に特に問題を感じていないということは、「適切な管理ができている」ので利用していなくても問題はないという認識なのであろう。

【行政に期待する施策は？】

n＝1,385（複数回答（回答者数681））
図中注釈（回答数）

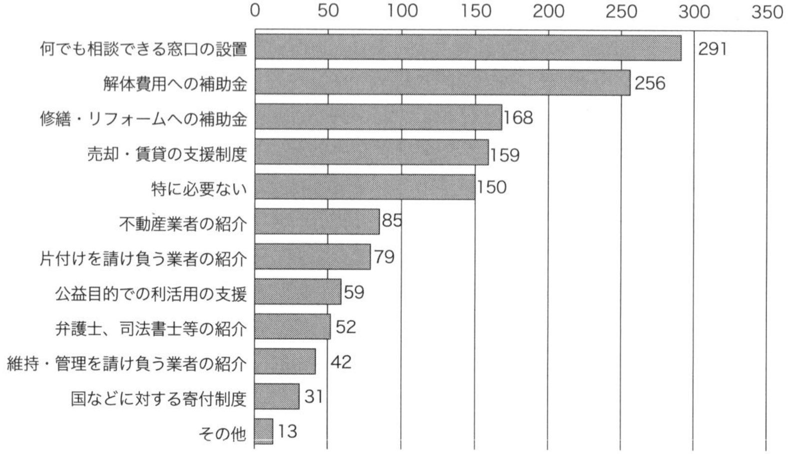

資料：平成28年度川口市空家等実態調査

図10　行政に期待する施策への回答

「何でも相談できる窓口」という回答が一番多くなっている。ただ、このアンケート実施時にも空き家対策係で相談には乗っていた（相談内容によっては、対応できない相談もあるし、他に適切な相談先がある場合にはそちらを紹介することにはなるが）ものの、実際には、空き家所有者が相談に来ることはほとんどなく、この回答はどちらかといえば、自分が解体に向けて行動を起こさない言い訳として、行政に相談先があればいいのに、という責任転嫁の回答なのだろうと感じる。

なお、相談窓口については、現在、県内自治体と事業者団体で構成する埼玉県空き家対策連絡会議（埼玉県が事務局を務める）において、各種事業者団体が、管理、売却、賃貸、解体及び相続などの相談に乗る体制ができているため、そちらを紹介することが多くなっている。

アンケートの要望は「解体費の補助」が次に多い。私としては売却できるのであれば行政が補助金を出す必要はないと考えているが、接道がない場合には土地を売ることが難しく、さらには、通路が狭く、重機が入らないようだと、解体費が相当高額になってしまう事情がある。また、このような空き家では、所有者が亡くなってしまうと、相続放棄されてしまうことが多く、かと言って売却の可能性が低いことから相続管理人制度の利用も難しい。そのため、川口市では無接道かつ老朽化した空き家の解体に対しては、解体の補助制度を設けることとし、平成30年4月から実施をしている。

表2　川口市空家除却補助金

平成30年度から開始

対象建築物	・市内に存すること ・事前に、「住宅地区改良法」第2条第4項の「不良住宅」と診断されていること ・空き家の敷地が、「建築基準法」第43条第1項及び第2項に不適合であること ・空家法第14条第3項の「命令」を受けた特定空家等でないこと
対象者	・所有者等（同意を得た二親等以内の親族を含む）（法人を除く） ・対象の空家等を購入しようとする者 ・地方税を完納している者
補助金額	・対象費用の4／5、上限100万円

COLUMN

空き家への市町村の関与について

空き家問題として寄せられる苦情の多くは相隣関係の問題であり、空き家によって近隣の方が財産の侵害を受けている場合には、その財産を主体的になって守るのは侵害を受けている近隣の方自身である。そのために当事者同士で話し合いをして、必要なら法的対応も考え、専門家に依頼をして解決をするのが本来の姿であり、それにもかかわらず民事の問題にこれほどまでに行政が深く首をつっこまなければならないのかと思う。民事で解決すべきことは民事で解決するものとして、行政が行うべきことときちんと住み分けをすることが必要であろう。ガイドラインのパブリックコメントQ&Aにも相隣関係のみの問題には対応しないことが明記されている。ただ、おそらくどこの自治体も簡単に断るわけにもいかず、ある程度までは対応しているのではないだろうか。

昔の大らかな時代では、多少の迷惑事はお互い様ということで済ませていたところがあったように思う。そのような時代であればそう目くじらを立てることも多くはなかったであろうし、自然、訴訟を起こして事を荒立てるまでに至ることはよほどのことに限られたのだろう。しかし、今は権利意識が強くなり、少しの侵害も許せないという人々が多い社会になってきている。

社会が不寛容になれば争いは自然と多くなる。個人の権利が強く主張されぶつかり合いが多くなれば訴訟社会となるのが正常な流れかと思うのだが、我が国では、訴訟という手段を取ることへの抵抗は相変わらずで、行政に頼り行政の責任として転嫁する方向になってしまっているところに歪みを感じる。訴訟による解決を図るべきところをこれに依らない理由としてよく耳にするのが、なぜ自分がお金をかけなければならないのか、というものだが、先にも書いたとおり自身がお金をかけることは当然のことである。行政が民事の問題に関わるということは、個人が自身で行うべき自身の財産の保護を、行政のコストをかけて行っていることであり、これに携わる者としては、どこまでもそれを認めることには疑問がある。

市町村では民事の問題の白黒をはっきりさせることができるわけでもなく、特定空家等になるような状態の空き家ならばともかく、大きな問題もない空き家では、空き家所有者の権利に配慮しつつ「適正な管理のお願い」をするという形で業務を進めているところが多いかと思う。そして、措置がされていなければ粘り強く所有者へのお願いをすることになるのだが、近隣の方が迅速に確実に解決を図りたいのであれば、民事の手続きをとる方が間違いなく効果的かつ効率的である。実際に、近隣の方が空き家から受ける被害を予防するために弁護士に頼んで空き家の所有者調査をして、弁護士から所有者に連絡を入れた事例などは、迅速に空き家への措置が行われている。

市町村で行う業務の実態としては、所有者と近隣の間に入って連絡をするだけのものも多く、毎年草木が伸びるたびに近隣から連絡が入りそれを所有者に伝える業務は行政のリソースの無駄遣いではないかと感じている。そのため今はなるべく「所有者の連絡先を知っているのなら直接連絡を」、所有者に対しては「空き家の措置をする際には近隣に声掛けをして連絡を取れるように」といったことを伝えてお隣同士の話し合いになるべく戻すようにはしているが、それでも通報者が自分のことは知られたくない、直接話をしたくないということも少なくはない。

空き家問題は、基本的なところは民事に戻して、その上で公益性があり解決困難なもののみ行政が関与するべきだと思う。そのためには登記情報を正確にして誰でも所有者情報にアクセスしやすくすることはもちろん、訴訟手続きなどを使いやすくすることも必要であると考えている。

相隣関係ではないが、土地所有者から「地代を払ってもらえないので出て行ってもらった。連絡先も聞かなかった。ただ、建物はそのままであり行政で何とかしてくれ。」という苦情を受けることがある。ここに行政コストが入ることに疑念を抱かない人はいないだろう。こういうものは土地所有者が建物所有者を探し、今後どうするか話し合いで解決し、又は建物収去土地明渡請求などにより解決を図るのが本来の姿である。

※民事法制の改正が予定されているが、そこでは、越境した竹木の枝を隣地の人間が切除できるようになるようである。

2

川口市の空き家に関する条例について

川口市では、平成25年に空き家の条例（川口市空き家等の適正管理に関する条例）を施行したが、平成27年に空家法が施行されたことから、同じような内容であったその条例を平成28年に廃止した。しかしながら、空家等対策において空家法にない部分を補完する必要性から、廃止の翌年には、改めて全く異なる内容の条例を策定している。

⑴ 新しい条例

新しい「川口市空家等対策に関する条例」は、平成30年3月に公布され、同年7月に施行されている。

どこの自治体でもある話かとは思うが、川口市でも空き家から屋根材や外壁材などが落下する危険性があり、通行人等に危険がある場合については、緊急の対応に苦慮していた。空き家から落下しそうな部材等を除却するような権限がないことから、例えば道路管理者に工事現場にあるようなコーンとバーを設置してもらい通行人に注意を促すような対応が、適正な根拠を求めた場合にやっとできることであった。

① 消防局による措置の考察

空き家からの落下物により何らかの被害の発生が予見される場合に高所作業ができる消防局に緊急の措置をしてもらう事案は、参考図書などを読んでいると目にすることがある。それでは、例えば、屋根材や外壁を消防法の規定により除去できるであろうか?

消防法に基づく措置の場合には、空き家は、第2条第2項の「防火対象物」のうちの「建築物その他の工作物若しくはこれらに属する物」ということになろうが、消防法では、これに対して平時に何らかの措置を加えるには、「火災の予防」「消火、避難等の消防活動への支障」の観点からのみ命令を行うことができ、その命令に従わない場合に行政代執行を行うことができるとされている。命令相手が不明のときには、略式代執行も用意されている。

しかし、逆に言えば、消防局は、平時においては、「火災予防上の措置」「消火活動等の支障物に対する措置」に関係した、必要な手続きを経た代執行しか直接には行うことができないはずである。つまりは、消防法を根拠にした、空き家に対する即時執行は用意されていない。

それでは、どの市町村にもあるであろう火災予防条例ではどうであろうか。火災予防条例はおそらく国から示された条例の例（準則）に沿う形で定めている市町村がほとんどであろうからどこも内容に大差はないはずである。川口市火災予防条例では、空き家の管理について次のように定めている。

川口市火災予防条例

（空地及び空家の管理）

第24条　空地の所有者、管理者又は占有者は、当該空地の枯草等の燃焼のおそれのある物件の除去その他火災予防上必要な措置を講じなければならない。

2　空家の所有者又は管理者は、当該空家への侵入の防止、放火の防止、周囲の燃焼のおそれのある物件の除去その他火災予防上必要な措置を講じなければならない。

3　前項の所有者又は管理者は、空家である旨の届出を消防署長にするよう努めなければならない。

これらは、所有者等に課された義務であり、消防局がこの条文に基づいて即時執行できるというものではない。

そうすると、消防局による（又は空き家対策部門が行う）一部除却等には、空き家条例を策定して規定をしない限りは権限といえるようなものはなく、刑法及び民法の緊急避難として行ったという解釈しか成り立たない。

刑法

（緊急避難）
第37条 自己又は他人の生命、身体、自由又は財産に対する現在の危難を避けるため、やむを得ずにした行為は、これによって生じた害が避けようとした害の程度を超えなかった場合に限り、罰しない。ただし、その程度を超えた行為は、情状により、その刑を減軽し、又は免除することができる。
2 前項の規定は、業務上特別の義務がある者には、適用しない。

この規定は、緊急避難による行為は犯罪とはならない、という規定である。決して、緊急避難による場合には空き家の一部除却等を行える、という権限を与える規定ではない。消防局が火災時、火災予防等によりする行為では第2項の義務者になりこの規定の適用はないが、空き家の一部除却等は、先に挙げた消防法、火災予防条例の権限外のことであり、これを行う場合には、この緊急避難が適用されていると考えられる。

緊急避難による措置は消防局のみが行えるわけではなく、消防局で認められるのであれば、当然、空き家対策部門、また、通報者も可能であると考えられる。また、緊急避難による除却は権限があってしているわけではないことから、緊急避難が認められるかは、事案ごと個別の判断がされるものであり、犯罪となる可能性も当然にあり得るものである。

民法

（正当防衛及び緊急避難）
第720条 他人の不法行為に対し、自己又は第三者の権利又は法律上保護される利益を防衛するため、やむを得ず加害行為をした者は、損害賠償の責任を負わない。ただし、被害者から不法行為をした者に対する損害賠償の請求を妨げない。
2 前項の規定は、他人の物から生じた急迫の危難を避けるためその物を損傷した場合について準用する。

この規定は、緊急避難（第2項の規定）による場合には、損害賠償の責任は負わないという規定である。ただし、やはり緊急に差し迫った状況にあったのか、危険があったと言えたのか、財産に与えた損傷が必要な程度に対して過度ではなかったのか、ということについて、所有者との間で争いになることが考えられ、最終的な判断はどうしても裁判に委ねられることになる。

新条例の制定は、このような状況を解消するため、緊急措置と軽微な措置といった即時執行の規定を置くことが一番の目的であった。

② 川口市空家等対策に関する条例

平成30年3月29日条例第28号

（目的）

第1条 この条例は、空家等対策の推進に関する特別措置法（平成26年法律第127号。以下「法」という。）に定めるもののほか、空家等（法第2条第1項に規定する空家等をいう。以下同じ。）の対策に関する必要な事項を定めることにより、公共の福祉の増進と地域の振興に寄与することを目的とする。

（指導）

第2条 市長は、空家等（特定空家等（法第2条第2項に規定する特定空家等をいう。）を除く。以下この条及び次条において同じ。）の所有者等（法第3条に規定する所有者等をいう。以下同じ。）に対し、当該空家等に関し、修繕、立木等の伐採、雑草の除去、防犯上の措置その他の周辺の生活環境の保全を図るために必要な措置を講ずるよう指導をすることができる。

（勧告）

第3条 市長は、前条の規定による指導をした場合において、なお、当該空家等の状態が改善されないと認めるときは、当該指導を受けた者に対し、期限を定めて、当該指導に係る措置を講ずるよう勧告をすることができる。

（緊急措置）

第4条 市長は、空家等の管理が不全な状態に起因して、不特定又は多数の者の生命、身体又は財産に重大な危害を及ぼすおそれがあり、かつ、第2条の指導若しくは前条の勧告又は法第14条第1項の助言若しくは指導、同条第2項の勧告若しくは同条第3項の命令により所有者等に当該危害を避けるための措置を行わせる時間的余裕がなく緊急に当該措置を行う必要があると認める場合に限り、当該危害を避けるための必要最小限の措置を自ら行い、又はその命じた者若しくは委任した者に行わせることができる。

2　市長は、前項の規定により自ら又はその命じた者若しくは委任した者により措置を講じたときは、当該措置に係る空家等の所在地及び当該措置の内容を当該空家等の所有者等に通知しなければならない。

3　市長は、前項の通知をしようとする場合において、当該空家等の所有者等を確知することができないとき、又は当該空家等の所有者等の所在が判明しないときは、当該通知の内容を公示しなければならない。

4　市長は、第1項の措置に係る費用を支出したときは、当該空家等の所有者等に対し、その費用の償還を請求することができる。

(立入調査)

第5条　市長は、前条第1項の規定の施行に必要な限度において、当該職員に、当該空家等に立ち入り、必要な調査をさせることができる。

2　前項の規定による立入調査の権限は、犯罪捜査のために認められたものと解釈してはならない。

(軽微な措置)

第6条　市長は、空家等について、開放されている扉又は窓の閉鎖、支障物の移動、立入禁止のための措置その他の規則に定める軽微な措置を講ずることにより地域における防犯上又は保安上の支障を除去し、又は軽減することができると認めるときは、必要最小限の措置を自ら行い、又はその命じた者若しくは委任した者に行わせることができる。

(身分証)

第7条　第4条第1項若しくは前条の規定による措置又は第5条第1項の規定による立入調査をする職員は、その身分を示す証明書を携帯し、関係者の請求があったときは、これを提示しなければならない。

(関係行政機関との連携)

第8条　市長は、第4条第1項若しくは第6条の規定による措置又は第5条第1項の規定による立入調査をするに当たり必要があると認めるときは、警察その他の関係行政機関に必要な協力を求めることができる。

(委任)

第9条　この条例の施行に関し必要な事項は、規則で定める。

附　則

この条例は、平成30年7月1日から施行する。

(2) 指導・勧告

特定空家等にするほどの状態ではないものの、空家法第12条の助言ではなかなか解決が難しい空家等について、所有者から連絡がないものや、措置がされないもの、そういったものに対して少しでも実効性を持った対策の必要性から、指導、勧告の規定を置いている。

指導と勧告については、特定空家等を除外している。これは、特定空家等に対しては、空家法で指導、勧告、命令が規定されているため、そちらで行うべきだからである。

条例でできるのは勧告まででその先はない。あくまで行政指導のみである。もし命令まで必要とするような空き家であるならば、本来は特定空家等にするべきである。

市長印を押した「指導書」や「勧告書」が届くことは、心理的な効果があり、これまでの助言では、反応のなかった所有者が対応を行う事例が見られ、解体に至った空き家もある。

(3) 緊急措置

市に、例えば道路上に屋根材や外壁が落ちそうになっている空き家があると通報があった場合、所有者調査をして通知を送っている間に、通行人が怪我をする危険性がある。そのため、条例で、緊急性がある場合に市が措置をできることとした。

緊急措置を行う要件として、

・空き家が原因で、不特定の方、多数の方の生命、身体、財産に重大な危害が発生するおそれがある場合
・空き家の所有者等が空き家の状態を改善して危険を避ける措置をする時間の余裕がない場合

とし、さらには、措置も危険排除のための最小限のものという制限をかけている。

これは、行政による財産権の侵害を公益性が認められる範囲内に納め

るようにするためである。

また、緊急措置を行った場合には、所有者に措置内容を通知すること、所有者に費用請求できることを定めている（この条文のみにより費用請求が可能であるかという論点は存在する。）が、実際にはこれまでは消防局による措置か、空き家部門による措置であるため、費用請求は行っていない。

※川口市では実例はないが、所有者不明の空き家に対して、あえて費用をかけて緊急措置を行い、その費用請求の必要性をもって財産管理人制度の利害関係人となって申立てを行う他市の例もある。

(4) 軽微な措置

条例では、軽微な措置についても規定している。緊急措置との違いは、空き家の一部なりとも、「壊す」という行為があるかどうかである。軽微な措置については、できる措置を、施錠の確認、扉や窓が開いている場合の閉鎖、落下物などの移動、立入り禁止と注意喚起の表示、と限定的に規定している。限定的にしているのは、草刈や樹木の剪定などまで、行政が軽微な措置であることを理由に際限なくやることにならないようにするためである。

COLUMN

個人情報保護と登記制度

川口市における空き家問題の多くは、民法上の相隣関係の話であり、相談者が空き家の所有者の連絡先を知っているなら直接言えば済むようなことがほとんどである。正直なところ、居住者がいるときには直接苦情を言うことになっていたものが、引っ越して空き家になったとたんに行政が関与するべき事案になるというのは、おかしいのではないかと感じている。特に、近隣の方からよく寄せられる「この間まで住んでいたのだけど、樹がうちまで伸びていて…」という苦情については、樹が昨日今日伸びたわけでもなく、居住者がいるときになぜ言わないのかと正直思う。

空き家問題は民事の問題に基本的には戻して、老朽化が著しく不特定多数への危険があるなど行政が関与すべき公益性があるものへの対応に行政は注力していけないものかと思う。それには、並行して民事による解決を困難にしている原因を取り除くことも必要になるだろう。

これまでずっと民事で解決できていたものが解決しにくくなったということは確かにあると思う。原因の一つとして、相続登記が義務化されておらず、きちんと登記がされてこなかったことから、親族の情報を遡って調査しなければ所有者が誰だかわからないものが年々深刻化してきているということがある。そしてその親族の調査にしても、平成20年までは住民基本台帳も戸籍も誰もが見ることができたものが、個人情報管理の厳格化によって、何らかの係争等に伴って弁護士や司法書士などに依頼しなければ隣の空き家の所有者が誰で今どこに住んでいるのか、一般の個人が簡単に調べられなくなった点もあろうかと思う。その弁護士や司法書士、行政書士による調査にしても、あくまでもその職務の範囲内において調査が行えるだけであって、隣地所有者や不動産業者が空き家を買いたいというような理由では、調査をすることはできない。

不動産の所有者情報については、必要とする人が誰でも知ることができるようにしなければならないと考えている。令和２年３月31日を施行日として土地基本法に「土地所有者等の責務」の規定が置かれ、そこには、「土地の所有者は、前項の責務を遂行するに当たっては、その所有する土地に関する登記手続その他の権利関係の明確化のための措置及び当該土地の所有権の境界の明確化のための措置を適切に講ずるように努めなければならない。」（第６条第２項）と、土地に関してのみではあるものの、所有者が登記手続を始めとした権利関係を明確にするべきことが明文化された。これを受けて、近々、相続登記の義務化などが法制化される予定のようであるが、単に義務の規定を置くだけでは実効性は薄いであろう。例えば、住民基本台帳法では転入、転居、転出について届出の義務があり違反については過料の規定があるが、空き家対策をしていて、所有者へのコンタクトを取ろうと住基台帳の情報を取得したとして、その住所が空き家のままということはザラである。また、何人、何十人もいる法定相続人がそのまま登記されるだけで細分化が進んでは土地基本法の責務など果たされるはずもない。

義務化とともに、相続が発生したことを登記官等が知る仕組み、相続登記がなされない場合に登記官等が職権で登記を行うか、何らかの資格を有する管理人を置くかしなければならない仕組みなども必要かと思う。管理人という考えに関しては、相続で長期間揉めているような場合や相続人が多数に渡る場合にも、登記官等が職権で登記上の管理人を定めてしまい第三者はその者を相手にすればよいというような制度となっていれば、第三者にとって調査などの負担が減ることになるのではないか。

また、所有者が管理できない場合、居所を知られたくない場合にも、所有者自身が家屋の管理人を定めて登記にはその連絡先を記載するような仕組みがあればよいかと思う。

細分化に関しては、海外では、登記上の権利者は４人までで、その他の権利者はその権利者内部の契約なりで定めておくもの、という国もあるようである。我が国の制度のように、細分化した相続を第三者が調査して相続人を全員調査し、全員に交渉しなければならないような制度は、あまりにも負担が大きくかつ非効率である。登記上の権利者が処分等の権原を持ったうえで、他の権利者については金銭的解決等を権利者内部で図ってもらうような制度であれば、調整や交渉が困難であることから放置されてきた不動産がもっと流通に乗りやすくなるのではないか。

※不動産登記法の改正により、登記官が住基ネット等から情報を取得して死亡情報等を登記に表示する、また、所有者の氏名・住所等の異動情報を職権で登記する仕組み、登記上の所有者の法定相続人であることを単独で登記所に申し出る仕組みなどが創設されることとなった。

3

固定資産税等の住宅用地特例解除

川口市で平成28年度に実施した空き家の実態調査のアンケート調査では、「空き家としたままにする理由」として「固定資産税が上がるから」というものが上位に入った。また、空き家の所有者と会話をしていても、同様の話を聞くことがある。老朽の著しい空き家で川口市の除却補助金の対象となりそうなものがあり、所有者と交渉を進めていたところ、除却に前向きになっていた所有者が「補助金をもらって壊そうと思っていたが知り合いの不動産業者に「税金が上がるから壊さないほうがいい」と言われた。」ということで話が流れたこともあった。また、広い一筆の土地のほとんどを貸し駐車場として使用しているが、住宅用地特例を受けるために、老朽化した小さな空き家を意図的に1棟だけ残しているという事例もある。

これらは、地方税法第349条の3の2に規定されている「住宅用地特例」といわれる、土地に掛かる固定資産税がその土地の上に住宅が建っている場合には安くなる、という税の特例の制度に起因する話であって、空き家の放置の原因の一つとなっている。そのため、住宅用地特例を解除することによって放置するメリットがなくなれば、解体される空き家もあるだろうと考えている。

地方税法

（住宅用地に対する固定資産税の課税標準の特例）

第349条の3の2　専ら人の居住の用に供する家屋又はその一部を人の居住の用に供する家屋で政令で定めるものの敷地の用に供されている土地で政令で定めるもの（前条（第12項を除く。）の規定の適用を受けるもの及び空家等対策の推進に関する特別措置法（平成26年法律第127号）第14条第2項の規定により所有者等（同法第3条に規定する所有者等をいう。）に対し勧告がされた同法第2条第2項に規定する特定空家等の敷地の用に供されている土地を除く。以下この条、次条第1項、第352条の2第1項及び第3項並びに第384条において「住宅用地」という。）に対して課する固定資産税の課税標準は、第349条及び前条第12項の規定にかかわらず、当該住宅用地に係る固定資産税の課税標準となるべき価格の3分の1の額とする。

2　住宅用地のうち、次の各号に掲げる区分に応じ、当該各号に定める住宅用地に該当するもの（以下この項において「小規模住宅用地」という。）に対して課する固定資産税の課税標準は、第349条、前条第12項及び前項の規定にかかわらず、当該小規模住宅用地に係る固定資産税の課税標準となるべき価格の6分の1の額とする。

一　住宅用地でその面積が200平方メートル以下であるもの　当該住宅用地

二　住宅用地でその面積が200平方メートルを超えるもの　当該住宅用地の面積を当該住宅用地の上に存する住居で政令で定めるものの数（以下この条及び第384条第1項において「住居の数」という。）で除して得た面積が200平方メートル以下であるものにあつては当該住宅用地、当該除して得た面積が200平方メートルを超えるものにあつては200平方メートルに当該住居の数を乗じて得た面積に相当する住宅用地

3　前項に規定する住居の数の認定その他同項の規定の適用に関し必要な事項は、総務省令で定める。

ではどんな建物を「住宅用地」として認定するのか、ということについては、平成9年4月1日に、自治省税務局固定資産税課長が発令番号自治固第13号で発した「地方税法第三百四十九条の三の二の規定における住宅用地の認定について」という文書がある。

自治固第13号（平成9年4月1日）

自治固第13号
平成9年4月1日

各道府県総務部長、東京都総務・主税局長あて

自治省税務局固定資産税課長

地方税法第三百四十九条の三の二の規定における住宅用地の認定について

地方税法第349条の3の2の規定における住宅用地の具体的な認定に際して、下記のとおり取り扱うことが適当と考えますので、管下市町村への指導方よろしくお願いします。

なお、昭和48年4月26日付け自治省税務局固定資産税課長内かん及び昭和49年3月18日付け自治省税務局固定資産税課長内かんは廃止します。

記

1　住宅の認定

当該家屋が住宅であるかどうかの判定については、次のとおり取り扱うものとする。

(1) 住宅に該当するかどうかは、1個の家屋ごとに判断するものとし、この場合原則として1棟の家屋をもって1個の家屋とする。なお、複数棟から構成される家屋で不動産登記法上1個の家屋として取り扱われるものについては、構造、利用実態、外観等からみて別個の家屋と判断できる場合には、例外として別個の家屋として取り扱って差し支えない。

(2) 属的な家屋（物置、納屋、土蔵等）については、本体の家屋と効用上一体として利用される状態にある場合には、1個の家屋に含めるものとする。

(3) 人の居住の用に供するとは、特定の者が継続して居住の用に供することをいう。

(4) 賦課期日において現に人が居住していない家屋については、当該家屋が構

造上住宅と認められ、かつ、当該家屋（併用住宅にあっては、当該家屋のうち居住部分とする。）が居住以外の用に供されるものではないと認められる場合には、住宅とする。

(5) 併用住宅の共用部分については、専用部分の床面積の割合によってあん分し、それぞれの専用部分に含める。

2～4 （略）

ここでは、家屋が住宅であるかどうかの判定基準として、(1) から (5) まで挙げられているが、住宅であるには、「人が居住していること」又は「人が居住していない場合には現に居住以外に使われていないこと」の要件を満たせばよいものであった。空き家の場合であってもその状態を問われることはなく、倉庫や作業場、店舗などに専用利用がされていなければ、住宅のままこの特例が受けられるというものである。ここでは、利用されないまま放置されている家屋があることは想定されていない。

その後、空き家問題が顕在化し、空家法が制定されるに至り、これを改正する文書が、空家法の施行日である平成27年5月26日に、総務省自治税務局固定資産税課長から出されている。上に記載した「1　住宅の認定」の改正に加え、「3　敷地の認定」には、空家法第14条第2項の勧告を受けた場合の敷地に住宅用地特例が適用されないことが主な改正内容となっている。

改正後文書

地方税法第三百四十九条の三の二の規定における住宅用地の認定について（平成9年4月1日自治固第13号）

〔沿革〕 平成27年5月26日総税固第42号改正

地方税法第349条の3の2の規定における住宅用地の具体的な認定に際して、下記のとおり取り扱うことが適当と考えますので、管下市町村への指導方よろしくお願いします。

なお、昭和48年4月26日付け自治省税務局固定資産税課長内かん及び昭和49年3月18日付け自治省税務局固定資産税課長内かんは廃止します。

記

1　住宅の認定

当該家屋が住宅であるかどうかの判定については、次のとおり取り扱うものとする。なお、家屋とは不動産登記法の建物とその意義を同じくするものであること。したがって、屋根及び周壁又はこれらに類するものを有し、土地に定着した建造物であって、その目的とする用途に供し得る状態にあるものでなければならず、現況がこうした状態にないものは家屋には該当しないことに留意する必要がある。

(1) 住宅に該当するかどうかは、1個の家屋ごとに判断するものとし、この場合原則として1棟の家屋をもって1個の家屋とする。なお、複数棟から構成される家屋で不動産登記法上1個の家屋として取り扱われるものについては、構造、利用実態、外観等からみて別個の家屋と判断できる場合には、例外として別個の家屋として取り扱って差し支えない。

(2) 附属的な家屋（物置、納屋、土蔵等）については、本体の家屋と効用上一体として利用される状態にある場合には、1個の家屋に含めるものとする。

(3) 人の居住の用に供するとは、特定の者が継続して居住の用に供することをいう。

(4) 賦課期日において現に人が居住していない家屋については、当該家屋が構造上住宅と認められ、かつ、当該家屋（併用住宅にあっては、当該家屋のうち居住部分とする。）が居住以外の用に供されるものではないと認められる場合には、住宅とする。ただし、賦課期日における当該家屋の使用若しくは管理の状況又は所有者等の状況等から客観的にみて、当該家屋について、構造上住宅と認められない状況にある場合、使用の見込みはなく取壊しを予定している場合又は居住の用に供するために必要な管理を怠っている場合等で今後人の居住の用に供される見込みがないと認められる場合には、住宅には該当しないものであるので、賦課期日における当該家屋の客観的状況等に留意する必要がある。

(5) 併用住宅の共用部分については、専用部分の床面積の割合によってあん分し、それぞれの専用部分に含める。

2 住居の数の認定

(1) 住居とは、人が居住して日常生活に用いる家屋等の場所をいうものであり、1棟の家屋内に1世帯が独立して生活を営むことができる区画された部分が2以上設けられている場合には、当該2以上の区画された部分がそれぞれ住居となるものであること。

(2)「独立して生活を営むことができる区画された部分」とは、構造上独立的に区画された家屋の一部分であり、原則として、専用の出入口、炊事場及び便所を有するものをいうものであること。ただし、共同住宅にあっては、各世帯の居住の用に供されている区画された部分ごとに炊事場又は便所が設けられることなく共用されているような場合においても、通常当該区画された部分において1世帯が独立して生活を営むことができる状態にあると認められるので、その限りにおいては当該区画された部分が、それぞれ住居となるものであること。

(3) したがって、(1) 及び (2) の基準によって算定した数が、住居の数となるものであること。

(4) その全部が別荘の用に供されている住居は、住居として取り扱わないものであること。

3 敷地の認定

(1) 住宅の敷地の用に供されている土地とは、当該住宅を維持し、またはその効用を果たすために使用されている1画地の土地をいう。

(2) 1画地の土地は、道路、塀、垣根、溝等によって他の土地と区分して認定するものとするが、明確な境界がない場合においては、土地の使用の実態によって認定する。この場合、住宅の敷地に使用されている土地が1筆の土地の一部分である場合は、当該部分のみをもって1画地とし、数筆の土地にわたり1個の住宅が存する等数筆の土地が一体として利用されているような場合には、数筆にわたって1画地を認定する。

(3) 一画地の土地の上に住宅その他の家屋が混在する場合において、当該土地のうち住宅の敷地である部分を明確に区分することが困難なときは、当該土地に存する家屋の総床面積に応じてあん分し、それぞれの家屋の用に供している土地を認定することができる。ただし、総床面積に応じてあん分することが不適当な場合は、建築面積に応じてあん分しても差し支えない。

なお、当該1画地の土地の所有者が同一でないときは、所有者相互間の不均衡を生じないように4 (2) に準じて、住宅の敷地の用に供されている土地を定める必要がある。

(4) 住宅の建設予定地は住宅の敷地ではないが、既存の住宅に代えて住宅が建設中である土地の取扱いについては「住宅建替え中の土地に係る固定資産税及び都市計画税の課税について」(平成6年2月22日付け自治固第17号) による。

(5) 空家等対策の推進に関する特別措置法 (平成26年法律第127号) 第14条第2項の勧告を受けた同法第2条第2項の特定空家等の敷地の用に供されている土地の取扱いについては「空家法の施行に伴う改正地方税法の施行について」(平成27年5月26日付け総税固第41号) による。

4 住宅用地の認定

(1) 住宅の床面積の10倍をこえる面積を有する敷地または居住部分の割合が2分の1 (5階建以上の耐火建築物である住宅にあっては4分の3) 未満である併用住宅の敷地については、当該敷地の一部が住宅用地になるが、この場合、法令の定めるところによって住宅用地の面積を算定し、当該面積に相当する土地を住宅用地として税額の算定をすれば足りるものであり、住宅用地部分の土地を具体的に特定する必要はない。

(2) (1) の場合において、敷地の所有者が同一でないときは、所有者相互間の均衡を図るため、各人の所有する土地のうち住宅用地とされる部分の割合がそれぞれ同一となるように住宅用地を定める。これを算式で示せば、次のとおりである。

$$\text{各人が所有する土地にかかる住宅用地の面積} = \text{全敷地にかかる住宅用地の面積} \times \frac{\text{各人が所有する土地の面積}}{\text{敷地全体の面積}}$$

> (3) 住宅用地でその一部が小規模住宅用地であるものが、同一の者によって所有されていない場合には、それぞれの所有者に係る小規模住宅の面積は次の算定によって計算するものである。
>
> $$\text{それぞれの所有者に係る小規模住宅用地の面積} = \text{全小規模住宅用地の面積} \times \frac{\text{各人が所有する土地の面積}}{\text{全住宅用地の面積}}$$

この改正では、「その目的とする用途に供し得る状態になければならず、現況がこうした状態にないものは家屋に該当しないことに留意する必要がある。」としたうえで、さらに、賦課期日における家屋の状況について、

・構造上住宅と認められない状況にある場合
・使用の見込みがなく取壊しを予定している場合
・居住の用に供するために必要な管理を怠っている場合等で今後人の居住の用に供される見込みがないと認められる場合

これらの場合には、「住宅に該当しない」とされ、「賦課期日における当該家屋の客観的状況等に留意する必要がある。」と言っている。

重要なのは3点目の場合であり、ここではつまり、適切な管理がされていない人が住めないような空き家については、住宅用地特例が受けられないことを明記しているのである。

また、空家法の指針、空家法のガイドラインのパブリックコメントでもこのことは、簡潔に書かれている。

> (略) 人の居住の用に供すると認められない家屋の敷地に対しては、そもそも固定資産税等の住宅用地特例は適用されないことに留意が必要である。

(空家等に関する施策を総合的かつ計画的に実施するための基本的な指針(平成27年2月26日総務省・国土交通省告示第1号) 14ページ)

章番号等	パブリックコメントにおける主なご意見等	国土交通省及び総務省の考え方
第3章8.	1.特定空家の勧告があって初めて住宅用地の特例の解除がされると言う人がいます。そもそも、「人の居住の用に供すると認められない家屋の敷地に対しては、勧告がされていなくとも固定資産税等の住宅用地特例は適用されない」ことを明確に記載して頂きたい。そして、誤解のないよう、住宅用地の特例の表現を見なおして頂きたい。特に、第3章8.必要な措置が講じられた場合の対応（P18）の6行目からの文章「勧告又は命令が撤回された場合、…特例の要件をみたす家屋の敷地については、当該特例の適用対象となる…」は、誤解を生むのではないでしょうか。	御指摘の「人の居住の用に供すると認められない家屋の敷地に対しては、勧告がされていなくとも固定資産税等の住宅用地特例は適用されない」という点については、空家対策特措法第5条に基づく「空家等に関する施策を総合的かつ計画的に実施するための基本的な指針」の一8（2）の中で「人の居住の用に供すると認められない家屋の敷地に対しては、そもそも固定資産税等の住宅用地特例は適用されないことに留意が必要である」旨明記しております。また、御指摘の「勧告又は命令が撤回された場合、…特例の要件をみたす家屋の敷地については、当該特例の適用対象となる…」については、例え市町村長による特定空家等に対する勧告又は命令が撤回されたとしても、当該特定空家等が「人の居住の用に供する」家屋の要件を満たさないこととなれば、当然のことながら当該家屋の敷地については固定資産税等の住宅用地特例の対象ではなくなることを確認的に記載している部分であり、原案どおりとさせていただきます。
第3章8.	解体、除却についての措置をとることを勧告した場合は、固定資産税等の住宅用地特例の対象から除外しても問題ないが、修繕や立木の伐採等の生活環境の保全についての措置をとることを勧告した場合に固定資産税等の住宅用地特例の対象から除外したとすると、その措置がなされた後、再び住宅用地特例の対象とするのか。 そもそも住宅用地ではない、すなわち空家である以上、いったん対象から外された場合は改善されたとしても再び住宅用地特例の対象とすべきではないと考えるが、そうなると、特定空家等だけでなく、全ての空家等について住宅用地特例の対象から外さないと、税の公平性が保てないと考える。	勧告した措置がなされた場合、勧告は撤回され、固定資産税等の住宅用地特例の要件を満たす家屋の敷地については、再度当該特例の適用対象となります。 居住の用に供する家屋とは認められないものについては、特定空家等の勧告の有無にかかわらず、住宅用地特例の対象から除外されるべきと考えます。

(『「特定空家等に対する措置」に関する適切な実施を図るために必要な指針（ガイドライン）（案）』に関するパブリックコメントの募集の結果について（平成27年5月26日国土交通省住宅局総務省地域力創造グループ）別紙『「特定空家等に対する措置」に関する適切な実施を図るために必要な指針（ガイドライン）（案）』に関するパブリックコメントに寄せられたご意見と国土交通省及び総務省の考え方　24ページ）

これを受けて、川口市では、この平成27年の改正後の通知に基づく住宅用地特例解除について、平成30年3月に策定された川口市空家等対策計画の当該箇所で、「住宅用地特例が空家等を放置する動機とならないよう、空家等が特例を解除するべきものであるかどうか、空家等の状況調査を進めていきます。」という風に記述している。

この状況調査については、固定資産税部局が行うことにしており、事務の運用上としては、まず空き家対策部門で「人の居住の用に供すると認められない家屋」をリストアップし、そのリストを固定資産税部局に情報提供している。

空き家部門から税部門への情報提供文

> 「地方税法第349条の3の2の規定における住宅用地の認定について」（平成9年4月1日自治固第13号）に基づく住宅に該当しない家屋について（情報提供）
>
> 下記の物件については、本課の調査により、標記通知一住宅の認定(4)の規定中「当該家屋について（略）居住の用に供するために必要な管理を怠っている場合等で今後人の居住の用に供される見込みがないと認められる場合」に該当すると判断されますので、情報提供をいたします。今後は、当該規定中「住宅に該当しないものである」旨に留意し、貴課で課税をするに当たりご検討ください。

そのリストをもとにして税部局で状況調査を行う、というフローで事務を開始している。

「今後、居住の見込みがない」というのはどのような状態のことを言うのかについては、国からは具体的には示されてはいないが、川口市の固定資産税部局では、取扱い基準を定めている。

正確にどの空き家であるかは不明であるが、川口市の税部門では、すでに十件程度の特例の解除を行ったと聞いている。

ただ、他の市町村では、空き家対策部門から税部門にこの解除の働きかけをしたものの門前払いを受けたという話も仄聞する。税部門として「しなければならない」ことを実施せずに必要な税徴収を怠っているのだから問題があるが、どの場合に「今後、居住の見込みがない」状態に該当するか判断が難しいということなのだろう。国から何らかの適用が容易な判断基準が示され、全国的に統一された運用がされるようになれば、この状況も変わってくるのではないか。

京都市や神戸市では、空き家の住宅用地特例の解除を強力に進めているという話も聞いている。こういった取り組みは数か所の市町村のみで散発的に行ってもその市町村が特殊なことをしているという目で見られてしまう。その場合当然、所有者からの反感も強いものとなる。全国でこの動き（本来当然にやるべきことではあるのだが）が大きくなって欲しいと願う。

さらに考えをもう一歩進めれば、住宅用地特例の制度が、国民の居宅の確保という観点から設けられたであろうことを考えると、空き家となった時点で特例が適用されているのはおかしいのではないかと個人的には考えている。居住者が一定期間いない時点で、特例を解除するのが、住宅用地特例ができた本来の趣旨に合致した運用であると考える方が自然ではないだろうか。

COLUMN

空き家対策には、税部門が強い武器を持っている

〈財産管理人制度の申立て者としての適性〉

空き家対策では、所有者と連絡が取れるならば直接どのような事情があるのか話を聞くこともできるが、いくら通知を送っても反応が得られない案件については、課税状況や納税状況が分かれば所有者の事情を推測することができるかもしれないのに、と思うことがある。納税がされていればある程度空き家に対する管理意識があるのだろうが、納税がされていない場合には、その意識がないか、何らかの問題を抱えているという推測もできる。これらの情報は、空き家対策部門からすると対応方針を考える際に取得できればと思う情報である。

また、空き家対策部門は事例で紹介したように財産管理人申立ての際の利害関係人となるために苦労をしているが、同じ行政内部であっても税部門であれば税の滞納があれば当然に、課税をできていない状態であれば税債権を理由とする申立てについては今後の固定資産税収入に関わる問題であるから利害関係がはっきりしていて申立人となることは容易である。また、空き家以外の財産の調査権限もあることから、予納金の回収見込みも立てやすく、空き家対策部門では事例で紹介したように失敗した空き家の国庫帰属についても清算後に債務超過となるかどうか予測が容易であることから、リスクを把握したうえで申し立てる案件を選別できる。

それにもかかわらず税部門で積極的に財産管理人制度を利用しているという話はあまり聞かない。平成28年に摂津市が大阪市・堺市を除く大阪府内41団体の課税課と徴収担当課に対して行ったアンケートでは、「相続人全員が相続権を放棄した場合について、約65%の団体は「課税保留・死者課税にする」としており、「申立て費用を回収できる見込みがあれば、選任申立てをする」という回答が散見された。」（永田有香「空

家特措法の施行と税務行政現場」『自治実務セミナー』2017年6月号、第一法規)とあり、積極的に制度利用をしていないことが窺われる。また、川口市の税部門に訊いたところでは、マンパワーの問題や、課税部門と徴収部門でお互いにどちらがやるべきなのか話がつかないという事情もあるようだが、私の考えでは所有者が亡くなった時点で滞納がないのであれば、課税保留や死者課税ではそもそも債権が発生していない（今後は相続登記の義務化により解消していくのかもしれないが、放置されている空き家では死者課税となっているものが非常に多いことは問題である）ことから「今後の課税ができない」ことを理由として課税部門が申立てを行うことが自然ではないかと思う。逆に、差押を受けた空き家の所有者が失踪して居所が分からなくなったという案件もあるのだが、これなどは徴収部門で債権回収を目的として不在者財産管理人制度がごく自然に利用できるであろう。

空き家対策部門で申立てをする場合には空き家として問題が発生してから通報が入ることが多く、その時には所有者が亡くなってから何年も経っていることも多い。問題化する前に解決でき、その間の税の取りはぐれも発生しないことから税収増に直結する話であるし、税部門で積極的に申立てを行って欲しいところである。

〈公売の可能性〉

税の滞納によるものだと思うが、登記を見ると市の差押えがついていることがある。こういったものは、所有者にしても売却も解体もできないため、連絡が取れたとしても「差押えがついていて、自分には何もできない」と言われてしまう。売却はできなくとも管理ができるだろうとは言っても、差押えを受ける経済状態であって、なおかつそのような物件ではモチベーションも湧かないであろうし、まず放置されてしまうことになる。差押えからスムーズに公売に移ってくれていれば空き家として放置される期間も少ないのにと思うのだが、税部門に訊いてみても、税部門は税部門の考えでやっている、という回答になってしまう。

空き家が老朽化してしまえば、所有者が任意に処分できない以上代執行も視野に入ることになるが、代執行では事務負担が大きく実績も少ないことに加えて費用回収も難しい。公売であれば多くの実績とともに費用も低く済み回収もずっと容易である。部署目線ではなく市町村として考えればどちらの手段に依ることが合理的であるか明らかであると思うのだが。

〈税制〉

建物の老朽化が進むと免税点未満となり固定資産税が課税されなくなってしまうが、これも空き家が放置される一因である。固定資産税は資産に対する賦課であるから、資産価値のないものに課税しないというのはその主旨のとおりであり充分理解できるが、やはり毎年課税されて納税をすることによってややもすれば忘れがちな空き家の存在を意識するものであるし、延々納税をするのなら売却なり活用なりをしようという発想にもなる。免税点未満の家屋が空き家となったら住宅用地特例の対象にならないこととするか、いっそ空き家税を創設するといった手は打てないものかと思う。

第2章

所有者不明の空き家とは

1

所有者不明の空き家について

平成27年5月に「空家等対策の推進に関する特別措置法」が全面施行され、全国の自治体が空き家対策を行うこととなった。同法に関して実務上の大まかな説明については、「空家等に関する施策を総合的かつ計画的に実施するための基本的な指針」（平成27年2月26日付け総務省・国土交通省告示第1号）に示されており、空家等のうち同法第2条第2項に規定する「特定空家等」の取り扱いについては、「「特定空家等に対する措置」に関する適切な実施を図るための必要な指針（ガイドライン）」に示されているところである。

空家等問題における対応困難な事例としては、相続人が多くなってしまったため相続人の間で調整がつかないもの、単純に所有者に空き家への対応の意思に欠けるもの、売却が困難であり所有者にその資力がないものなど、多岐にわたるが、その対応困難な事例のひとつに、空家の所有者が不明、行方不明または不存在の場合がある。

この所有者不明の空き家に関しては、空家法第14条第10項には、「第3項の規定により必要な措置を命じようとする場合において、過失がなくてその措置を命ぜられるべき者を確知することができないとき（過失がなくて第1項の助言若しくは指導又は第2項の勧告が行われるべき者を確知することができないため第3項に定める手続により命令を行うことができないときを含む。）は、市町村長は、その者の負担において、その措置を自ら行い、又はその命じた者若しくは委任した者に行わせることができる。この場合においては、相当の期限を定めて、その措置を行うべき旨及びその期限までにその措置を行わないときは、市町村長又はその命じた者若しくは委任した者がその措置を行うべき旨をあらかじめ公告しなければならない。」という略式代執行に係る規定があるのみであり、指針においても、「一の1　本基本方針の背景」において、「しかしながら空家等がもたらす問題が多岐にわたる一方で、空家等の所有者又は管理者（以下「所有者等」という。）の特定が困難な場合があること等解決すべき課題が多いことを踏まえると、空家等がもたらす問題に総合的に対応するための施策の更なる充実を図ることが求められていたところである。」とあり、また、「一の2の（1）市町村内の関係部局による連携体制」において、空家等の問題の解消には、市町村における関係内部部局の連携が必要とありその一例として「法務部局の参画は所有者等が不明である空家等に対してどのような対処方針で臨むかを検討する観点から、それぞれ重要である。」とあるくらいであって、市町村が手を焼いている所有者不明の空き家に対する具体的な施策については示されていない。

ガイドラインに関するパブリックコメントにおいては、各手続きにおける所有者不明の場合の取り扱いについて質問があるものの、回答に関しては、踏み込んだ説明や解決方法が示されているわけではない。

(1)　所有者不明・相続人不存在の空き家への対応

一口に所有者不明・相続人不存在とはいっても、具体的には次のような事例に分かれるかと思う。

- 所有者が亡くなり相続人がいないもの
- 所有者が亡くなり相続人が相続放棄をしたもの
- 所有者が行方不明（居所不明）のもの
- 所有者である法人が解散したもの
- 不動産登記、固定資産税調査台帳などに所有者に関する情報がないもの

といったものである。

① 所有者が亡くなり相続人がいないもの

戸籍を追っていき、法定相続人がいるか確認していく作業が必要となる。遺言による受遺者がいる可能性もなくはないが、市町村の空き家対策部門としては、調べようがない。この確認作業によって法定相続人の有無を判断するほかはないだろう。

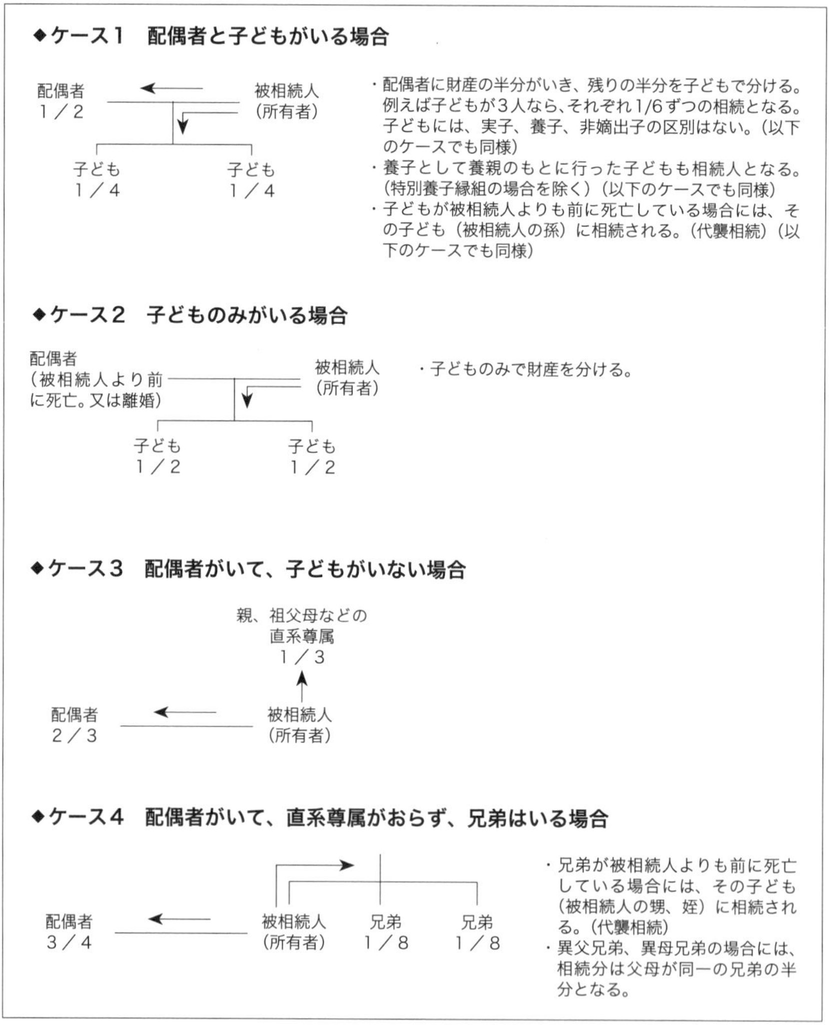

図11　法定相続人について

実際には、長期間放置されている空き家では相続登記がされないまま放置されていることが多いため、いつ誰が死亡したのか時系列を整理しながら追っていく必要がある。例えば、登記上の所有者Ａが死亡した時点でＡに配偶者Ｂと子どもＣがいれば、それぞれ１／２ずつ相続されている。その後、Ｂよりも前にＣが死亡して、Ｃに配偶者も子どももいなければ、Ｃの相続分は直系尊属であるＢに行く。Ｂが死亡した時点でＢが再婚などしていなければＢには配偶者も子どももいないこととなるが、Ｂの親などの直系尊属がすでに死亡していてＢに兄弟がいたとすればＢの兄弟に相続が行く。Ｂの兄弟がＢの死亡時にはすでにおらずその子どものみいたとすれば、相続はそのＢの兄弟の子どもに行くことになる。といった具合である。この場合、登記上の所有者Ａの空き家は、その配偶者の甥又は姪が相続することとなったわけである。この例では、例えＡの兄弟が存命だったとしてもそちらの相続分はない。

それでは、同様の事例で、もしも配偶者Ｂが子どもＣよりも前に死亡していたらどうか。その場合にはＢの死亡時にＢの持ち分は全てＣのもとに行くため、結果として空き家はＣ一人のものとなる。その後Ｃが死亡した時点で、Ｃには配偶者、子ども、直系尊属、兄弟すべていないため、相続人はいないこととなる。ＢとＣどちらが先に死亡したかで結果は異なるものとなる。

参考

養子と相続について

空き家の相続人調査をしていると、相続登記がなされていないことから登記上の所有者が昔の方であることも多く、時代ということもあろうが相続関係に養子縁組があることが思いの他多い。そのため、ここに少しまとめて記載しておこうと思う。

民法

（嫡出子の身分の取得）

第809条　養子は、縁組の日から、養親の嫡出子の身分を取得する。

・（普通）養子縁組の場合には、養親と実親（血縁のある親）の両方と相続関係がある。
・特別養子縁組の場合には、実親との関係がなくなり、養親とのみ相続関係がある。

民法

（縁組による親族関係の発生）
第727条　養子と養親及びその血族との間においては、養子縁組の日から、血族間におけるのと同一の親族関係を生ずる。

・養子が、養親及び「養親の血族」と血族と同一の親族関係を持つのであって、その逆、すなわち、養親と「養子の血族」とでは親族関係は生じない。（大審院決定大正13年7月28日）
・養子縁組後に養子に子供が生まれた場合には、その生まれた子供と養親は、法律上の血族になる。つまり相続上も実の祖父母と孫と同様の関係になる。
・養子縁組以前に生まれた、養子の子供は、養親といかなる血族関係（親族関係）もない。（大審院判決昭和7年5月11日）

川口市で相続財産管理人の申立てをした際に家裁に提出した相続人がいないことの報告書に、上記の点について説明したものがあるため、参考までにここに挙げる。

「なお、「除籍全部事項証明」及び「除籍全部事項証明」により母○○には養母である○○○○がおり、同人は令和○年○月○日に故○○○○の死亡日より後に死亡していることが判明しているが、縁組日が平成○年○月○日であることから「養子縁組以前に生まれた養子の直系卑属と養親との間には親族関係を生じない（大判昭和7年5月11日）」こととなり相続は発生していない。」

②　所有者が亡くなり相続人が相続放棄をしたもの

民法

第3節　相続の放棄

（相続の放棄の方式）
第938条　相続の放棄をしようとする者は、その旨を家庭裁判所に申述しなければならない。

（相続の放棄の効力）

第939条 相続の放棄をした者は、その相続に関しては、初めから相続人とならなかったものとみなす。

（相続の放棄をした者による管理）

第940条 相続の放棄をした者は、その放棄によって相続人となった者が相続財産の管理を始めることができるまで、自己の財産におけるのと同一の注意をもって、その財産の管理を継続しなければならない。

2 （略）

相続人から相続放棄したとの連絡がある場合、また、全く無視という場合にも実は相続放棄していることがあるが、いずれにしても必要に応じて相続放棄がされているかどうか確認をしておかないと、その後の対応方針に違いがでてくる。

相続放棄がされているかは、被相続人の最後の住所があった家庭裁判所が管轄となるため、そちらに照会をする。

相続放棄者への対応については、川口市の『所有者所在不明・相続人不存在の空き家対応マニュアル（Q3)』に詳しい（巻末「第5章　参考資料」参照)。

「①所有者が亡くなり相続人がいないもの」「②所有者が亡くなり相続人が相続放棄をしたもの」が、後で紹介する相続財産管理人制度の対象となるものである。

相続放棄・限定承認の申述の有無についての照会		
受付印	年　月　日 さいたま家庭裁判所　支部・出張所　宛	
	住　所	〒
	照会者	印
	電　話	（　）　－
郵便切手　円添付	（担当者　）	
添付書類	1　住民票・戸籍附票　通 2　戸籍謄本　通 3　相続関係図　通 4　利害関係の存在を証明する書面の写し　通 （　） 5　資格証明書又は商業登記簿謄本　通 6　委任状　通 7　返信用封筒と返信用切手 8　その他（　）通	
被相続人の表示	別紙被相続人等目録記載のとおり	
相続人の表示	別紙被相続人等目録記載のとおり	
照会の趣旨	別紙目録記載の被相続人の相続に関し、別紙目録記載の相続人から、 □　同被相続人の死亡日 □　先順位者の放棄が受理された日 （　年　月　日） から申請日までの間（但し、貴庁の定めにより、上記日から3か月の間とされている場合は、その期間）に、貴庁に対し、相続放棄または限定承認の申述がなされているか否かについて、事件簿または索引簿にて調査し回答してください。	
照会を求める理由	被相続人との利害関係	
	□　不動産競売手続に必要なため □　訴訟を提起するため □　承継執行文の付与を求めるのに必要なため □　その他裁判所に提出するため（　） □　その他（　）	

図12　相続放棄・限定承認の申述の有無についての照会（さいたま家庭裁判所）

被相続人等目録				
被相続人	本籍			
	最後の住所			
	氏名		死亡年月日	年　月　日

相続人（照会対象者）	氏名		相続放棄	限定承認	事件番号	年（家）第　号
			有・無	有・無	受理年月日	年　月　日
	氏名		相続放棄	限定承認	事件番号	年（家）第　号
			有・無	有・無	受理年月日	年　月　日
	氏名		相続放棄	限定承認	事件番号	年（家）第　号
			有・無	有・無	受理年月日	年　月　日
	氏名		相続放棄	限定承認	事件番号	年（家）第　号
			有・無	有・無	受理年月日	年　月　日
	氏名		相続放棄	限定承認	事件番号	年（家）第　号
			有・無	有・無	受理年月日	年　月　日
	氏名		相続放棄	限定承認	事件番号	年（家）第　号
			有・無	有・無	受理年月日	年　月　日
	氏名		相続放棄	限定承認	事件番号	年（家）第　号
			有・無	有・無	受理年月日	年　月　日
	氏名		相続放棄	限定承認	事件番号	年（家）第　号
			有・無	有・無	受理年月日	年　月　日
	氏名		相続放棄	限定承認	事件番号	年（家）第　号
			有・無	有・無	受理年月日	年　月　日
備考						

＊太線の枠内のみご記入ください。その他は裁判所の記入欄になります。
＊記入事項は戸籍又は住民票に記載されているとおりに正確に記入してください。

図13　被相続人等目録（さいたま家庭裁判所）

③ 所有者が行方不明のもの

空き家対策では、所有者と連絡がとれないことがよくある。不動産登記や戸籍、住基台帳などの住所が当該空き家のままとなっていることもあるし、それらとは別に住所があっても、その場所への通知が「あて処がみあたりません」ということで返ってきてしまうこともままある。それならばと所有者の兄弟、子ども、親戚等と連絡を取ったとしても、長いこと会っていない、連絡先は知らない、縁を切っている、という回答を貰うこともまた、よくある話である。

このような場合、法律上では、その者を「従来の住所又は居所を去った者」(民法第25条)となり、これを「不在者」と定義している。ここでは、その者が現実に生きているかどうかは問われない。

民法では不在者への対応として、

・不在者財産管理人制度

・失踪宣告

が、用意されている。

大きな違いとしては、不在者財産管理人制度が、所有者が生きているものとしてその所有する財産の管理、保全のために管理人を置く制度であるのに対して、失踪宣告では、所有者が死亡したものとして扱われるということである。そのため失踪宣告では相続が発生する。空き家の所有者を不在者として失踪宣告をする場合には、通常は普通失踪であろうから、7年間生死不明であることが要件となる。

民法

(失踪の宣告)

第30条　不在者の生死が7年間明らかでないときは、家庭裁判所は、利害関係人の請求により、失踪の宣告をすることができる。

2 (略)

不在者財産管理人制度については、市町村が空き家対策で利用するものとして後で説明するが、失踪宣告については、市町村が利用するというよりは、空き家の共有者や相続人が利用するものとしてアドバイスできるように、概要くらいは理解しておいた方がよいというものである。

※共有物に関しては、現在民事法制の大幅な改正が予定されており、共有者が他の共有者やその所在を知ることができない場合の対応が規定されることとなった。

④ 所有者である法人が解散したもの

P61「参考〈所有者が解散した法人であった場合〉」参照のこと。

⑤ 登記、固定資産税調査台帳などに所有者に関する情報がないもの

川口市の空き家事例として、建物の登記がないことは比較的よく見受けられるものの、土地が未登記（表題登記がない）であるものは、これまで見たことがない。他市町村ではまた事情が異なるところもあるのかもしれないが、少なくとも、ある程度市街化が進んでいて建物が建っているような土地では、登記がされていないということはほとんどないのではないか。そのため、ここでは建物が未登記である場合に話を絞ることとする。

「登記がなく、どこの誰の所有建物かわからない」ということは「所有者がいない」ということとイコールではない。登記がなくては第三者に対抗できない（民法第177条）というだけであり、誰かが、自身が使うにしても貸すためにしても何らかの目的を持って建てたわけであるから、その所有者がいたはずである。おそらくは建設当時の土地所有者や居住者、又はその親族などが建物所有者であったことが多いであろう。そのため、登記がない場合には、聞き込みなどの他の情報から所有者を探す作業が必要となる。

親族や近隣の方への聞き取りにより所有者を特定したとする事例も見かけるが、建てたであろう人物が土地も所有しており居住もしていた場合などはある程度間違いないものとしてみていいと思う（ただやはり類推の域を出ないため特定とまで言ってよいのかは少々疑問である。）。また、証言者がよほど近しい関係であり、建てた際の事情などを間近でみ

ていたのであれば、これも信憑性は高いと思う。いずれにしても、特定したというよりは、どれだけ証拠力のようなものがあるかということであろう。所有者と思われる人物に相続人がいない、または行方不明の場合には、財産管理人制度を利用することが考えられるが、証言をもって空き家をその人物所有のものとして認めるかどうかは、家庭裁判所の裁判官がその証言をもって間違いないと認めるかどうかということになるだろう。

関係する当事者全員がずっと前に死亡しており書類などもなく、情報が「聞いた話」で構成されている場合には、死亡した当事者間でしかわからない事情もあることが想定され、その場合には、行政が所有者を特定したとはなかなか言い切るということは難しいのではないだろうか。

⑥ どこまで調査をすれば所有者不存在となるか

ガイドラインでは、略式代執行が認められる「過失なく措置を命ぜられるべき者を確知することができない場合」（空家法第14条第10項）の「過失がなくて」「確知することができない」場合の説明として、

「「過失がなくて」とは、市町村長がその職務行為において通常要求される注意義務を履行したことを意味する。また、「確知することができない」とは、措置を命ぜられるべき者の氏名及び所在をともに確知しえない場合及び氏名は知りえても所在を確知しえない場合をいうものと解される。

どこまで追跡すれば「過失がなくて」「確知することができない」と言えるかについての定めはないが、少なくとも、不動産登記簿情報等一般に公開されている情報や住民票情報等市町村が保有する情報、法第10条に基づく固定資産課税情報等を活用せずに所有者等を特定しようとした結果、所有者等を特定することができなかった場合にあっては、「過失がない」とは言い難いと考えられる。」

としている。

一方で、「所有者不明土地の利用の円滑化等に関する特別措置法」（以

下、「所有者不明土地特措法」）では、同法の「所有者不明土地」の定義に該当するか否かについて、同法の政省令に所有者を探索すべき方法が相当細かく規定され、この探索方法によってもなお所有者が判明しない場合に「所有者不明土地」とするとされている。具体的には、

①　登記を確認すること

②　次の者から情報を得ること

・土地の占有者、土地に何らかの権利を持つ者（具体的には登記の乙区に記載されている者のことでいいかと思う。）

・建物の所有権者、建物に何らかの権利を持つ者（土地と同様、乙区欄に記載の者と思われる。）

・複数の所有者がいる場合に他の所有者、所有者と思われる者

・固定資産税台帳、地籍調査票、農地台帳、森林台帳を備える自治体の長

・親族、海外居住者場合には在外公館の長（いずれも個人の場合）

・法人の代表者（法人の場合）、清算人又は破産管財人（解散法人の場合）

③　次の者から情報を得ること

・登記名義人又は②で判明した者の住基台帳、戸籍簿又は除籍簿、戸籍の附票を備える市町村長

・法人の登記簿を備える登記所の登記官

④　登記名義人が死亡又は解散している場合には、次の者から情報を得ること

・相続人の住基台帳、戸籍簿又は除籍簿、戸籍の附票を備える市町村長

・法人の登記簿を備える登記所の登記官

⑤　①から④までで判明した者に書面の送付又は訪問をすること

こう書くとガイドラインに比べて調べなければならないことが非常に多いように感じるが、よくよく見れば空き家の所有者調査で所有者を確

知するために行っていることである。相続財産管理人選任の申立てを所有者不明土地特措法第38条を使って行う場合にはこれらの探索方法を行ったことを説明するよう家庭裁判所から求められることもあるかもしれないが、申立てを行うに至るまでに既に調査済であることかと思う。

略式代執行の際にはこの「所有者不明土地」の定義と同等の調査を行う必要は必ずしもないのでガイドラインに従えばよいかと思うが、代執行の重さを考えれば実施の決定をするまでには、同じだけの調査はすでに行われているのではないか。

COLUMN

所有者捜索の労力について

所有者がなかなか見つからない又は所有者と連絡が取れない空き家の解決は、相当に困難である。市町村の空き家部門では、固定資産税の所有者情報、登記情報や戸籍調査による捜索のほか、様々な情報から所有者について推理、推測をして、所有者の情報をつかもうとしているが、それでも見つからなければ最終的には財産管理人の選任を申し立てるか、空き家の状態が悪ければ略式代執行という手段に依ることになる。捜索については税部門をはじめ他の部署においても同様の苦労はしており、個人や民間でも何らかの利害関係等で捜索をする際には市町村以上の苦労をしていることであろう。

所有者不明土地問題にしても全く同様であり、探す側が相当の汗をかかなければならず、所有者不明土地特措法では、同法の施行令や省令に捜索方法が事細かに規定されており、これをやらなければ所有者不明土地としてすら認められない。

空き家や土地を放置している所有者を探すためになぜ他者がここまで苦労をしなければならないことになっているのかと思う。所有者による必要な手続きがされていないことに問題があり、そのことによって負う不利益は、所有者に向かうべきなのではないだろうか。現状では、所有者の探索をいかにして行うか、ということに労力が無駄に割かれている気がする。所有者を労力をかけずに分かるようにすること、または他者は簡単に探すだけでよく、それで判明しなければその責任は所有者にあり、単に過料を科されるだけではなく、何らかの不利益を被るのは所有者になるという制度作りが必要ではないか。

第3章

財産管理人制度の使い方

1

財産管理人制度を使った空き家対策

(1) 財産管理人制度とは？

① 制度の概要

財産管理人制度は民法に定められた制度であり、本来は行政が空き家対策で利用することを想定したものではない。あくまでも民事で利用するための制度であるが、所有者不存在の空き家への対処に「使える」制度であるため紹介をするものである。なお、財産管理人制度は家事審判事件として利害関係人が申し立てる制度であることから、空き家の管理不全を問題として使うのであれば、例えば、空き家により何らかの被害のある隣地住民などが要求などをするために申立人となるのが民事としての本来の姿である。ここで紹介することにより、何でも市町村が申し立てるべきという風潮になってしまうことは本意ではないことは念のため申し上げる。

財産管理人制度には、民法第25条から第29条までに規定する不在者財産管理人制度、民法第951条から第959条までに規定する相続財産管理人制度の2種類がある。

不在者財産管理人制度（民法第25条～第29条）

（不在者の財産の管理）

第25条　従来の住所又は居所を去った者（以下「不在者」という。）がその財産の管理人（以下この節において単に「管理人」という。）を置かなかったときは、家庭裁判所は、利害関係人又は検察官の請求により、その財産の管理について必要な処分を命ずることができる。本人の不在中に管理人の権限が消滅したときも、同様とする。

2　前項の規定による命令後、本人が管理人を置いたときは、家庭裁判所は、その管理人、利害関係人又は検察官の請求により、その命令を取り消さなければならない。

（管理人の改任）

第26条　不在者が管理人を置いた場合において、その不在者の生死が明らかでないときは、家庭裁判所は、利害関係人又は検察官の請求により、管理人を改任することができる。

（管理人の職務）

第27条　前2条の規定により家庭裁判所が選任した管理人は、その管理すべき財産の目録を作成しなければならない。この場合において、その費用は、不在者の財産の中から支弁する。

2　不在者の生死が明らかでない場合において、利害関係人又は検察官の請求があるときは、家庭裁判所は、不在者が置いた管理人にも、前項の目録の作成を命ずることができる。

3　前2項に定めるもののほか、家庭裁判所は、管理人に対し、不在者の財産の保存に必要と認める処分を命ずることができる。

（管理人の権限）

第28条　管理人は、第103条に規定する権限を超える行為を必要とするときは、家庭裁判所の許可を得て、その行為をすることができる。不在者の生死が明らかでない場合において、その管理人が不在者が定めた権限を超える行為を必要とするときも、同様とする。

（管理人の担保提供及び報酬）

第29条　家庭裁判所は、管理人に財産の管理及び返還について相当の担保を立てさせることができる。

2　家庭裁判所は、管理人と不在者との関係その他の事情により、不在者の財産の中から、相当な報酬を管理人に与えることができる。

相続財産管理人制度（民法第951条～第959条）

第6章　相続人の不存在

（相続財産法人の成立）

第951条　相続人のあることが明らかでないときは、相続財産は、法人とする。

（相続財産の管理人の選任）

第952条　前条の場合には、家庭裁判所は、利害関係人又は検察官の請求によって、相続財産の管理人を選任しなければならない。

2　前項の規定により相続財産の管理人を選任したときは、家庭裁判所は、遅滞なくこれを公告しなければならない。

（不在者の財産の管理人に関する規定の準用）

第953条　第27条から第29条までの規定は、前条第１項の相続財産の管理人（以下この章において単に「相続財産の管理人」という。）について準用する。

（相続財産の管理人の報告）

第954条　相続財産の管理人は、相続債権者又は受遺者の請求があるときは、その請求をした者に相続財産の状況を報告しなければならない。

（相続財産法人の不成立）

第955条　相続人のあることが明らかになったときは、第951条の法人は、成立しなかったものとみなす。ただし、相続財産の管理人がその権限内でした行為の効力を妨げない。

（相続財産の管理人の代理権の消滅）

第956条　相続財産の管理人の代理権は、相続人が相続の承認をした時に消滅する。

２　前項の場合には、相続財産の管理人は、遅滞なく相続人に対して管理の計算をしなければならない。

（相続債権者及び受遺者に対する弁済）

第957条　第952条第２項の公告があった後２箇月以内に相続人のあることが明らかにならなかったときは、相続財産の管理人は、遅滞なく、すべての相続債権者及び受遺者に対し、一定の期間内にその請求の申出をすべき旨を公告しなければならない。この場合において、その期間は、２箇月を下ることができない。

２　第927条第２項から第４項まで及び第928条から第935条まで（第932条ただし書を除く。）の規定は、前項の場合について準用する。

（相続人の捜索の公告）

第958条　前条第１項の期間の満了後、なお相続人のあることが明らかでないときは、家庭裁判所は、相続財産の管理人又は検察官の請求によって、相続人があるならば一定の期間内にその権利を主張すべき旨を公告しなければならない。この場合において、その期間は、６箇月を下ることができない。

（権利を主張する者がない場合）

第958条の２　前条の期間内に相続人としての権利を主張する者がないときは、相続人並びに相続財産の管理人に知れなかった相続債権者及び受遺者は、その権利を行使することができない。

（特別縁故者に対する相続財産の分与）

第958条の３　前条の場合において、相当と認めるときは、家庭裁判所は、被相続人と生計を同じくしていた者、被相続人の療養看護に努めた者その他被相続人と特別の縁故があった者の請求によって、これらの者に、清算後残存すべき相続財産の全部又は一部を与えることができる。

2 前項の請求は、第958条の期間の満了後3箇月以内にしなければならない。

（残余財産の国庫への帰属）

第959条 前条の規定により処分されなかった相続財産は、国庫に帰属する。この場合においては、第956条第2項の規定を準用する。

両者の違いとしては、どこにいるのかわからない人（不在者。生死不明の場合も含む。）の財産を管理するために利用するのが「不在者財産管理人制度」であり、人が亡くなった後、その人の財産を相続する者が居ない場合（不存在）にその財産を管理するために利用するのが「相続財産管理人制度」であるということでざっくりと理解してもらえればいいかと思う。

人が何らかの請求や要求をしようとする際には、その相手が必要である。典型的なものとしては債権回収を目的とする金銭の請求であるが、そのような請求や要求をしたくとも、その請求の相手方が「不在」又は「不存在」という状況では、その請求又は要求ができない。そのため、これを解消するためにその請求や要求をしようとする者が家庭裁判所に申立てをして、それらの財産について管理人を選任してもらい、その管理人に対して請求や要求をできるようにするというのがこれらの制度である。

参考

訴訟や強制執行をしようとする際に相手方がいない場合には、特別代理人制度というものもある。特別代理人という言葉は、訴訟や強制執行以外にも使われる言葉ではあるが、ここで関連しそうなのは次のものである。

・訴訟行為におけるもの

相続人不分明による相続財産法人に代表者がなければ、利害関係人は民法1052条（現952条）により裁判所に管理人選任を請求し得るが、このことは、その選任を待てない事由がある者が相続財産法人に対し訴えを提起するに際し本条（民事訴訟法第56条（現第35条））による特別代理人選任を申請することを妨げない（大決昭5・6・28民集9・640）（有斐閣判例六法より抜粋）。

・強制執行におけるもの

民事執行法

（債務者が死亡した場合の強制執行の続行）

第41条 強制執行は、その開始後に債務者が死亡した場合においても、続行することができる。
2 前項の場合において、債務者の相続人の存在又はその所在が明らかでないときは、執行裁判所は、申立てにより、相続財産又は相続人のために、特別代理人を選任することができる。
3 民事訴訟法第35条第2項及び第3項の規定は、前項の特別代理人について準用する。

両制度の違いとしてきちんと理解しておいた方がよいもう一点が目的の違いである。

「相続財産管理人制度」は「管理、清算」が目的であり、「不在者財産管理人制度」は「管理、保全」が目的である点が両者の制度を理解するうえで重要となってくる。

空き家に限れば、この目的の違いから、財産管理人が空き家という財産に対してどのような姿勢をとるかが異なってくる。相続財産管理人は、「管理、清算」に向けて、空き家を売却処分してお金に替えるために行動することから、管理するのは売却までの期間ということとなるし、不在者財産管理人は、基本的には空き家を所有者のために維持管理をしていくという方針で行動することとなる。

※現在行われている民事法制の改正では、名称を「相続財産の管理人」から「相続財産の清算人」とすることとなっている。

○不在者財産管理人制度
民法第25条から第29条まで
制度の目的 → 不在者（行方不明者等）の財産を管理・保全する。

○相続財産管理人制度
民法第951条から第959条まで
制度の目的 → 死亡者の財産を引き継ぐ者がいない場合に、その財産を管理・清算する。

注意点としては、いずれの制度も、あくまでも「亡くなった方」の財産の管理・清算、あるいは「所在のわからない方」の財産の管理・保全というように、「誰々の」財産ということが考えのベースとなっていることである。そのため、未登記の場合などで、他の調査によっても所有者がどこの誰なのか名前もわからないという場合には制度の利用はできない。

※所有者不明土地管理命令及び所有者不明建物管理命令の制度が創設される。これは、特定の所有者の財産に着目するのではなく、所有者不明の土地や建物に着目して管理人を選任する制度のため、「どこの誰かもわからない」場合にも利用可能かと思われる。

参考

〈所有者が解散した法人であった場合〉

空き家の所有者が、解散して既に清算が終わっている法人であった場合というのが実務上あって困ることがある。この場合には、会社法に基づく「スポット精算人」を申し立てるというものがある。川口市では利用がしたことがないため詳細に述べることはできないが、概要のみ紹介しておく。

会社法

（清算人の就任）

第478条　次に掲げる者は、清算株式会社の清算人となる。

一　取締役（次号又は第３号に掲げる者がある場合を除く。）

二　定款で定める者

三　株主総会の決議によって選任された者

2　前項の規定により清算人となる者がないときは、裁判所は、利害関係人の申立てにより、清算人を選任する。

Q　債権譲渡の通知の受取りや不動産の譲渡だけお願いしたいのですが。

事実上申立人の希望する事務だけを行う清算人選任も可能です。

本来、清算人は、例えば破産手続において財団放棄された物件をすべて処分するなど、清算事務をすべて終わらせ、清算を結了させなければなりません。

しかし、それでは、申立人は、希望する清算事務以外の清算事務の分まで、清算人の報酬を事実上負担しなければなりません。

そこで、清算人に対して会社法が規定する厳格な清算手続のすべてを行うことを求めず、申立人が目的とする限定的な清算事務のみを行い、当該事務が終了した時点で、非訟事件手続法59条1項により選任決定を取り消して当該清算人の事務を終了させ、選任に係る登記を裁判所書記官からの嘱託で抹消するという運用（スポット運用）も行っています。

（大阪地方裁判所ホームページより）

この申立てについても、やはり申立手数料（収入印紙）、予納郵券、予納金が必要となる。

②「相続財産法人」について

民法

（相続財産法人の成立）
第951条 相続人のあることが明らかでないときは、相続財産は、法人とする。

相続財産管理人制度では、財産の所有者が「不存在」であることから、財産そのものを法人として扱う。これについては、相続人のいない被相続人が亡くなった時点で法人となることから、何らかの手続きが必要ということはない。

相続財産管理人が選任されると、財産管理人は、この相続財産法人の代表者、又は代理人となると解されている。

一方で、不在者財産管理人の場合は、所有者が存在する（生死不明の場合でも生きている前提である。）ことから、財産法人という考えはない。そのため、不在者財産管理人は、不在者の法定代理人ということになる。不在者本人との関係では法定委任関係となる。

③ 利害関係人による申立て

民法上、財産管理人選任の請求は、「利害関係人又は検察官」（第25条（不在者財産）、第952条（相続財産））ができる。

〈利害関係人の具体例〉

・不在者財産管理人制度の場合

配偶者、親族

推定相続人（不在者が死亡したら相続人となる者）

債権者、債務者

担保権者

国・地方自治体

※税債権を持っていたり、公共用地等として相続財産を買収したりしようとする場合等

・相続財産管理人制度の場合

相続債権者、相続債務者

担保権者

特定受遺者（遺言で特定分の遺贈を受けることとされた者）

特別縁故者（生計を同じくする者、療養看護をしていた者　など）

事務管理者

※親族や知り合いが、相続財産を管理したり、葬儀費用を捻出した場合等

国・地方自治体

※税債権を持っていたり、公共用地等として相続財産を買収したりしようとする場合等

「地方自治体」の場合は、一般的には税債権などがある場合に利害関係が認められる。自治体であるだけで利害関係人になれるわけではないため、一般の方と同様、利害関係人であるという何らかの主張が必要である。

空き家対策では、略式代執行、緊急措置、事務管理といったことを行った結果かかった費用を債権として利害関係を主張するということであれば、財産管理人制度の本質的な利用方法であることから申立ては容易であると考えられる。

近隣の方が利害関係人になるには、空き家を購入したいということだけでは認められない。利害関係としては、敷地の境界確定をしたい、空き家が倒れたら被害を受けそうである、樹木が越境して迷惑を被っているといった場合に認められるかと思うが、やはり裁判官次第というところである。

空き家等の特定の財産にのみ利害関係がある場合であっても、相続財産管理人は財産全体の調査をし、管理することになる。

ただし、今、国で所有者不明土地問題に関係して、財産全体の清算を

目的としない、特定の財産に関してのみ管理する管理人制度も検討しているようである。

※所有者不明土地管理命令及び所有者不明建物管理命令の制度が創設され、裁判所が利害関係人の請求により管理人を選任して当該管理人が管理をするようになるようである。

④ 検察官による申立て

利害関係人とは別に検察官も申立てをできるとされている。空き家問題でいえば、検察官に申立てを働きかけて、動いてくれた例もあるようではあるが、事例としてはあまり目にすることはなくどのような場合であれば申立てをするのかその基準も傍目からはよくわからない。川口市では、検察官への交渉の手間がどれほどになるか、結果がどうなるのか、ということがわからないため、自ら動くほうが早いと現在のところは考えている。

⑤ 空き家問題に関しての利害関係

市町村が、財産管理人制度を用いて空き家問題を解決しようとする際には、空き家に対して自治体がどうすれば利害関係人として認められるかが問題となっていた。先に述べた略式代執行の費用を債権とする申立てはこれまでも行われていたが、略式代執行自体そう簡単に行えるものでもなく、また事務としても2段構えになることから、財産管理人制度を空き家に対していきなり利用する場合にどうすればよいか、ということである。

そこで、川口市では、平成28年度に国のモデル事業で、「特定空家等」に対する空家法第14条に基づく指導、勧告、命令などの法的措置の名宛人がいないことをもって利害関係人であることの理由として、相続財産管理人の選任の申立てを行った（P92からの**申立て事例1**参照）。

ここで「特定空家等」であることを理由とした利害関係が認められたことから、自治体が申立てをする方法が一つ増えたといえる。

ただ、所有者がいない空き家は管理がされないことからいずれ特定空家等になるだろうことを考えると、申立てをするためにそこまで状態が悪くなるまで待つべきなのかといった悩みがあった。そこで、空家法に規定する市町村の「空家等」に関する第4条の責務、第12条、第13条の努力義務、また、租税債権の存在を理由として申し立てを行ったのが、P100からの**申立て事例2**、P107からの**申立て事例3**である。空き家対策部門では、税の債権額の情報まで知ることはできないが、モデル事業で策定したマニュアルを基にして、租税債権の存在（課税対象であること）を根拠として利害関係人となり財産管理人の選任を申し立てたものである。空家法の第4条、第12条、第13条による申立て理由は、空き家対策部門が申立てをするための顔として必要なだけであって、租税債権の存在が実質的な申立て理由ということになると思う。

⑥ 所有者不明土地特措法による申立て

平成30年6月に「所有者不明土地の利用の円滑化等に関する特別措置法」が公布され、同法第3章第3節が「不在者の財産及び相続財産の管理に関する民法の特例」と銘打たれ第38条に利害関係人とならずに市町村長が申立てをできる民法の特例が規定された。

川口市では、どうすれば利害関係人となるか頭を悩ませてきたこと、また、市長の権限として申立てをする方が空き家対策としては自然と考えることから、新しいこの法律を使って申立てを行うこととした。

〈所有者不明土地特措法〉

この法律では、市町村長が「所有者不明土地の適切な管理に必要だ」と認めれば、申立て権原を持つという、民法の特例が規定されている。つまり利害関係人である必要はなくなる。

あくまでも「所有者不明土地」について申立てができるというものではあるが、土地と建物の所有者が同一であれば、所有者不明土地に関して市町村長が申立てをしたとしても、財産管理人は財産全体を管理することとなるので建物も管理対象となる。

P116からの申立て事例4以降の申立てでは全て同法により申立てを行っている。

申立ての建て付けとしては、

・空き家の土地が法の所有者不明土地にあたる。
・適切な管理がなされる見込みがないことから、適切な管理のため特に必要があると市長が認め、申し立てる。

というものである。

(2) 財産管理人制度の手続きと進め方

〈財産管理人制度の手続きの流れ〉

川口市で実際に申立てを行った際の手続きの流れであるが、川口市では相続財産管理人しか申立てをしたことがないため、ここでは「相続財産管理人申立ての際の」という注釈が本来つく。不在者財産管理人制度であっても、申立て手続きそのものは大きな違いはない。

① 管轄（どの家庭裁判所に申立てをするのか）

〈不在者財産管理人選任の場合〉

不在者の従来の住所地又は居所地を管轄する家庭裁判所が原則である。

家事事件手続法

第145条 不在者の財産の管理に関する処分の審判事件は、不在者の従来の住所地又は居所地を管轄する家庭裁判所の管轄に属する。

ただし、従来の住所や居所が不明の場合には、財産の所在地を管轄する家庭裁判所又は東京家庭裁判所となる。

家事事件手続法

（管轄権を有する家庭裁判所の特例）
第7条 この法律の他の規定により家事事件の管轄が定まらないときは、その家事事件は、審判又は調停を求める事項に係る財産の所在地又は最高裁判所規則で定める地を管轄する家庭裁判所の管轄に属する。

家事事件手続規則

第6条　法第7条の最高裁判所規則で定める地は、東京都千代田区とする。

転居等により複数の「従来の住所地」がある場合には、いずれの管轄の家庭裁判所にも申立てが可能である。

〈相続財産管理人選任の場合〉

被相続人の最後の住所地を管轄する家庭裁判所が原則である。

家事事件手続法

（管轄）

第203条　次の各号に掲げる審判事件は、当該各号に定める家庭裁判所の管轄に属する。

一　相続人の不存在の場合における相続財産の管理に関する処分の審判事件　相続が開始した地を管轄する家庭裁判所

「相続が開始した地」とは、「相続は、被相続人の住所において開始する。」（民法第883条）であることから、最後の住所ということになる。不明の場合については、不在者財産管理人選任の場合と同様である。

なお、不在者財産管理人、相続財産管理人いずれの選任申立てであっても所有者の住所地が、空き家となっている不動産の場所と異なる場合には、遠方の裁判所では不便なため、申立て時に事件を空き家のある場所（空家対策をする市町村）を管轄する裁判所に移送してもらうよう上申書を提出したほうがよいであろう（P146からのサンプル参照）。このあたりは事前に家庭裁判所に相談をしておいた方がよい。

② 申立てに必要な書類

申立書に、戸籍などの資料をつけて提出するが、空き家対策部門であれば、所有者調査の際にほとんどの書類は取得しているため、申立てに当たって改めて揃える書類はそれほど多くはないはずである。

○申立書（申立て事例1（P92）、申立て事例3（P107）、申立て事例4（P116）参照）

○添付資料（下記参照）

○上申書（家庭裁判所に対し要望がある場合）

不在者財産管理人選任の場合の添付資料

イ　標準的な申立添付資料

①　不在者の戸籍謄本（全部事項証明書）

②　不在者の戸籍附票

③　不在の事実を証する資料

【不在者の証明】

不在者の証明は、戸籍の附票や住民票により住所地を調査し、親族に問い合わせるなどして、不在者の従前の生活状況、不在となった経緯、不在者の捜索状況、将来帰来する可能性等を確認し、これらの調査結果をまとめた書類や、警察署長の発行する家出人届出受理証明書、不在者宛ての郵便物で「あて所に尋ね当たらず」などの理由で返送されたものなどにより証明します。

④　財産目録に記載した不在者の財産に関する資料

不動産登記事項証明書、固定資産評価証明書、その他不動産に関する資料（公図、査定書等）、預貯金や有価証券の残高がわかる書類（通帳の写し、残高証明書等）等

⑤　申立人の利害関係を証する資料

・事務管理に基づく費用償還請求権を有することを利害関係として申立てを行う場合

その事務管理に要した費用がわかる見積書、領収証等

・租税債権を有することを利害関係として申立てを行う場合

公課証明書等

・「特定空家等」に該当することを利害関係として申立てを行う場合

「特定空家等」の認定に関する資料、空家の現況写真等
（所有者所在不明・相続人不存在の空家対応マニュアルQ7－2より）

相続財産管理人選任の場合

標準的な申立添付資料（「戸籍謄本」には除籍謄本や改製原戸籍謄本を含みます。）

① 被相続人の住民票除票又は戸籍附票

② 被相続人の出生時から死亡時までの継続したすべての戸籍謄本

③ 【被相続人に子がいる場合】

・被相続人の子の戸籍謄本

・被相続人の子に、相続開始前に死亡した者がいる場合には、その者の出生から死亡時までの継続したすべての戸籍謄本と、その者の直系卑属（子）である者（代襲相続人）の戸籍謄本・代襲相続人が、相続開始前に死亡していた場合にはその直系卑属の戸籍謄本

・被相続人の子に、相続開始後に死亡した者がいる場合には、その者の出生から死亡時までの継続したすべての戸籍謄本と、その者の相続人である者の戸籍謄本

④ 被相続人の父母の出生時から現在（又は死亡時）までの継続したすべての戸籍謄本

⑤ 被相続人の直系尊属の死亡の記載のある戸籍謄本

⑥ 【被相続人に兄弟姉妹がいる場合】

・その兄弟姉妹の戸籍謄本

・兄弟姉妹に、相続開始前に死亡した者がいる場合には、その者の出生から死亡時までの継続したすべての戸籍謄本と、その者の直系卑属（子）である者（代襲相続人）の戸籍謄本

・兄弟姉妹に、相続開始後に死亡した者がいる場合には、その者の出生から死亡時までの継続したすべての戸籍謄本と、その者の相続人の戸籍謄本

⑦ 【法定相続人が相続放棄をしている場合】

相続放棄の受理証明書又は相続放棄の申述の有無についての照会申請に対する回答書（照会方法について、Q1－4参照）

⑧ 遺産目録に記載した不在者の財産に関する資料

不動産登記事項証明書、固定資産評価証明書、その他不動産に関する資料（公図、査定書等）、預貯金や有価証券の残高がわかる書類（通帳の写し、

残高証明書等）
⑨ 申立人の利害関係を証する資料
・事務管理に基づく費用償還請求権を有することを利害関係として申立てを行う場合
その事務管理に要した費用がわかる見積書、領収証等
・租税債権を有することを利害関係として申立てを行う場合
公課証明書等
・「特定空家等」に該当することを利害関係として申立てを行う場合
「特定空家等」の認定に関する資料、空家の現況写真等申立てに必要な書類（標準）
（所有者所在不明・相続人不存在の空家対応マニュアルQ7－2より）

●「遺産目録に記載した不在者の財産に関する資料」について補足

空き家対策部門では、空き家の不動産情報以外は知る由がないため、財産に関する資料としては、空き家に関する登記事項証明書、公図、写真と写真撮影報告書くらいとなる。売却のことを考えれば査定書があればなおよいであろう。

※八尾市では、マニュアル（P86で説明）策定時のケースにおいて、申立人は「市長」であることから、申立てを委任した弁護士に税部門で調査した預貯金等に関する資料を提供して財産目録を作成したそうである。

●「申立人の利害関係を証する書類」について補足

どのような理由で申立てをするかにより異なる。事例を参照していただきたい。なお、所有者不明土地特措法で申立てをする場合には利害関係人として申し立てるわけではないため、これらの書類は不要である。ただし、同法の「所有者不明土地であること」と「適切な管理が必要であること」を説明するための報告書を求められることがある（P125事例５参照）。

裁判官が他にも資料が欲しいと言うときは、向こうから連絡があるので、最低限のものだけ用意すればあまり神経質になる必要はない。

〈上申書について〉

上申書は、申立書とは別に家庭裁判所に要望を出す場合の「別紙」的なものである。

例えば、申立書に推薦する弁護士を記載した場合には、その弁護士を選任してもらいたい理由を、また、予納金を予算化している100万円以上は出せない場合には、その理由を書いて提出するといった具合である。認められるかどうかは別として、事情やお願いを書いておけば、意を汲んでくれることもあるかと思う。

川口市で提出した上申書サンプル

財産管理人の選任について	P100 **申立て事例2**参照
財産管理人の推薦について	P107 **申立て事例3**参照
予納金の額について	P107 **申立て事例3**参照
国庫への帰属について	P132 **申立て事例6**参照

③ 申立て時の費用及び手続き

書類を揃えて家庭裁判所に行き申立てを行う。申立ての際に必要な費用は、収入印紙費用と予納郵券費用だけである（さいたま家庭裁判所の場合）。予納郵券の額や内訳は、各裁判所のホームページで確認するか問い合わせをするといいだろう。

参考

さいたま家庭裁判所の場合（執筆時。値上げ等することがある。）

収入印紙	800円
予納郵券	3,460円（不在者財産管理人選任） (500円×3枚、100円×1枚、84円×20枚、10円×15枚、2円×10枚、1円×10枚) 2,070円（相続財産管理人選任） (500円×2枚、100円×1枚、84円×10枚、10円×10枚、2円×10枚、1円×10枚)

家庭裁判所への申立ては、さいたま家庭裁判所では、裁判所に行ってから、機械で整理番号をもらい、呼ばれたら事務官に書類を提出するだけである。形式チェックはあるが内容については訊かれない。裁判官の方で疑問点があれば、後日、裁判所の事務官から電話があり、そこで何

かしらの質問や指摘、追加資料の要求を受けるであろうが、裁判所という組織であるから、基本的に話が通じないということはない。必要ならば説明か交渉をする。あとの手続きは粛々と進む。

裁判官が、申立てを認めようと判断した段階で、予納金（官報公告費用含む）を支払うよう、家庭裁判所から連絡が来る。

④ 予納金について

予納金額は、裁判所により、また、事件ごとに異なる。さいたま家庭裁判所では、相続財産管理人選任の場合、基本的に一律100万円と官報掲載代4,230円ということであり（※官報掲載料は予納金から支出されるため、予納金額が100万4,230円という形で請求が来る。また、官報掲載料も込みで100万円で請求があったこともある。）、事前交渉には応じない方針とのことである。

また、不在者財産管理人選任の場合には、予納金は30万円から50万円くらいが多いとのことである。官報への掲載はない。

管轄する裁判所により異なるため、予算化する段階で事前に確認しておくといいだろう。

〈予納金の性質について〉

財産管理人制度では、財産管理人報酬や管理費用等について、相続財産や不在者の財産で賄うこととなっている。予納金は、それらの財産だけでは、財産管理の終了時に支払われる財産管理人の報酬や管理費用（財産管理人が立替をしている。）などが不足してしまった場合に備え、その支払いへの担保として裁判所に預けているお金であり、裁判所で管理しているものである。空き家対策部門では、被相続人の預貯金や債権債務について把握が難しいため、これらがないものという前提で話をするが、相続財産管理人への報酬は5、60万円くらいが相場ということなので、空き家を建物ごと現状有姿で売却する場合、その報酬に、相続財産管理人が行う調査費用、書類作成費用、登記費用、管理費用といった経費を加えた額以上で売却ができれば、すべて相続財産で賄うことができたということになり、予納金は手を付けられることなく全て帰ってくる計算となる。

売却費用がこれに満たない場合に財産管理人は裁判所に不足分を請求するので予納金が食われるという仕組みである（**申立て事例４**（P116）の収支実例参照）。

借金があるかどうかについては、空き家部門では事前に調査は難しいが、ある程度の額を借金していれば、通常は不動産が抵当に入っていることが多いため、登記を見てそこがきれいなら恐らく大丈夫ではないかとは思う。ただ、絶対ではないので予納金が全額戻ってこないリスクがあることは、理解しておく必要がある。

抵当の話については、抵当権がついていた場合にはその額を加えた額を予納金として求められることもあるため（他の自治体の事例では、抵当権者不明の抵当権に対して時効の援用が可能であるという主張により予納金額を抑えられると見込んで申立てをしたが、主張が通らなかったため取り下げたとのこと。）、なかなか手が出しづらいというところである。ただし、登記上抵当権がついていたとしても、完済されていて、抹消登記がされていないだけのこともあるため、抵当権者である金融機関等に確認をして、完済されていたら、その旨の書類をもらい、申立て時に添付するとよい。

予納金を支払ったら、裁判所から「保管金受領証書」が送付されてくる。

基本的に申立人である市町村が行うのはここまでである。

あとの手続きは財産管理人と家庭裁判所が行うものがほとんどであるため、申立人の事務の負担はほとんどない。

⑤　財産管理人について

相続財産管理人については、弁護士が選任されることが多い。

さいたま家庭裁判所では、基本的には、裁判所が埼玉弁護士会に弁護士の推薦依頼をして、そこで推薦された弁護士を選任するという形をとっているとのことである。

P107の**申立て事例3**、P116の**申立て事例4**では、川口市が財産管理人としたい弁護士を推薦しているが、家庭裁判所としては、「基本的には認めていない。家庭裁判所から弁護士会に推薦依頼をする際にも、依頼文に申立人が推薦する弁護士名は記載しない。」ということである。申立人が、申立人の推薦する弁護士を申立書に記載したとしても、公平性を重視して、よほどの理由がなければ通らないとのことである。

このあたりは、家庭裁判所にもよるようで、東京では事前交渉ができたという話も聞く。

確かに清算を公正にしようとすれば、申立人と財産管理人が結託していては、他の債権者等に不利益を与えかねず、制度の在りようからすれば推薦を認めないというのはもっともな話で納得できるものである。ただ、地方自治体が空き家対策を目的として申し立てをしているのであれば、そのような意図がないことは明白であり、そこは考慮をしてもらいたいところではある。

川口市の事例では、市の希望する弁護士を相続財産管理人にしてもらうよう、改めて推薦理由を詳細に記載した上申書を提出して、結果として、弁護士会には、その弁護士を推薦してもらうような形で推薦依頼をしてもらい、無事相続財産管理人に選任された。

ただ、家庭裁判所からは、あくまでお願いであるとしたうえで、同じ弁護士ばかり選任件数が突出するのは避けたいので、今後は配慮してもらいたいとの話があった。

不在者財産管理人については、相続財産管理人よりも緩やかなようであり、弁護士以外にも、司法書士や不在者の親族が選任されることもあるようである。川口市では不在者財産管理人の選任実績がないため、家庭裁判所との具体的なやりとりをここで紹介することはできないが、このあたりも各裁判所により多少方針が異なるのだろうと考えられる。

⑥　財産管理人の選任

財産管理人が選任されると、家庭裁判所から、相続財産管理人として誰が選任されたという審判書の謄本が郵送されてくる。また、予納郵券の余りも返還書とともに戻ってくる。

あとは、例えば空き家の状況によって申立時に解体費用等の負担協力の話があった場合では、財産管理人選任後に改めて話がくることなどが考えられはするが、基本的には特に何か連絡が来ることは、ほとんどない。選任された弁護士からの連絡としては、例えば「空き家の鍵を持っていないか」や、「申立人として何か持っている情報はないか」というものが来ることもある。

⑦　空家法による申立権

所有者不明土地特措法による申立て権ができたことから、空家法でも申立て権をという要望がいくつかの自治体からはあるようであるが、

① 土地と建物の所有が異なり、土地所有者が居るのであれば、申立ては土地所有者が行うべきではないか

② 建物単体で売却可能性があればよいが、そうでなければそもそも財産管理人制度を利用すべき事案であるのか

という疑問が残る。

土地所有者は、所有者が不存在であることにより現に利益が得られず、建物があることにより土地の利活用ができていない状況である。それが除却されることにより利益を得るのであるから、本来的には土地所有者が利害関係人となり申立てを行うべきである。また、問題のある空き家のほとんどは建物単体で売却ができないようなものであるが、他の資産もない場合、財産管理人がついたとしても売却できずに管理を続けるか、老朽が著しければ解体をするかである。その場合、申立人は管理費用や解体費用を見込んだ額の予納金を求められる可能性が高い。代執行を軽々しく行うべきではないという考えはもちろんあるにしても、この場合略式代執行のほうが費用負担は少なく済むのではないか。

また、もし空家法で財産管理人の申立てができるようになると、空き家に対する財産管理人の申立ては当然に市町村がするものだという風潮が生まれかねないことも危惧される。行政が財産管理人制度を利用するかしないかは様々な事情や考え方があるであろうし、民事の制度である以上、やはり原則的には個別に利害関係がある者が申立てを行うべきものであると考えている。

⑧ 家庭裁判所の行う業務、手続き、財産管理人の行う業務、手続き

不在者財産管理人の場合

Q9–3 不在者財産管理人選任後の手続き

Q 不在者財産管理人選任申立後の手続きの流れを教えてください。

A

1 （略）

申立てから選任までの期間は、通常、2、3か月程度とされています。

2 選任後、財産管理人は、記録の閲覧・謄写をします。

また、不在者の財産・負債、収支状況を調査し、把握します。

財産管理人は、財産目録の作成・報告（民法27条1項）をし、債権債務を調査します。

財産管理人は、不在者の財産の管理（民法27条3項、28条）をします。

財産管理人の業務は、保存行為、利用・改良行為が中心であり、処分行為まですることは稀です。なお、処分行為には、裁判所の許可が必要です（民法28条、103条）。

財産管理人は、裁判所に対し、通常、年1回程度の定期報告を行います。

財産管理人は、裁判所に対し、報酬付与の申立を行い、裁判所の判断により報酬が支払われます。この報酬請求は、多くの場合管理業務の終了時点でなされます。

3 管理終了事由が発生した場合、管理終了時の管理財産の引継ぎを行います。その後、裁判所は、選任処分の取消し（家事事件手続法147条）をします。

なお、管理終了事由には、

・不在者が財産を管理することができるようになったとき（家事事件手続法147条）

・管理すべき財産がなくなったとき（家事事件手続法147条）

・不在者が自ら委任管理人を置いたとき（民法25条2項）
・その他、財産の管理を継続することが相当でなくなったとき（家事事件手続法147条）
・失踪宣告（民法30条、31条）
がありま す。

失踪宣告がされた後、相続人が不存在の場合や、全ての相続人が相続放棄した場合、不在者財産管理人が相続財産管理人に移行する場合もあります。

〈不在者財産管理人選任事件の手続きの流れ〉

	申立人	家庭裁判所	不在者財産管理人
申立段階	申立書の提出 資料の追完 審問への出頭 予納	申立書のチェック 資料追完の指示 職権による調査 審問 予納金の決定 財産管理人選任審判	
管理期間中	予納金の追納	報告書の受領 追加予納金の決定 権限外許可の審判 定期報告書の受領	記録の閲覧.謄写 資産・負債、収支状況の調査 財産目録の作成・提出 保存行為、利用・改良行為 権限外許可の申立て 処分行為 定期報告（年1回程度）
終了段階	予納金の受領	報酬付与の審判 財産管理人選任処分取消しの審判 余剰の予納金の返還	報酬付与の申立て 財産の引継ぎ 管理終了報告

Q9-5　不在者財産管理人の職務内容

Q　不在者財産管理人は、どのような職務を行いますか。また、どのような空家等の管理ないし処分を期待できますか。

A

1　一般的な職務

次のようなものがあります。

・財産目録の作成（民法27条1項）

・財産状況の報告・管理の計算（家事事件手続法146条2項）
・保存行為　　　　　　（例）建物の修繕、債務の履行、被告としての応訴など
・利用・改良行為　　　（例）現金を銀行に預金する、債権の受領など
・処分行為　　　　　　（例）自動車の売却、訴訟の提起、遺産分割協議、不在者の子の生活費の支出など

処分行為をするには、裁判所の許可が必要です（民法28条、103条）。

なお、利益相反行為は、裁判所の許可の有無にかかわらず、行うことはできません（例えば、不在者と財産管理人が共に相続人となる場合の遺産分割協議など）。

利益相反行為となる場合には、特別代理人を選任するか、財産管理人を改任します。

2　空家等の管理、処分など

次のような行為が期待されます。

〈保存行為、利用・改良行為（裁判所の許可は不要）〉
・鍵の保管
・空家の修繕
・火災保険の締結
・雑草の抜き取り、立木の枝の切除
・水道光熱費の支払

〈処分行為（裁判所の許可が必要）〉
・立木の伐採・撤去（明らかに無価値の場合は、許可申立ては不要）
・建物の取り壊し
・不動産の売却

出典：川口市「所有者所在不明・相続人不存在の空家対応マニュアル」

相続財産管理人の場合

Q9-4　相続財産管理人選任後の手続き

Q　相続財産管理人選任申立後の手続きの流れを教えてください。

A

1　（略）

2　財産管理人の選任後、裁判所により、財産管理人選任の公告がされます（民法952条2項）。

財産管理人は、記録の閲覧・謄写をします。

相続財産に不動産があれば、財産管理人は、不動産の登記手続き（所有名義の変更）をします。

財産管理人は、財産目録の作成・報告（民法953条・27条1項）をし、債権債務を調査します。

裁判所の公告から2か月を経過した後、財産管理人は、相続債権者・受遺者に対する請求申出の公告、催告をします（民法957条1項）。

当該公告から2か月を経過した後、裁判所は、相続人捜索の公告をします（民法958条）。但し、相続財産が債務超過であることが明らかな場合は、当該公告は行われません。

財産管理人は、相続財産の管理（民法953条・27条3項、28条）をします。具体的には、口座の解約、債権の回収、不動産の売却、動産の処分・廃棄などです。

不動産の売却など、処分行為を行うには、裁判所の許可が必要です（民法953条・28条、103条）。

財産管理人は、裁判所に対し、報酬付与の申立を行い、裁判所の判断により報酬が支払われます。この報酬請求は、多くの場合管理業務の終了時点でなされます。

また、財産管理人は、相続債権者や受遺者に対し、弁済（配当）を行います（民法957条2項・928～935条）。

3　特別縁故者がいる場合には、裁判所が、特別縁故者に対し、財産を分与します（民法958条の3）。

残余財産があれば、国庫帰属します（民法959条）。

予納金に余剰があれば、申立人に返還されます。予納金の返還時期についてはQ7–6をご参照ください。

なお、さいたま家庭裁判所では、通常、2年以内の終結を目処にしているとのことです。但し、不動産が処分できない等の事情により、長期化する事案もあります。

〈相続財産管理人選任事件の手続きの流れ〉

	申立人	家庭裁判所	相続財産管理人
申立段階	申立書の提出 資料の追完 審問への出頭 予納	申立書のチェック 資料追完の指示 職権による調査 審問 予納金の決定 財産管理人選任審判 財産管理人選任 審判の公告	
管理期間中	債権届出 予納金の追納	報告書の受領 追加予納金の決定 権限外許可の審判 相続人捜索の公告	記録の閲覧・謄写 不動産の所有名義の変更登記 資産・負債、収支状況の調査 財産目録の作成・提出 相続債権者・受遺者に対する請求申出の催告・公告 保存行為、利用・改良行為 権限外許可の申立て 処分行為
終了段階	弁済の受領 予納金の受領	報酬付与の審判 特別縁故者への分与 財産管理人選任処分取消しの審判 余剰の予納金の返還	報酬付与の申立て 相続債権者・受遺者への弁済 特別縁故者への分与特別縁故者への分与についての意見 残余財産の国庫への引継ぎ 管理終了報告

Q9–6　相続財産管理人の職務内容

Q　相続財産管理人は、どのような職務を行いますか。また、どのような空家等の管理ないし処分を期待できますか。

A

1　一般的な職務

次のようなものがあります。

・財産目録の作成（民法953条・27条1項）

・財産状況の報告・管理の計算（家事事件手続法208条・125条、民法954条、

956条2項、959条・956条2項)
・保存行為（例）建物の修繕、債務の履行、被告としての応訴など
・利用・改良行為（例）現金を銀行に預金する、債権の受領など
・処分行為（例）自動車の売却、訴訟の提起、遺産分割協議など処分行為をするには、裁判所の許可が必要です（民法953条・28条、103条)。
なお、利益相反行為は、裁判所の許可の有無にかかわらず、行うことはできません（例えば、相続財産法人と財産管理人が共に相続人となる場合の遺産分割協議など)。
利益相反行為となる場合には、特別代理人を選任するか、財産管理人を改任します。
・債権者・受遺者への弁済（配当)（民法957条2項・928～935条)。
なお、弁済については、優先権を有する債権者が第一順位で弁済を受けることができます（民法957条2項・929条)。公租公課については、破産法等の場合と異なり、条文上、優先権がある旨の規定はありません。実務上も、裁判所としての統一見解はなく、財産管理人の裁量に委ねられています。したがって、差押え等がなされていなければ、他の一般債権者との按分弁済となる場合もあります。
・特別縁故者への分与に対する意見（家事事件手続法205条)。
2　空家等の管理・処分
次のような行為が期待されます。
〈保存行為、利用・改良行為（裁判所の許可は不要)〉
・鍵の保管
・登記名義の変更
・空家の修繕
・火災保険の締結
・雑草の抜き取り、立木の枝の切除
・水道光熱費の支払
〈処分行為（裁判所の許可が必要)〉
・立木の伐採・撤去（明らかに無価値の場合は、許可申立ては不要)
・建物の取り壊し
・不動産の売却

出典：川口市「所有者所在不明・相続人不存在の空家対応マニュアル」

手続き中、申立人の行うものとして「審問への出頭」に関しては、これまで川口市では求められたことはない。「予納金の追納」に関してもやはりこれまで求められたことはない。

相続財産管理人制度における、「債権届出」及び「弁済の受領」は、債権者として申立てを行った場合には必要となるものの、ここに記載されたほとんどのことは財産管理人や家庭裁判所の仕事なので、申立人がすることはほとんどない。

これまでの事例を見ると、財産管理人は選任されたあと近隣への挨拶、不動産の購入の打診などを行っており、空き家の管理に関して近隣住民との話し合いも基本的には財産管理人がすることとなる。

進捗状況については、官報をチェックするか、財産管理人への問い合わせをして把握する。

相続財産管理人制度については、官報に掲載される機会が次の3回あるので、チェックしておくとよい。

・相続財産管理人選任の公告
・相続財産管理人による相続債権者・受遺者に対する請求申出の公告、催告
・相続人催告の公告
（※民法の改正予定あり）

空き家が売却されたかどうか、解体されたかどうか、といった情報について財産管理人から連絡がくることは少ない。何も言わずとも連絡をくれた財産管理人もいれば、連絡が欲しい旨を何度お願いしても連絡をくれなかった財産管理人もいる。結局は他の空き家同様に定期的に現地調査をして現状把握をするのが一番確実である。

参考

相続財産管理人が清算を終えるまでの期間に関してはP58の民法の規定（第957条から第958条の3まで）、また後で紹介する各事例を参照していただきたい。現在、民事法制の改正が予定されており、そのなかで次のように手続きに係る期間が短縮されるようである。

「2　相続財産の清算

(1)　相続財産の清算人への名称の変更

民法第936条第1項及び第952条の「相続財産の管理人」の名称を「相続財産の清算人」に改める。

(2)　民法第952条以下の清算手続の合理化

民法第952条第2項及び第957条第1項の規律をそれぞれ次のように改め、第958条を削るものとする。

①　民法第952条第1項の規定により相続財産の清算人を選任したときは、家庭裁判所は、遅滞なく、その旨及び相続人があるならば一定の期間内にその権利を主張すべき旨を公告しなければならない。この場合において、その期間は、6箇月を下ることができない。

②　①の公告があったときは、相続財産の清算人は、全ての相続債権者及び受遺者に対し、2箇月以上の期間を定めて、その期間内にその請求の申出をすべき旨を公告しなければならない。この場合において、その期間は、①の規律により相続人が権利を主張すべき期間として家庭裁判所が公告した期間が満了するまでに満了するものでなければならない。」

（「民法・不動産登記法（所有者不明土地関係）の改正等に関する要綱案」法制審議会―民法・不動産登記法部会令和3年2月2日）

これにより、

選任の公告　→（2か月）→　相続債権者及び受遺者に対する弁済の公告（2か月以上）　→　相続人の捜索の公告（6か月以上）

という期間が必要であったものが、改正案では、

選任の公告及び相続人の捜索の公告（6か月以上）をしたうえで、同時にこの期間中に相続債権者及び受遺者に対する弁済の公告（2か月以上　※この2か月以上という期間は、相続人の捜索期間6か月以上を終えるまでの期間内に終えなければならない。）をする、

というように手続きに要する期間の短縮が図られている。

⑨ 不動産の売却について

相続財産管理人制度は、処分、清算が目的であった。一方で、不在者財産管理人制度は、不在者の利益保護のための制度である。そのため、同じ権限外行為であるとしても、空き家の売却については、相続財産管理人制度では許可されやすい（されやすいというよりは売却処分を前提として進められる。）のに対して、不在者財産管理人制度の方では、売却にそれなりの理由が必要となる。例えば、老朽空き家であって、その空き家が他人に何かしらの損害を与えそうな場合などは、修繕費用が捻出できなければ、その費用を捻出するために売却も認められる場合もあるかと思う。また、財産から固定資産税を支払うことが難しい場合なども考えられる。要は、解体や売却をしたほうが不在者の財産の保存になるかどうかを判断してということである。

⑩ 管理終了後の予納金の受け入れ

財産管理人の業務が終わり報酬も支払われると、申立人には保管金振込通知書が家庭裁判所から送られてくるので、各市町村の受け入れ事務として処理すればよい。受け入れの科目設定は事前にしておく必要がある。参考までに、川口市では「過年度返還金雑入」で処理している。

財産管理人制度の手続きはこれで終了である。

⑪ 相続財産の国庫帰属

相続財産管理人制度の場合、手続きが全部終わって財産が余ると国庫に入る（民法第959条）。

一方、不動産が売れなければ、相続財産管理人は、それをずっと管理しつづけるというリスクがある。

これは、裁判所も気にしており、そのリスクをなるべく減らすために、例えば空き家の場合、相続財産管理人が一度更地にすることで買い手を付きやすくするといったことを考えているようである。そのため、売却が困難であると判断された場合には、予納金の額に解体費用を上乗せされることもある。もちろんこういった案件では高額での売却は期待できないため、予納金は全額戻らない可能性が高い。

参考

国庫への帰属について

平成29年7月11日に理財局国有財産業務課長名で「国庫帰属不動産に関する事務取扱いについて」という事務連絡が、各財務（支）局管財（第一）部長及び沖縄総合事務局財務部長あてに出されており、そこでは、相続財産管理人の管理する相続人不存在の不動産は、管理や処分が難しいものでも国は引継ぎを拒否できないこと、国は相続財産管理人に対し、弁済額以上の換価が不要であることを説明すること、などが述べられている。

本当に国が引き受けるのか心配な部分はあるが、財務省の「財政制度等審議会」の「国有財産分科会」の資料を見ると、基本的に引き受けること前提で議論をしているようである。

財務省理財局から最高裁にこの事務取扱が送付され、最高裁から各家庭裁判所にも同日に周知されている。

川口市では、これにより売却の難しい空き家について国庫帰属を目指して申立てをおこなったことがある。申立てのときに、「この事務連絡が行っているはずだ。だから売却できない場合には国庫帰属してもらえればよく、相続財産管理人が管理し続けるリスクはない。」ということを上申書で触れておき、予納金が全額戻ってこないとしても、売却の見込みのない、正直お手上げという不動産を国に帰属させることを考えて実施したが、結論から言えばうまくいかず取り下げをすることとなった。詳細はP132**申立て事例６**を参照していただきたい。

⑶　予算措置

川口市では、予算要求の際に、財政部局に、「予納金は裁判所に担保として預けているだけであり、先の話にはなるが手続きが終われば原則的には返ってくる性質のお金である。」と説明し、予算取りについては特に苦労していることはない。ただ、他市町村ではなかなか理解をしてもらえないのか、説得に苦労しているとの話も聞く。空き家対策の担当者が、制度をきちんと理解したうえで、全額返還されれば実質的な費用負担は数千円と少なく、今後固定資産税の徴収で市の財政としてプラスに転じるといったことを説明をできるようにしておけば、財政サイドも理解を示してくれるのではないかと思う。

① 大阪府八尾市の例

大阪府八尾市では、平成31年2月に「不在者財産管理人制度活用マニュアル」を作成している。このマニュアルを作成した際の不在者財産管理人の申立て事例では、川口市のマニュアル作成時同様に八尾市でも申立てを弁護士に依頼をしたそうである。

異なるのがその後の方針で、現在のところ川口市では申立てに当たっては、書類作成も含めて職員が自前で行い申立てに係る費用の削減を行っているが、八尾市では、引き続き弁護士に申立ての手続きを依頼する方針としているとのことである。

八尾市の申立て事例では、空き家に対して緊急の措置を行ったことからその措置費用と、未納となっている税を債権として不在者財産管理人の選任申立てをしているが、税部門との協力体制が非常に整っており、空き家部門では保有財産の情報を知ることはできないながらも税部門から申立てそのものの可否のアドバイスを受け、また、申立人が市長であるということを理由として申立ての事務を委託された弁護士に対しては税部門から情報の提供が行われたということである。部門ごとではなく一つの市としての協力体制のもとに申立てをしているために、予納金が高額になりそうかどうか、全額返還される見込みがあるかどうか、こういったことも確信をもって申立てられる体制が築けているのはうらやましいところである。

もっとも、それならば税部門が申立てを行えばいいという気持ちも残りはするが、税部門としての視点ではなく、空き家対策部門の視点で解決をしたい空き家について申立ての主導ができるという点では有用であろう。

また、これは空き家対策部門も予想していなかったという話であったが、財産管理人からは、空き家への措置費用だけではなく申立てに係る弁護士への委託費用についても民法第306条第1号の共益の費用に基づいて不在者の財産から支払うとの申出があったということであり、結果的には制度利用に費用がかからなかったとのことであった。

民法

（一般の先取特権）
第306条　次に掲げる原因によって生じた債権を有する者は、債務者の総財産について先取特権を有する。
一　共益の費用
二　雇用関係
三　葬式の費用
四　日用品の供給

先取特権とは、特定の債権（ここでは民法第306条第1号「共益の費用」を原因とする債権）を有する者に付与される、債務者の財産について他の債権者に先立って自己の債権の弁済を受ける権利のことである（民法第303条）。

民法

（先取特権の内容）
第303条　先取特権者は、この法律その他の法律の規定に従い、その債務者の財産について、他の債権者に先立って自己の債権の弁済を受ける権利を有する。

共益の費用の先取特権は、各債権者の共同の利益のためにされた債務者の財産の保存、清算又は配当に関する費用について存在する（民法第307条第1項）。不在者財産管理人の申立て費用は、まさに該当する。

財産管理人制度の活用を考えている市町村にとって、八尾市の方法は参考になるであろう。

※注意点

八尾市では申立てに当たって措置費用を債権として申し立てている。つまりこの条文どおりの債権債務の関係があるが、川口市が積極的に申立て理由としている所有者不明土地特措法第38条を使った申立ての場合には債権債務の関係がないため、この条文に乗ってこないと思われる。

(4) 財産管理人制度のメリットと注意点

① メリット

・申立てを認めて財産管理人を選任するのはあくまでも家庭裁判所であり、また、空き家の管理をして売却や解体を行うのは財産管理人である。申立て人である自治体の負担（責任）は非常に小さい。

・空き家の管理は、財産管理人が行うことになる。建物のみならず樹木の枝の剪定なども管理の範囲となるので、財産管理人に頼めるようになる。また、空家法に基づく助言、指導なども財産管理人に対して行えるようになる。ただし、その場合、他の預金等の財産の状況、剪定にかかる額にもよるかと思うが、財産から費用が賄えない場合には、協力金という形で費用負担を求められる可能性がある。また、申立て時に危険性が高く緊急の措置が必要となることが判明している場合には、予納金額が上乗せされる可能性がある。

② 注意点

・空き家の解消に係る費用を抑えたい場合（予納金を全額回収したい場合）には、充分に予納金を回収できる額で売却できるかどうか検討をする必要がある。ただし、空き家の置かれている状況によっては、ある程度は予納金を使われて全額返還されなくてもいいという検討も必要である。

・抵当権がついているものは、抵当権者が銀行などの金融機関などであれば、そちらで申立てる可能性が高いため、しばらく様子を見るのも手かと思う（所有者が抵当権抹消手続をしていないだけということもあるため、金融機関に債権が残っているか問い合わせは必要である。）。川口市で把握している相続人がいない空き家で、その後民間で申し立てたであろう財産管理人がいつの間にか付いて、所有者が新しくなっていることもある。こういったものは行政が無理に申立てなくてもよいと思う。

・財産管理人について書かれた図書を読むと、そのボリュームに気後れするが、中身の多くは、財産管理人や家庭裁判所が行うことの解説である。申立てのハードルは、おそらく想像しているよりも高くはない。申立てが認められなければ、支出は収入印紙代と若干の郵送代くらいである。まずは、難しく考えずに制度を利用できそうな案件があれば申立てをしてみて欲しい。ある程度の利用実績が出来てくれば経験の浅い職員でも充分に申立て手続きは可能である。

COLUMN

日本の制度について（時代の変化）

もともと日本では「家」というものが諸制度の根底にあり、家が代々守られることを前提とした発想で成り立っていた。そのため相続に関しても戦後すぐ（昭和22年）までは長男が家を継ぐ家督相続（戸主以外の財産については遺産相続）であり、そのような時代にあっては今の空き家問題で生じている、相続人が見つからない、または相続人がどこまでも増えてしまうといった問題はほとんどなかったであろうと思う。家督相続が廃止された際には今のこの状況は予想されなかったのだろうか。

「家」という考え方自体が少なくとも都市部ではほとんど聞かなくなった。核家族化は当然となり親戚づきあいに関してはほとんどないということも珍しくはない。空き家対策をしていて、空き家の相続人である所有者の子どもたちに連絡をしても、兄弟姉妹同士でさえ長いこと付き合いがなく、居所も知らないという冷たい言葉が返ってくることもよくある話である。

欧米では一般的には子は18歳になり成人したら親元を去って独立するものでそれが当たり前の習慣だと聞いたことがある。子が独立したら親は解放されて自分のための人生を過ごすそうである。日本も大学進学、就職、結婚などを機に独立して親とは別の場所で暮らすことが当たり前の社会になっており、何代にも渡って同じ場所に暮らす「家」は確実になくなりつつある。ノスタルジックな感傷からはそれが望ましい社会なのかという意見もあるのだろうが、ともかくとして欧米的な個人を主体にした社会になってきていることはまぎれもない現実である。

核家族化を抑制しよう、2世帯同居または親の近くに住む政策を推し進めよう、昔に戻そうという、「家」に基づいた制度を堅持する方向で対策しようという考えもあるだろうが、それがたとえ日本の昔ながらの理想の社会であったとしても理想は理想であって現実的ではない。

「家」ではなく「個人」であることを前提にして社会制度を再設計して法改正も進めなければ制度が現実とずっとズレたままである。社会の方が昔に戻ることなど期待できないことは誰しもがわかっているのではないだろうか。

2

川口市の相続財産管理人の申立ての事例

民法上、財産管理人の申立てを行うことができるのは、利害関係人又は検察官だけである（民法第25条、第952条）。税部門であれば税の滞納をもって利害関係人となることが容易であるが、空き家部門では税の滞納情報を取得することができないことから、財産管理人制度を利用するためにどのように利害関係人となるかが問題となってきた。

ここでは、川口市で空き家部門が所有者不存在の空き家を解消するために、これまでどのように相続財産管理人の申立てを行ってきたか事例を紹介していきたい。

申立て事例1

案件の概要

◆経緯

平成28年度に国土交通省の「先駆的空き家対策モデル事業」に採択された「所有者不明等の空き家の解消に向けた財産管理人制度活用モデル事業」において、川口市と委託をした弁護士グループが作成した「所有者所在不明・相続人不存在の空家対応マニュアル」のモデルケースとして申立てを行った案件である。そのため申立ては、モデル事業の委託をした弁護士に依頼している。

案件の説明

◆空き家の状況

市への通報は平成25年である。空き家は、昭和39年に建築されたものであり、家屋は老朽化はしているものの平屋で30㎡程度しかなく、敷地が広いこともあって倒壊して周辺に危害を加えるおそれはなかった。近隣で主に問題となっていたのは樹木の繁茂であり、幹と枝が道路及び隣地に大きく越境していた。

◆所有者

土地と建物の所有者は同一であり、平成11年に亡くなったあと空き家となっていた。調査の結果、法定相続人はいなかった。

◆相関図

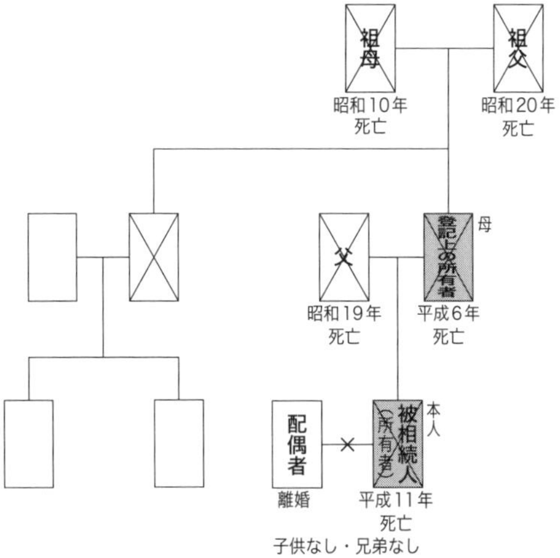

◆売却可能性

前面道路は私道であり、建築基準法第43条2項2号により再建築は可能であった。敷地面積についても170㎡以上あり川口駅から近いこともあって、売却は充分に見込めた。この事案では不動産業者に無料の簡易査定を行ってもらったが、予納金が全額戻ってくるであろうことが期待できた。

◆位置図

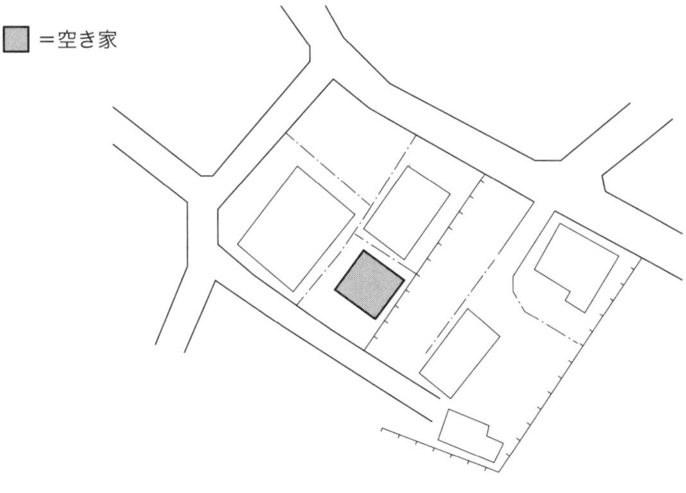

◆特定空家等の認定

「不動産に定着した立木の枝等が近隣の道路等にはみ出し、地域住民の生活環境に影響を及ぼしており、周辺の生活環境の保全を図るために放置することが不適切である状態にある」ことを理由に、平成28年11月に特定空家等に認定をした。

空き家部門が財産管理人の申立てを行うに当たり、空家法を根拠として利害関係人として認められるかどうか、ある意味、実験的に申立てをしたものである。

申立ては、「特定空家等」に対する空家法第14条に基づく指導、勧告、命令などの法的措置の名宛人がいないことをもって利害関係人であることの理由としている。

(1) 利害関係の説明

「空家法14条は、市町村長が、特定空家等の所有者等に対し、当該特定空家等に関し、除却、修繕、立木竹の伐採その他周辺の生活環境の保全を図るために必要な措置をとるよう助言又は指導、勧告、命令、及び行政代執行といった法的措置をとることを認めています。

市町村長がこうした法的措置をとるためにはその名宛人が必要です。この場合の名宛人は対象不動産の所有者等となります。しかし、所有者等が行方不明であったり、所有者等が死亡して相続人がない場合では、市町村長は法的措置をとることができません。そこで、法的措置をとるための名宛人となるべき空家等の管理者を定める必要があり、この観点から自治体が利害関係人に該当することになります。

したがって、肯定する立場で考えると、特定空家等に関しては自治体が利害関係人に該当し、債権の有無にかかわらず財産管理人の選任を申し立てることも可能という結論になります。」

(所有者所在不明・相続人不存在の空家対応マニュアル(Q8－10)空家問題対策プロジェクトチーム・川口市)

〈実例を基にした申立書サンプル〉

相続財産管理人選任申立書

令和○年○月○日

さいたま家庭裁判所　御中

申立人　川口市長　○○　○○

申立人

所在地　〒○○○－○○○○　埼玉県川口市○○2丁目1番1号

名　称　川口市

代表者　川口市長　○○　○○

被相続人

本　　　籍　　埼玉県川口市○○

最後の住所　　埼玉県川口市○○

氏　　　名　　○　○　○　○

生年月日　　昭和○年○月○日

死亡年月日　　平成○年○月○日

死亡時の職業　　不明

第1　申立の趣旨

被相続人の相続財産管理人を選任するとの審判を求める。

第2　申立の理由

1　相続の開始

被相続人は平成○年○月○日に死亡した。

2　相続人の不存在

被相続人には配偶者はいない。加えて、被相続人には子どもはおらず、また被相続人の親は相続開始時既に死亡しており、被相続人には兄弟姉妹もいなかった。

よって、被相続人には法定相続人がいない。

3　相続財産の存在

別紙遺産目録記載の不動産（以下「本件不動産」という。）がある。

4　遺言の存否

不明である。

5　申立人が利害関係人であること

(1)　本件不動産は空家等であること

本件不動産は、遅くとも被相続人が死亡した平成○年○月○日以降は使用されておらず、居住その他の使用がなされていないことが常態となっているから、「空家等対策の推進に関する特別措置法」（以下「法」という。）第2条第1項の「空家等」の要件を充たす。

そして、本件不動産に定着した立木の枝等が近隣の道路等にはみ出し、地域住民の生活環境に影響を及ぼしており、周辺の生活環境の保全を図るために放置することが不適切である状態にあるから、法2条2項の「特定空家等」の要件を充たす。

そこで、申立人は、令和○年○月○日、本件不動産を法2条2項の「特定空家等」に認定した。

(2) 法的措置の名宛人が必要であること

本件不動産は川口市内にあるため、本来であれば、周辺の生活環境の保全を図るため、申立人は、法に基づき、その所有者又は管理者（以下「所有者等」という。）に対し、助言又は指導、勧告、命令等の法的措置（法14条）を行うべきところである。

しかしながら、本件不動産の所有者である被相続人は既に死亡していることに加え、被相続人には法定相続人がいない。そのため、申立人が行おうとする上記法的措置の名宛人となるべき者が存在しない。

そこで、本件不動産について助言又は指導、勧告、命令等の法的措置を可能にするため、被相続人について相続財産管理人の選任を申し立てる必要がある。

(3) よって、申立人は利害関係人といえる。

6 以上より、申立人は申立の趣旨記載のとおりの審判を求める。

なお、相続財産管理人は、御庁において適当な人物を選任願いたい。

添　付　資　料

1 戸籍（除籍、改製原戸籍）謄本　計○通
2 親族関係図　1通
3 全部事項証明書（土地）　1通
4 全部事項証明書（建物）　1通
5 公図　1通
6 不動産の時価を証する不動産業者作成の査定書　1通
7 「特定空家等」の認定に関する川口市作成の書面　1通
8 写真撮影報告書　1通
9 上申書（戸籍等謄本の原本還付）　1通

別紙

遺　産　目　録

1　所　　在　川口市○○
　地　　番　○○番
　地　　目　宅地
　地　　積　○○㎡
　(登記簿上の所有者　○○○○)

2　所　　在　川口市○○
　家屋番号　　○○番
　種　　類　　居宅
　構　　造　　木造瓦葺平屋建
　床 面 積　　1階　○○㎡
　(登記簿上の所有者　○○○○)

この申立ては、家庭裁判所に利害関係を認められ、財産管理人が選任された。

選任後、近隣からの苦情が強かったために、家屋の売却に先立って樹木を伐採できないか相続財産管理人に打診をしたが、伐採費用の費用を申立人である市が負担してくれるなら可能であるという回答であったため、市としては費用負担ができないことから売却を待つ形となった。その際に、前面道路に協定が組まれていることから、売却に少し時間がかかるであろうことなどの話を聞いている。

こちらから問い合わせない限りは財産管理人からは特に連絡もなく、売却の進捗などは、購入予定者からの問い合わせで知る状況であった。売却が済んだことは登記簿謄本を取ってわかったことであったし、解体されたことも現地調査の結果知ったことである。このように、基本的には相続管理人から申立人に進捗についていちいち報告はない。裏を返せば、選任後に申立人が煩わされることがないとも言える。

この空き家については、売却後に更地となったところまで確認している。新たな所有者が駐車場として利用しているようである。

予納金については、平成31年2月に家庭裁判所から全額返還された。

余談であるが、この案件は、国のモデル事業として予納金についても全額補助を受けていた。そのために裁判所から返還された予納金は国から返還命令を受けて返還しなければならず、また、タイミング悪く家裁からの返還が年度末であったため、国からの返還命令は翌年度になってしまうということであった。年度内なら流用で対応もできたが、年度当初となるとどこから支出するのか（返還命令には支払期限があるため補正予算では間に合わなかった。）川口市の財政部局と揉めたほか、事務手続きも煩雑であった。

財産管理人制度の利用を考えている他の市町村では、予納金の予算化に苦労しており国からの補助金が欲しいという声を聞くこともあるが、売却が可能な空き家を申立てるのであれば基本的には戻ってくるお金であるので、そのことを財政部局には充分に説明して何とか予算をつけて貰い、返す必要のある補助金の利用はしないほうがよいかと思う。

予納金返還までの経緯

事例1

利用した制度	相続財産管理人制度
利害関係	特定空家等であること
申立日（書類提出日）	平成28年12月13日
予納金支払いの請求日	平成28年12月27日
予納金支払日	平成29年2月3日
財産管理人選任の審判日	平成29年2月10日
選任公告日	平成29年3月9日
相続債権者・受遺者への弁済（請求申出）の公告日	平成29年5月30日（2か月間）
空き家の売買成立日	平成29年10月頃
相続人捜索の公告日	平成30年1月29日（平成30年8月17日期間満了）
解体確認日	平成30年4月（いつ解体されたかは不明）
予納金還付日	平成31年2月21日
返還額	100万円

(2) 特定空家等であることを理由とする申立ての弱点

相続人不存在の空き家が全て特定空家等に該当するようなものではない。所有者がいないのであるから、管理する人間がいない（相続放棄の場合には相続放棄者に管理義務が課されているが、現実的には相続放棄者が管理を行う例はほとんどないであろう。）まま老朽化し続けるだけであり、いずれは問題化することは避けられない。それなら特定空家等にしてしまえばいいと考えてしまうかもしれないが、特定空家等の定義は法に定められているものであり、財産管理人制度の利用とは厳密に切り離して考えなければならない。

そこで、翌年度に、単に空家等であることをもって申立てを行ったのが次の事例である。申立ては、職員が行っている。

申立て事例2

案件の概要

◆経緯

特定空家等に認定するような状態ではなかったが、特定空家等となるほど状態が悪化する前に、財産管理人制度を積極的に使って解決できないだろうかということで申立てを行った事案である。モデル事業で申立てのノウハウができたため、申立て手続は弁護士等に依頼せずに、マニュアルを参考に職員が行っている。

案件の説明

◆空き家の状況

平成28年に最初の通報を受けており、内容は「先日居住者である所有者が孤独死したので空き家となった」というものである。居住者が存命のときから家は片づけがあまりされておらず、網戸なども外れている状態であった。ただ、建物そのものの状態は悪くはなく、特定空家等とするのは難しかった。

◆所有者

所有者は一人暮らしであり、調査の結果、所有者に相続人がいないことが判明している。

◆**相関図**

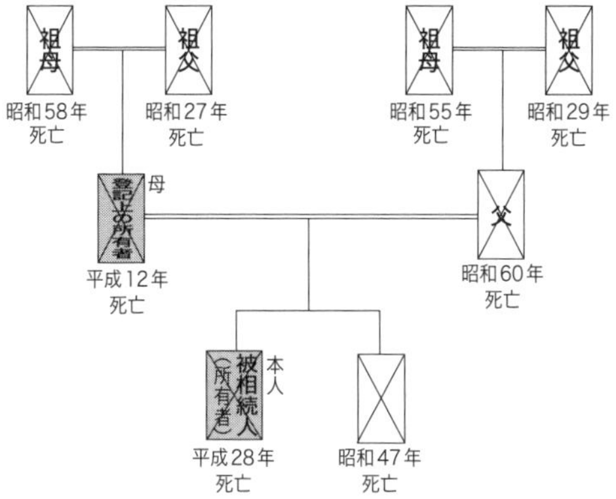

それぞれ子供なし・他に兄弟なし

◆**売却可能性**

敷地は位置指定道路に接道しており、面積は70㎡程度であった。川口駅からは比較的近く、売却に関しては全額を含め申立てに全く問題ないだろうと判断した。不動産業者の簡易査定でも予納金が全額戻ってくるであろうことが期待できた。

◆**位置図**

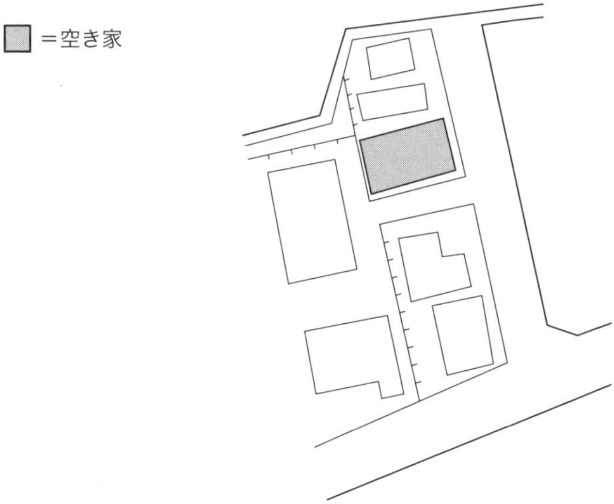

(1) 利害関係の説明

申立ては最初、空家法に規定する市町村の「空家等」に関する第4条の責務、第12条、第13条の市町村の努力義務をもとに、市が対策をするには相手方が必要であるということを理由に行った。もともと、法12条の努力義務を基にした申立てについては、「「特定空家等」に該当しない空家等について、空家法12条等を根拠に財産管理人の選任を申し立てることは難しいと考えます。財産管理人選任の申立権者となるための「利害関係」とは「事実上の利害関係」では足りず、「法律上の利害関係」をさすものと解されています。この点、空家法12条は、特定空家等に該当しない空家等についても、自治体に情報の提供や助言その他必要な援助を行うよう努めるものとすると規定しています。しかし、この規定は、空家法14条のように自治体に「必要な措置」の実現に向けた助言又は指導、勧告、命令等の法的措置をとることを認めたものではなく、自治体に努力義務を課したにすぎません。これだけをもって自治体に「法律上の利害関係」があるとみることは難しいものと考えます。したがって、特定空家に該当しない空家等についてまで、自治体が、空家法12条等を根拠に財産管理人選任を申し立てることは難しいと考えます。(所有者所在不明・相続人不存在の空家対応マニュアル(Q8－13) 空家問題対策プロジェクトチーム・川口市)」にあるように難しいことはわかっていた。ならば第4条と第13条も追加し、なんとか申立てが認められないだろうかということである。

空家法

(市町村の責務)

第4条 市町村は、第6条第1項に規定する空家等対策計画の作成及びこれに基づく空家等に関する対策の実施その他の空家等に関する必要な措置を適切に講ずるよう努めるものとする。

(所有者等による空家等の適切な管理の促進)

第12条 市町村は、所有者等による空家等の適切な管理を促進するため、これらの者に対し、情報の提供、助言その他必要な援助を行うよう努めるものとする。

（空家等及び空家等の跡地の活用等）

第13条 市町村は、空家等及び空家等の跡地（土地を販売し、又は賃貸する事業を行う者が販売し、又は賃貸するために所有し、又は管理するものを除く。）に関する情報の提供その他これらの活用のために必要な対策を講ずるよう努めるものとする。

申立て後に家庭裁判所から「この申立て理由だけで利害関係を認めるか悩ましい。もう一つ何かないか。」と連絡があったため、当初の目的であった空家法のみによる申立ては断念し、「租税債権の存在」を理由として追加した。空き家対策部局では、税の債権額の情報まで知ることはできないが、「租税債権額まで特定していることは、申立ての要件ではありません。租税債権の金額が特定できていなくとも、その存在を証明できれば財産管理人の選任を申し立てることは可能です。その場合、租税債権額が特定できないまま財産管理人の選任を申し立て、選任された財産管理人を相手方として納税の告知などを行うこととなります。もちろん、財産管理人選任申立てにあたって「利害関係人」であることを証明する資料の提出が必要になりますので、金額の特定ができていなくとも自治体が不在者や被相続人に対し債権を有していることを証明する資料を裁判所に提出する必要があります。」（所有者所在不明・相続人不存在の空家対応マニュアル（Q8－6） 空家問題対策プロジェクトチーム・川口市）ということで、「被相続人の所有していた空き家が課税対象である」こと「だけ」が分かる書類を提出して、申立て理由の変更を行っている。

租税債権による申立てであれば、税部局が行うのが自然かとは思うが、空き家対策部門としては空き家対策の視点から税部局の動きを待つことなく独自に進めていく必要があるかと思う。

(2) 財産管理人に関する上申書

この案件では、財産管理人との関係について考えなければならないことがあった。財産管理人は、亡くなった所有者の財産調査をするために他部局に行き、口頭で持っている財産情報をその場で提供するように申し出た。「申立人が川口市長なので、部局に関わらず協力する義務がある。」ということであり、確かにその理屈に加えて相続財産管理人が相続財産法人の代表者又は代理人と解されていることを考えれば、情報提供は可能であるのかもしれないが、行政としては個人情報の取扱いに関しては慎重にならざるを得ず、その辺りの考え方を整理する時間も必要であるし、文書による依頼もやはり欲しいところである。

次には空き家対策部局に「他部局から情報を収集して提供してもらいたい」という手紙が届いたため、今後のことも考えて家庭裁判所に行き相談をしたが、裁判所としては、現時点では相続財産管理人に対して話をすることはしないとのことであった。

相続財産管理人に対しては空き家対策部局では要求のあった情報の取り扱いができない旨を回答した。情報提供がどのようになったかはその後他部局に確認はしていない。

このことを受けて、以降の申立てにあたっては、上申書に次の一文を記載している。

〈事例に基づく上申書サンプル（選任）〉

上　申　書

令和○年○月○日

さいたま家庭裁判所
　審判係　御中

〒○○○-○○○○
埼玉県川口市○○2丁目1番1号
川口市長　○○　○○
（連絡先）川口市都市計画部住宅政策課空き家対策係
TEL：○○○-○○○-○○○○　FAX：○○○-○○○-○○○○

本日、御庁に申し立てました相続財産管理人選任申立事件（被相続人○○○○）について、下記の通り上申いたします。

記

1・2（略）
3　相続財産管理人の選任について
申立人は地方公共団体であることから、所有する情報については、各部署において取り扱いのできる範囲が異なります。そのため、相続財産管理人が申立人からの情報収集を行うに当たって、横断的な対応が困難であり、情報公開条例や各種要綱等に基づいた手続きが必要となる場合があります。
以上より、相続財産管理人の選任に当たっては、このような申立人の事情を充分に理解した方を選任すべく上申いたします。
4（略）

この空き家については、売却され、その後、現場確認をしたところ解体されていることを確認している。予納金も全額返還された。

予納金返還までの経緯

事例2

利用した制度	相続財産管理人制度
利害関係	空家等であること。租税債権が存在すること
申立日（書類提出日）	平成30年1月30日
申立書訂正日	平成30年3月5日
予納金支払いの請求日	平成30年3月9日
予納金支払日	平成30年3月30日
財産管理人選任の審判日	平成30年4月27日
選任公告日	平成30年5月25日
相続債権者・受遺者への弁済（請求申出）の公告日	平成30年8月14日（2か月間）
相続人捜索の公告日	平成30年11月12日（令和元年6月3日期間満了）
解体確認日	令和元年8月（いつ解体されたかは不明）
予納金還付日	令和元年12月4日
返還額	100万円

申立て事例3

案件の概要

◆経緯

申立ては弁護士等に依頼をせずに、職員が行っている。

これも特定空家等に認定はしておらず、空家法の第4条、第12条、第13条に基づく市町村の努力義務と租税債権の存在を理由に申立てた。

事例2のようなことがあったため、事前に弁護士に「財産管理人として推薦したい。」旨を打診し承諾を得ている。

案件の説明

◆空き家の状況

未登記であるが昭和32年に建てられたようであり、平屋で床面積が13㎡という小さな建物である。20年間ほど空き家であったらしく、傾いてグラグラと揺れることもあり倒壊する可能性があった。しかし、傾いた方向には庭があり建物自体小さいこともあって、仮に倒壊したとしても近隣に被害が出る可能性はないと言ってよかった。敷地は路地状敷地である。

◆所有者

所有者調査を行ったところ、所有者は20年ほど前に病院で亡くなっていた。配偶者は大分前に亡くなり、子もおらず、兄弟も早くに亡くなっているため相続人がいない状態であった。

◆相関図

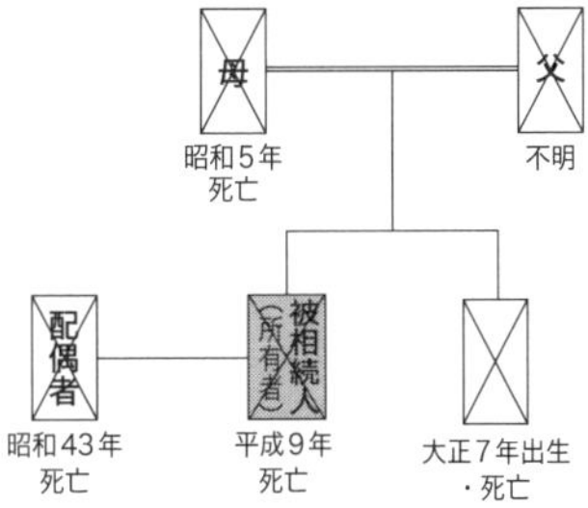

◆売却可能性

当該空き家は、路地状敷地で市道に接しており、敷地面積は70㎡以上あって、再建築も可能であった。駅からは若干の距離があるものの、市内の主要幹線道路の近くにあり、また、付近には商業施設も複数ある利便性のよい場所であるため売却に関して問題はないと考えられた。不動産業者の無料簡易査定でも充分な査定額が示された。

◆位置図

■＝空き家

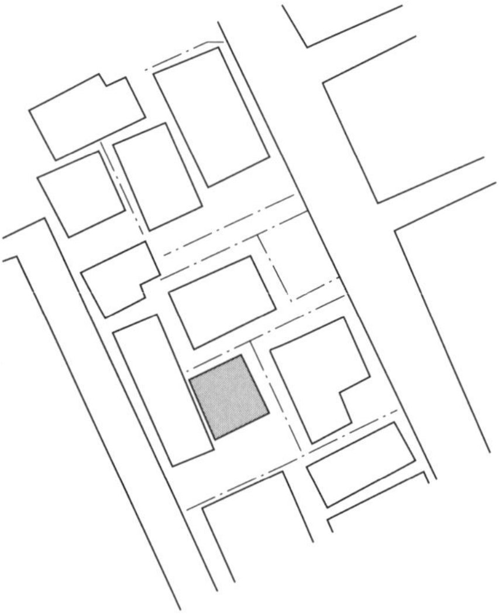

(1) 利害関係の説明

利害関係については、事例2と同様「空家等であることによる市町村の責務等」に加え、同事例で後から追加した「租税債権の存在」を最初から含めて申立てている。

〈事例に基づく申立書サンプル（弁護士依頼）〉

相続財産管理人選任申立書

令和○年○月○日

さいたま家庭裁判所　御中

申立人　川口市長　○○　○○

申立人
　所在地　〒○○○-○○○○　埼玉県川口市○○2丁目1番1号
　名　称　川口市
　代表者　川口市長　○○　○○

被相続人
　本　　　籍　　埼玉県川口市○○
　最後の住所　　埼玉県川口市○○
　氏　　　名　　○　○　○　○
　生 年 月 日　　昭和○年○月○日
　死亡年月日　　平成○年○月○日
　死亡時の職業　　不明

第1　申立の趣旨
　被相続人の相続財産管理人を選任するとの審判を求める。
第2　申立の理由
1　相続の開始
　被相続人は平成○年○月○日に死亡した。
2　相続人の不存在
(1)　被相続人の配偶者は相続開始時既に死亡しており、加えて、被相続人には子どもはいない。また被相続人の親も相続開始時既に死亡していた。
(2)　被相続人には兄が1名いたが、相続開始時既に死亡していた。加えて、当該兄には配偶者がおらず、子供はいない。
(3)　よって、被相続人には法定相続人がいない。

3　相続財産の存在

相続財産には別紙遺産目録記載の不動産（以下「本件不動産」という。）がある。

4　遺言の存否

不明である。

5　申立人が利害関係人であること

(1) 本件不動産は空家等であること

本件不動産は、被相続人が死亡した平成○年○月○日以降は居住その他の使用がされておらず、また、被相続人に法定相続人が不存在であることから、今後も居住等がなされる見込みはなく、空家等対策の推進に関する特別措置法（以下「法」という。）第2条第1項の「空家等」に該当する。

(2) 空家等に関する市町村の責務

申立人は、法において、空家等に関する必要な措置を適切に講ずるよう努める責務があり（法4条）、その所有者又は管理者に対し、情報の提供、助言その他必要な援助を行うよう努める（法12条）とともに、空家等の活用のために必要な対策を講ずるよう努めるものとする（法13条）ことが規定されている。

(3) 申立人は、川口市内に存在する本件不動産について、情報の提供、助言その他必要な援助等の法的措置、及び空家等の活用のために必要な対策を可能にするため、被相続人の相続財産の管理人の選任を求める必要がある。

(4) また、申立人は、本件不動産について固定資産税及び都市計画税を賦課しており租税債権を有する。ところが、本件不動産の所有名義人はすでに死亡し、加えてその相続人である被相続人には法定相続人がいない。そこで、申立人としては上記租税債権を取り立てるため、その名宛人として相続財産管理人の選任を申し立てる必要がある。

(5) よって、申立人は利害関係人といえる。

(6) なお、本件不動産は、現時点では法第2条第2項の特定空家等には認定はしていない。

6　以上より、申立人は申立の趣旨記載のとおりの審判を求める。

なお、相続財産管理人は、次のものを選任願いたい。

埼玉県川口市○○1－1－1

○○法律事務所

弁護士　○○　○○

添　付　資　料

1　戸籍（除籍、改製原戸籍）謄本　計○通
2　親族関係図　1通
3　全部事項証明書（土地）　1通
4　全部事項証明書（建物）　1通
5　公図　1通
6　土地家屋名寄帳兼課税簿　1通
7　査定書　1通
8　写真撮影報告書　1通
9　上申書（戸籍等謄本の原本還付）　1通

別紙

遺　産　目　録

1　所　　在　　川口市○○
　　地　　番　　○○番
　　地　　目　　宅地
　　地　　積　　○○㎡
　　(登記簿上の所有者　○○○○)

2　所　　在　　川口市○○
　　家屋番号　　○○番
　　種　　類　　居宅
　　構　　造　　木造瓦葺2階建
　　床 面 積　　1階　○○㎡
　　　　　　　　2階　○○㎡
　　(登記簿上の所有者　○○○○)

申立て後、家庭裁判所から、予納金は150万円としたい、という連絡が入った。申立て時に不動産業者の簡易査定による充分な額の査定書をつけていたが、路地状敷地であることと駅から距離があるということで、更地にしなければ売れないのではないか、その場合を考えれば、ある程度の予納金がなければ弁護士会に推薦依頼をしづらいということであった。

また、申立人が推薦した弁護士の選任に関しては、「相続財産管理人制度の場合は、公平性を重視して申立人からの推薦を基本的には認めていない。家庭裁判所から弁護士会に推薦依頼をする際にも、依頼文に申立人が推薦する弁護士名を記載していない。」ということであった。もっとも、全くだめということではなく、よほどの事情がある場合に年に数件くらいは認めることもあるということであった。申立人は債権者であることが多いことから、財産管理人と結託して申立人に有利な処理をされないために推薦を認めないというのは制度の趣旨からはもっともである。

予納金については、更地にしなければ売れないことを懸念したものとのことであったが、この場所は現状有姿でも間違いなく売れる場所であること、予算の都合上150万円は出せないことを説明した。裁判所では、売れないまま管理し続けることを避けたかったとのことであり、売れることが確実であれば予納金を下げる余地があるということであった。

そのため、推薦していた弁護士経由で不動産業者から現状有姿での買付証明を取得し、充分な額で売却が可能であるということ、そのためには推薦した弁護士が財産管理人となる必要があるという旨を記載した上申書を提出した。

〈実例に基づく上申書サンプル〉

上　申　書

令和○○年○○月○○日

さいたま家庭裁判所
　審判係　御中

〒○○○-○○○○
埼玉県川口市○○2丁目1番1号
川口市長　○○　○○
（連絡先）川口市都市計画部住宅政策課空き家対策係
TEL：○○○-○○○-○○○○　FAX：○○○-○○○-○○○○

申立人を川口市長○○　○○、被相続人を○○○○とする相続財産管理人選任申立事件（令和○○年（家）第○○○○○号）について、下記の通り上申いたします。

記

1　相続財産管理人候補者について

相続財産管理人候補者を申立書記載の「埼玉県川口市○○1－1－1　弁護士○○○○」（以下、「候補者」という。）とした経緯につきご説明申し上げます。

本件被相続人の唯一と思われる資産たる不動産が川口市○○に存するところ、候補者の事務所所在地が当該物件に近しく早期かつ緻密な管理が容易であること、既に候補者を通して空き家ごと不動産を適正価格で買受ける希望者を見つけていること（添付資料参照）等の事情から、当該候補者を相続財産管理人とすることが今後の管理を迅速・適切に行うに資すると思料するに至りました。

以上により、相続財産管理人は推薦候補者を選任すべく上申いたします。

2　予納金の額について

1に記載のとおり、当該不動産について、相続財産管理人による解体を行わなくとも、現状有姿で買受けの希望者がいること、申立人は地方公共団体であり、本件申立につき予納金を100万円として予算化しており、予納金の更なる上積みが困難であること。

以上により、予納金の額を100万円以下とすべく上申いたします。

添付書類
不動産買付証明書　1通

以上

結果として、予納金は100万円でよいこととなり、推薦についても、申立人が推薦した弁護士が無事に選任された。

この空き家に関しては、財産管理人による調査の結果、所有者の多額の預金が見つかったこと、建物が老朽化しており傾いていたことから、財産管理人が解体を行い更地にしてから売却している。

空き家解体後

予納金返還までの経緯

事例3

利用した制度	相続財産管理人制度
利害関係	空家等であること、租税債権の存在
申立日（書類提出日）	平成30年7月3日
追加提出（財産管理人推薦理由・予納金額引き下げの上申書）	平成30年11月9日
予納金支払いの請求日	平成30年11月14日
予納金支払日	平成30年12月5日
財産管理人選任の審判日	平成31年1月29日
選任公告	平成31年2月28日
解体日	令和元年5月13日
相続債権者・受遺者への弁済（請求申出）の公告日	令和元年5月24日（2か月間）
相続人捜索の公告日	令和元年8月22日（令和2年3月6日期間満了）
解体確認日	令和元年5月
予納金還付日	令和2年10月5日
返還額	100万円

COLUMN

残余財産の国庫帰属について

相続財産管理人選任の申立てがされて、清算後に相続財産が残った場合には国庫に入ることになる。事例3で紹介した多額の預金が見つかった案件では、土地の売却費用を加えれば、1,000万円程度は国庫に入ることになるのだろう。財産管理人制度は、あくまでも民法に基づく制度であるから仕方がないところではあるが、私たち市町村の空き家対策部門が空き家問題の解決策として制度を利用する場合に、予納金が返還されるかどうかというリスクや事務の負担は市町村持ちで、余剰の財産があった場合には、国庫に入ってしまうというのは、正直モチベーションが下がる。残余財産が市町村にもし入って、例えば基金化して予納金として回すことができるのであれば、全額回収の見込みがない案件であっても申立てのハードルを費用面からは下げることが可能になるのに、という思いがある。

民法による制度である以上、空き家対策として地方自治体が行う申立てだからという理由で残余財産の取扱いを特別にするということが無理筋であることは重々承知してはいるのだが、どうしても、苦労した結果プラスとなるものがあったにもかかわらず、そのプラス分が余所の懐に入ってしまうということにもやもやとした気持ちが残る（当該空き家は解決したし、今後の固定資産税収入が見込めることがプラスではあるのだが。）。せめて、国にとってはこれらのプラス分があるのだから、マイナス分である「負動産」の国庫帰属を積極的に進めてもらえないものだろうかと思う。

申立て事例4

案件の概要、経緯

◆空き家の状況

この案件は、平成25年に通報があったものである。通路の奥まった場所にあり、平屋で倒壊の危険もないが、増築したらしい部分がボロボロになり見た目が非常に悪い。

◆所有者

住んでいた方が亡くなり子に相続されたが、その唯一の相続人である子も数か月後に亡くなり所有者不存在となった。

◆相関図

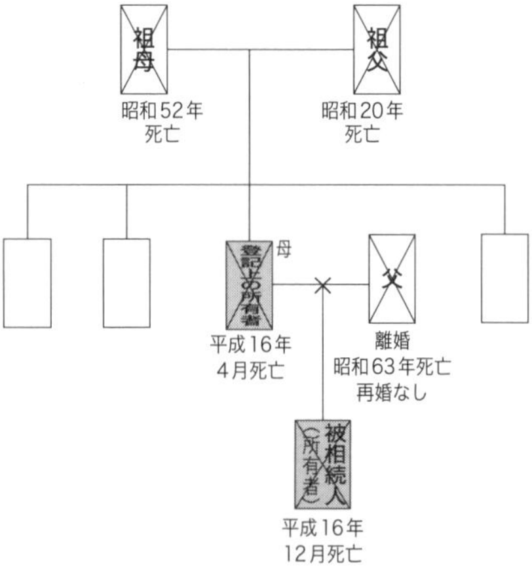

◆売却可能性

現地の道路幅が2メートル程度しかなかったことから無接道であると考えていたが、平成29年度に再調査をしたところ、位置指定道路が届いており、協定も組まれていて再建築が不可能ではないことが判明した。しかし、そうはいっても、敷地もそれほど広いわけではなく、地下鉄の駅からほど近いところにあり、交通利便性が高いことが希望ではあるものの、それほど売却額が高額になることは見込めなかった。

◆位置図

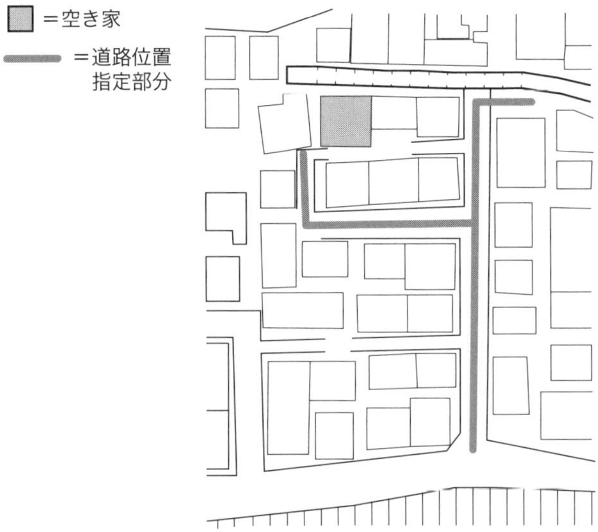

(1)　所有者不明土地特措法による申立て

「所有者不明土地の利用の円滑化等に関する特別措置法」が平成30年6月13日に公付され同年11月15日に一部施行された。

この法律は、わが国で人口減少、高齢化、東京への一極集中などの社会構造の変化による土地の利用価値の低下に加え、相続登記が義務化されてこなかったこともあいまって、所有者の判明しない、またはその所在のわからない土地が増加していることを受けて、「社会経済情勢の変化に伴い所有者不明土地が増加していることに鑑み、所有者不明土地の利用の円滑化及び土地の所有者の効果的な探索を図るため、国土交通大臣及び法務大臣による基本方針の策定について定めるとともに、地域福利増進事業の実施のための措置、所有者不明土地の収用又は使用に関する土地収用法（昭和26年法律第219号）の特例、土地の所有者等に関する情報の利用及び提供その他の特別の措置を講じ、もって国土の適正かつ合理的な利用に寄与することを目的とする（第1条）」ものであり、直接に空き家対策を目的としているものではない。しかし、所有者不存在の空き家についても、土地も含めて何らかの「適正かつ合理的な利用」が図られることが望ましいことから、この法律と無関係ということはないと考えた。

この法律では、平成30年11月15日に一部施行された規定のうち、第38条に、地方公共団体の長に財産管理人の選任申立てができる権限を与える民法の特例がある。それでは、この規定を使えば、市町村はどのように利害関係人となるか頭を悩ませなくとも申立てができるようになるのではないかと考えたのがこの事案である。

あくまでも「所有者不明土地」について市町村長が財産管理人の申し立てができるということであり、空き家の建物は対象とされていない。以前、あるシンポジウムに参加した時、国の所有者不明土地に係る審議会の委員をされているパネリストの方が、「所有者不明土地特措法を使って空き家の財産管理人の申立てが認められるか」との質問に対し、「これまでどおり税債権で申し立てた方がよいのではないか」と回答していたので、立法時の想定も空き家について使うことは考えていないのだと考えられる。しかし、空き家の敷地については、所有者が不存在又は不在であれば、所有者不明土地にあたるものであり（※この考えについては、その後別案件で家庭裁判所から異なる見解を示された。**事例5**を参照のこと。）、そうであれば、「市町村長が「適切な管理のため特に必要があると認めるとき」には利害関係がなくとも申立ての権限があるということである。

ここで建物の扱いがどうなるのかということを疑問に思うかもしれないが、財産管理人が管理するのは土地だけではなく、相続財産全てである。つまり、土地と建物の所有者が同一であったのなら、所有者不明の土地のみに関して適切な管理の必要性を理由として申立てたとしても、財産管理人は必然と建物も管理する（清算する）こととなる。

(2) 利害関係の説明

この事例でも事例3と同じ弁護士の推薦を考えた。売却について懸念があるとのことで弁護士からは推薦されることの承諾をなかなか貰えなかったが、弁護士が不動産業者と事前に打ち合わせをして売却の目途がたったため、引き受けてもらえることとなった。

その際に弁護士が不動産業者から提示された売却予定額は予納金の返還がほぼ見込める額であった。

また、この時点で6月に公布された「所有者不明土地の利用の円滑化等に関する特別措置法」の施行が近いことが分かっていたため、施行日を待って同日に同法による申立てを行った。申し立ては職員が行っている。

〈申立書サンプル〉

相続財産管理人選任申立書

令和○年○月○日

さいたま家庭裁判所　御中

申立人　川口市長　○○　○○

申立人

所在地　〒○○○-○○○○　埼玉県川口市○○2丁目1番1号

名　称　川口市

代表者　川口市長　○○　○○

連絡先　〒○○○-○○○○　埼玉県川口市○○2丁目1番1号

川口市都市計画部住宅政策課空き家対策係

電　話　○○○－○○○－○○○○

ＦＡＸ　○○○－○○○－○○○○

被相続人

本　　　籍　○○県○○市○○○丁目○番○号

最後の住所　埼玉県川口市○○○丁目○番○号

氏　　　名　○○　○○

生年月日　昭和○年○月○日

死亡年月日　平成○年○月○日

死亡時の職業　不明

第1　申立の趣旨

被相続人の相続財産管理人を選任するとの審判を求める。

第2　申立の理由

1　相続の開始

被相続人は平成○年○月○日に死亡した。

2　相続人の不存在

(1) 被相続人には、配偶者はいない。加えて、被相続人には子どもはおらず、また被相続人の親は相続開始時既に死亡していた。そして、被相続人には兄弟姉妹はいなかった。

(2) よって、被相続人には法定相続人がいない。

3 相続財産の存在

(1) 相続財産には別紙遺産目録記載の不動産（以下「本件不動産」という。）がある。

(2) なお、本件不動産の登記簿上の所有者は○○○○であるが、○○○○は平成○年○月○日に死亡しており、同人の相続人は被相続人のみである。

4 遺言の存否

不明である。

5 本件不動産の状況

(1) 被相続人には法定相続人が不存在であることから、本件不動産のうち土地に関しては、所有者不明土地の利用の円滑化等に関する特別措置法（以下「法」という。）第2条第1項の所有者不明土地に該当する。

(2) 本件不動産は、被相続人が死亡した平成○年○月○日頃から○日頃までの間以降は居住その他の使用がされておらず、また、被相続人に法定相続人が不存在であることから、今後も適切な管理がなされる見込みがない。

6 以上より、申立人は、法第38条の規定に基づき、地方公共団体の長として所有者不明土地の適切な管理のため特に必要があると認め、申立の趣旨記載のとおり審判を求める。

添　付　資　料

1 戸籍（除籍、改製原戸籍）謄本　計○○通
2 親族関係図　1通
3 全部事項証明書（土地）1通
4 全部事項証明書（建物）1通
5 公図　1通
6 写真撮影報告書　1通
7 報告書
8 上申書　1通

別紙

遺　産　目　録

1　所　　在　　○○市○○○丁目
　地　　番　　○番○
　地　　目　　宅地
　地　　積　　○○.○○㎡
　(登記簿上の所有者　○○○○)

2　所　　在　○○市○○○丁目○番地○
　家屋番号　　○番○
　種　　類　　居宅
　構　　造　　木造瓦葺二階建
　床 面 積　　○○.○○㎡
　(登記簿上の所有者　○○○○)

その余は不明

このように、空き家の土地が「所有者不明土地」であり、「市長が、適切な管理のため特に必要があると認める」と申立人（市長）が、言い切るのであれば、市長の権限で申し立てる法の規定からも家庭裁判所はダメとは言えないのではないかと考えた。事実、所有者不明土地特措法の規定を使ったことについて問われることもなく、無事認められ財産管理人がついた。

弁護士の推薦については、「今回は売却先のことも含めて交渉が進んでいるので弁護士会にも伝えるが、同じ弁護士が突出した件数で財産管理人に選任されることは避けたい、あくまでもお願いであるが今後はなるべく控えてもらいたい」ということであった。

この空き家については、売却が行われ、購入した不動産業者が解体を行った。

予納金に関しては返還されたものの67万円ほどであった。財産管理人に問い合わせると、やはり敷地が奥まったところにある比較的狭小な土地であることで、申立て前の買付証明額よりも下がってしまい、他の財産も見つからなかったとのことであった。結果として予納金が33万円ほど使われてしまったわけであるが、老朽化した空き家がこの金額で解体され、今後は新たな所有者から固定資産税を徴収できる（おそらく数年か十数年で使われた予納金額は回収できるであろう。）わけであるから、長期間空き家が放置されて近隣に迷惑をかけたうえで、いずれ何らかの措置が必要になるかもしれないことを考えれば、この額ですべて解決したのは上出来ではないかと考えている。

解体後写真

また、この事例では、清算後の残金（空き家の売却額から登記費用、管理費等の実費を引いたもの）が5万円程度しか残らなかったため、相続人捜索の公告は行われていない。そのため、申立てから1年程度で予納金が返還されている。

収支実例

空き家の売却額（現状有姿）　400,000円…①
登記・管理費等実費の額　345,145円…②
相続財産清算後残金額　54,855円…③（①−②）
相続財産管理人報酬額　380,000円…④（不足分：325,145円…⑤（④−③））
※⑤の不足分は、予納金の中から財産管理人に支払われる。
予納金額　1,000,000円…⑥
予納金返還額　674,855円…（⑥−⑤）

※金額の内訳は、相続財産管理人から聞き取ったものである。

予納金返還までの経緯

事例4

利用した制度	相続財産管理人制度
申立ての理由	所有者不明土地特措法第38条
申立日（書類提出日）	平成30年11月15日
予納金支払いの請求日	平成30年12月17日
予納金支払日	平成31年1月7日
財産管理人選任の審判日	平成31年1月29日
選任公告	平成31年3月1日
相続債権者・受遺者への弁済（請求申出）の公告日	令和元年5月24日（2か月間）
解体確認日	令和元年11月（いつ解体されたかは不明）
予納金返還日	令和元年12月23日
返還額	67万4,855円

(3) 所有者不明土地特措法の空き地への利用

所有者不明土地に関する特別措置法に基づいているため、もちろん空き地に対しても申立ては可能である。

P120から121の申立書の5、6を次のように書き換えればよいかと思う。

〈空き地申立書サンプル〉

5　本件不動産の状況

(1)　被相続人には法定相続人が不存在であることから、本件不動産に関しては、所有者不明土地の利用の円滑化等に関する特別措置法（以下「法」という。）第2条第1項の所有者不明土地に該当する。

(2)　本件不動産は、何らの利用もされていない空き地であり、平成○年頃から適切な管理がされず草木が繁茂していることが確認されている。また、被相続人に法定相続人が不存在であることから、今後も適切な管理がなされる見込みがない。

6　以上より、申立人は、法第38条の規定に基づき、地方公共団体の長として所有者不明土地の適切な管理のため特に必要があると認め、申立の趣旨記載のとおり審判を求める。

申立て事例5

案件の概要

所有者不明土地特措法で申立てを行ったのは事例4と同様であるが、家庭裁判所から「所有者不明土地であること」、「適切な管理のために特に必要があること」の報告書を求められた事例である。

案件の説明

◆空き家の状況

昭和42年建築の2階建ての建物であり、大きな傾きはなく、破損も軒下に破れが見られ、ベランダに架かるプラスチック製の波板のひさしが老朽化し飛散している程度である。そのため特に危険性はないと判断していた。

◆所有者

平成29年に亡くなっており、配偶者、子、兄弟姉妹はいなかった。

◆相関図

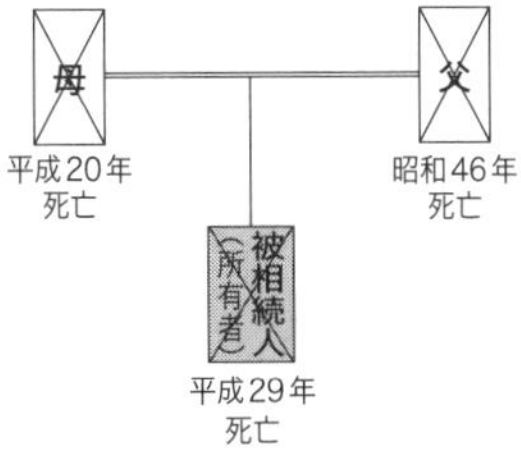

◆売却可能性

区画整理地内であるが、現地換地され接道も問題はなく、再建築は可能である。敷地面積は45㎡とやや小さいが、近隣についても同程度の大きさの敷地であり周辺に比べて特別に小さいわけではない。駅からも距離があるが、外郭環状道路を含め複数の主要幹線道路からほど近い場所にあり、売却については問題がないと考えられる。

◆位置図

■＝空き家

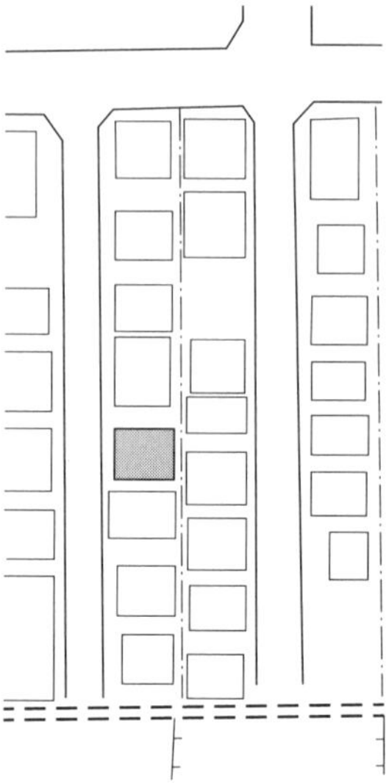

(1) 申立て理由

所有者不明土地特措法第38条により申立てを行った。

※この事例の申立て時には同時に複数の申立てをしていたため、他の案件でされた家庭裁判所とのやりとりもこの事例に反映することがあった。そのため、ここで記述することは、他の案件における家庭裁判所とのやり取りも一部混在したものである。

事例4も含めて2件ほどは所有者不明土地特措法による申立てについて、特に指摘もなく認められていたが、この**事例5**では家庭裁判所から「所有者不明土地特措法に規定する所有者不明土地であることの主張」、「同法第38条に規定する「適切な管理のため特に必要がある」ことの主張」を報告書として提出するよう求められた。なぜ今になってそのような報告書の提出が必要なのか話を聞くと「金融法務事情」という雑誌に法務省民事局の方が寄稿した文章に「38条の要件の該当性を要約して説明する報告書等を求めることも考えられる」という旨があり、これを受けて、同文章中にある、所有者不明土地であることを政省令の探索方法により確認したことの説明と、「適切な管理のため特に必要があると認めるとき」すなわち管理の必要性について公益的な理由があることの説明を文書で提出してもらいたい、とのことであった。

同時に、租税債権の存在を理由に申立てるのであれば、報告書は不要とのことでもあった。租税債権による申立てであれば申立書に「配偶者も子供も兄弟姉妹も居ない。だから法定相続人はいない。」とだけ書けばよいが、所有者不明土地に該当するのであれば、同じ添付書類の一つひとつを紐解いた報告書が必要とのことである。

この辺りのことについては、家庭裁判所に「相続人不存在の土地」であるならば「所有者不明土地」ではないのかと訊いたが、家庭裁判所としてもまだ所有者不明土地特措法に基づいた申立ての扱いについては手探りの状態であり、今は参考文献に従って進めてみており、「所有者不明土地」の定義を厳密に確認したいとのことであった。

川口市では、空き家対策として財産管理人制度を利用するにあたっては、利害関係人という立場であるよりは所有者不明土地に関する市長の権限として申立てる方が自然と考えているため、報告書を提出して申立ては通った。複雑な書きぶりの政省令をどのように報告書として落とし込むか最初は悩んだが、一度書いて認められたためその後の申立てでは同様のフォーマットで提出している。

〈所有者不明土地であること、適切な管理のため特に必要があることの報告書〉

報　告　書

令和○年○月○日

さいたま家庭裁判所　御中

申立人　川口市長　○○　○○

令和○年○月○日に御庁に申し立てた令和○○年（家）第○○○○○号相続財産管理人選任申立事件（被相続人　○○○○）について、次のとおり報告します。

記

1　申立書第2申立の理由5本件不動産の状況（1）において、遺産目録記載の不動産のうち土地（以下「本件土地」という。）について、本件土地が所有者不明土地の利用の円滑化等に関する特別措置法（以下「法」という。）第2条に規定する所有者不明土地であることについて次のとおり主張する。

本件土地が、所有者不明土地の利用の円滑化等に関する特別措置法施行令第1条に定める方法により探索を行っても、なおその所有者の全部又は一部を確知できない土地であるかどうかについて次のとおり検証する。

登記事項証明書の交付を請求した結果、添付書類イのとおり、本件土地の所有権の登記名義人は、故○○○○である。また、本件土地には所有権以外の権利を有する者は存在しない。

故○○○○について調査を行った結果、添付書類ロ及びハにより、平成○年○月○日に死亡していることを確認している。

故○○○○の相続人について調査を行った結果、添付書類ニ及びハにより、故○○○○には、配偶者及び子がいないことが判明している。また、同書類により故○○○○の父○○は、昭和○年○月○日に死亡、母○○は平成○年○月○日に死亡しており、いずれも故○○○○の死亡日より前に死亡していることが判明している。

また、同書類及び添付書類ホにより故○○○○には弟○○、妹○○（現姓は○○）がいることが判明しているが、添付書類へにより相続放棄がされていることを確認している。

以上により、本件土地に関しては、所有権の登記名義人は判明しているものの、死亡した同人の相続人が相続放棄をしていることから現在はその所有者が不存在となっている。このことから、本件土地は法第2条に規定する所有者不明土地である。

2　上記所有者不明土地が、法第38条の規定による地方公共団体の長が適切な管理のため特に必要があると認めるものに該当するかどうかについて次のとおり主張する。

申立人は、当該所有者不明土地の所在する地方公共団体の長であることから、管理者がおらず放置された土地が存在すること自体が公益上不適切であると考える。

また、本件土地は、市街化区域すなわち「すでに市街地を形成している区域」（都市計画法第7条第2項）内にあって、なおかつ、第一種住居地域すなわち「住居の環境を保護するため定める地域」（都市計画法第9条第5項）内に存することからも、住環境の保護を維持することから、適切な管理が必要とされるものである。

現に近隣に家屋が立ち並ぶ本件土地では、本件土地上に存する、本件土地と所有者を同じくする家屋で、適切な管理がされていないことによる蜂の巣の発生という悪影響の訴えが近隣住人から申立人に対して寄せられており、今後管理人がいないことによる家屋の老朽化の進行も含めた悪影響が発生する可能性がある。

以上から申立人は、本件土地につき、適切な管理が特に必要であると認めるものである。

基本的には所有者がいない空き家、空き地は、たとえ現在問題がなかったとしても、今後老朽化、荒廃化していく一方であり、自治体としてはそれ自体公益上好ましくないことは自明であるため、その旨記載している。自治体が申立てをする以上は、これだけで理由としては充分と考えている。

あとは、正直なところ本当にどこまで報告書として必要なのかわからないところではあるが、ここでは、用途地域が住居系であったため居住環境の保護が必要なこと、また、寄稿に基づき、土地上の建物に起因して、現に近隣の住民から管理がなされていないことに起因する苦情を寄せられていること、を述べている。こう書かなければいけないというものでもないので、事案ごとに考えられることを載せておけばよいかと思う。特にこまごまと書かないというのも一つの考えである。

なお、相続放棄がされている場合には、民法940条により相続放棄者が管理責任を負うこととされているため、その場合には相続放棄者に同条に基づく管理を依頼したが措置がされていないことを述べる必要もあるかもしれない。

参考

○金融法務事情2103号　法務省民事局参事官及び法務省民事局付による寄稿

不在者財産管理人の選任を申し立てる際に「本法38条の該当性については、所有者不明土地に当たることの認定につき複雑な判断を要する場合も多いと考えられるから、申立てを受けた家庭裁判所としては、例えば、各要件の該当性を要約して説明する報告書等の提出を求めることも考えられる。」

相続財産管理人の選任を申し立てる際に「申立てを受けた家庭裁判所としては、例えば、各要件の該当性を要約して説明する報告書等の提出を求めることが考えられるのは、不在者財産管理人の選任申立ての場合と同様である。」

「所有者不明土地の「適切な管理のため特に必要があると認めるとき」とは、公益的な理由から所有者不明土地の管理を行う必要性が高い場合をいい、以下のような例が想定される。土地上に建物がある場合でも、具体的事情のもとで、土地自体の管理のために特に必要があると認められれば、この要件を充足する。」

この寄稿については、おそらく法的観点からの整理を図ろうとしただけであり他意はないのであろうと思う。ただ、市町村は、使えそうな法律を解釈、運用して必死に問題解決を図ろうとしているところであり、それを、本当に必要なのか、無駄な手間ではないかと疑問に思うような厳密すぎる運用を強いられては、結局この法律が使いづらい、使えないものになりかねない。

他の市町村では申立ての際にやはりこの寄稿を読んだであろう家庭裁判所から、所有者不明土地であることを証明するために親族への聞き取り等を行い法定相続人以外の所有者がいないことを調査することを求められたとの話も聞いた。相続財産管理人制度では、これは財産管理人の業務であり、特別縁故者の公告も行うこととなっている。それを申立てに当たって申立人に事前に求めることは、過剰であり妥当であるとは思えない。

予納金返還までの経緯

事例5

利用した制度	相続財産管理人制度
申立ての理由	所有者不明土地特措法第38条
申立日（書類提出日）	令和元年11月7日
追加提出（所有者不明土地特措法第2条、第38条に該当することの報告書、除籍謄本）	令和元年12月23日
〃（除籍謄本）	令和2年1月16日
予納金支払いの請求日	令和2年1月20日
予納金支払日	令和2年2月14日
財産管理人選任の審判日	令和2年3月17日
選任公告	令和2年4月10日
相続債権者・受遺者への弁済（請求申出）の公告日	令和2年6月30日（2か月間）
相続人捜索の公告日	令和2年10月23日（令和3年5月8日期間満了）

申立て事例6

案件の概要

この空き家は、平成28年に川口市で行った「所有者所在不明・相続人不存在の空き家対応マニュアル」作成時のモデル事業でモデルケースとした空き家のうちの一つである。モデル事業では財産管理人制度の利用には適さないと判断されたが、その後に財務省から不動産のまま国庫帰属を引き受ける旨の方針が出されたことなどから、売却の困難な所有者不存在の空き家について解決が可能ではないかと考えて、申立てを行った事例である。

案件の説明

◆空き家の状況

平成24年に近隣から通報があった案件である。昭和35年に建てられたもので、建物自体はそれほど老朽化が進んでいるわけではなく倒壊の危険はない。樹木の繁茂が見られるが、長い通路の奥まった場所にあり、公道への影響はない。隣地が駐車場となっており、駐車場所有者から繰り返し「市で越境した枝を伐採してもらいたい」との苦情が入っていた。

◆所有者

調査を行ったところ、所有者は平成19年に亡くなっており、子が2名いた。子に対して、空家法第12条に基づく助言の通知をしたところ「親族一同全て相続放棄した」との回答を受けたため、家庭裁判所に相続放棄・限定承認の申述の有無について照会を行ったところ、子2名に加えて、法定相続の次の順位である所有者の兄弟についても相続放棄がされていることが確認できた。そのため、相続人不存在であることが確認できた。

◆相関図

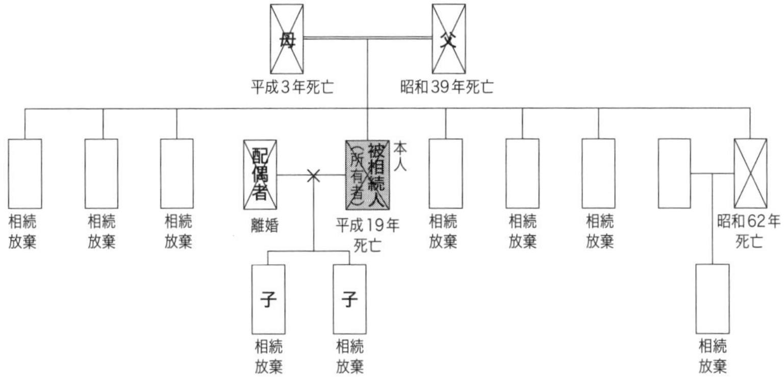

◆売却可能性

土地は、道路ではない狭い通路の奥まったところにあり、なおかつ面積も30㎡程度と狭小であった。モデル事業時に弁護士から不動産業者に査定を頼んだが、建物の解体費用のことも考えれば売却は困難であるとのことであった。また、隣地所有者とも交渉したが取得の意思はなかった。

◆位置図

▨ ＝空き家

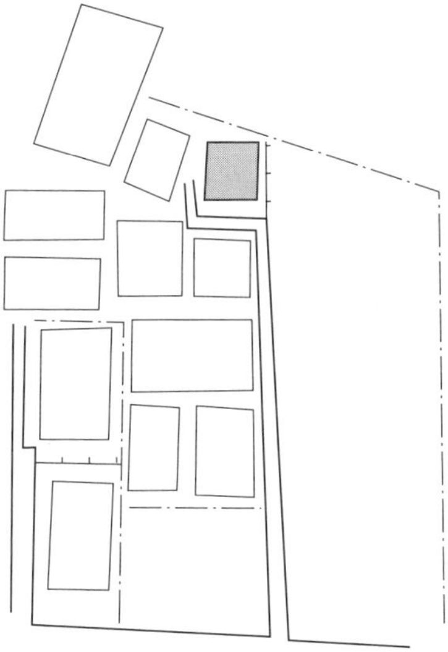

(1) モデル事業時の弁護士グループによる検討内容

① 特定空家等としての認定可能性

樹木が近隣道路等に越境しておらず、私有地である隣地の駐車場への越境のみでは、「周辺の生活環境の保全を図るために放置することが不適切である状態にある」とは認められない。そのため市が特定空家等に認定してそのことを理由にして空家法に基づいて利害関係人として申立てができない。

② 財産管理人制度による費用回収の可能性

売却は困難であるため土地に買い手がつかなかった場合、相続財産管理人が管理をし続けることとなり、その分の財産管理人報酬が高額となって予納金が高額となる可能性、費用負担の協力を求められる可能性、また、樹木の剪定や伐採が必要になるならば管理費用としてその分当初から予納金が高額になるか、やはり協力金を求められるかする可能性がある。

相続放棄されているくらいなので空き家の他に財産は見込めず、その空き家も仮に売却できたとしても相当低額となる。高額となった予納金の回収はまずできない。

③ 市が申立てをすることの妥当性

樹木の繁茂による不利益を被っているのが隣地の駐車場所有者であるなら、民事の問題であり隣地所有者自身が相続財産管理人の申立てや、相続放棄者への働き掛けをして解決をするべき事案である。市が高額な金銭的リスクを負って申立てをするべきではない。

このような弁護士グループによる検討をもとに隣地所有者には「民事の問題なので市ではこれ以上対応できない。弁護士等に相談をしてもらいたい」旨を説明していた。

(2)　国庫への帰属について

平成29年に財務省理財局から、相続財産管理人の管理する不動産の国庫への引継ぎの方針を変更した旨の事務連絡が、最高裁を通して全国の家庭裁判所に送付（平成29年7月11日付）された。

これは、民法第959条に規定する、相続財産管理人が管理する相続財産の清算後にその残余財産のうち不動産に関する国庫帰属に関して、財務省がどう取扱うかについての事務連絡である。

「国庫帰属不動産に関する事務取扱について」

（平成29年6月27日付理財局国有財産業務課長事務連絡）

○財務省理財局国有財産業務課長事務連絡の発出について

（平成29年7月11日事務連絡
最高裁判所事務総局家庭局
第二課長から家庭裁判所事
務局長宛通知）

相続人が不存在であるなどの理由により国庫に帰属する不動産に関する事務の取扱いにつき、財務省理財局から、別添のとおり、6月27日付け財務省理財局国有財産業務課長事務連絡「国庫帰属不動産に関する事務取扱について」が送付されましたので、お知らせします。

同事務連絡は、主に相続財産管理人が、相続人不存在により国庫に帰属する不動産を財務局等へ引き継ぐ際の事務の取扱いについて定めたものであり、財務局等は、相続財産管理人に対して、必要に応じて、清算に必要な弁済額以上の不動産の換価を行う必要がないことの説明を行うこととされているほか、留意点として、管理又は処分をするのに不適当であっても民法959条により国庫帰属となる不動産について引継ぎを拒否することができないことなどが記載されています。

各家庭裁判所におかれては、不動産の国庫帰属を検討している相続財産管理人に対し、同事務連絡について情報提供するなどして、相続財産管理事件の更なる円滑な処理に努めていただきますよう、よろしくお願いします。

○国庫帰属不動産に関する事務取扱について

（平成29年6月27日事務連絡
財務省理財局国有財産業務
課長から最高裁判所事務総
局家庭局第二課長宛通知）

標記の件について、各財務（支）局及び沖縄総合事務局宛に別添事務連絡を発出しましたので、参考に送付いたします。

国庫帰属不動産に関する事務取扱について

（平成29年6月27日事務連絡
財務省理財局国有財産業務
課長から各財務（支）局管
財（第一）部長、沖縄総合
事務局財務部長宛通知）

民法（明治29年法律第89号）第959条の規定による残余不動産のほか一般社団法人及び一般財団法人に関する法律（平成18年法律第48号）の規定等による清算法人の残余不動産の国庫帰属に係る事務取扱については、平成18年6月29日付財理第2640号「物納等不動産に関する事務取扱要領について」通達によるほか、下記によることとしたので了知されたい。

記

目　次

第1　用語の定義

第2　相続人不存在不動産

第3　その他の国庫帰属不動産

第1　用語の定義

本事務連絡において使用する用語の定義は以下による。

1　相続人不存在不動産

相続人が不存在の相続財産で、民法第959条の規定により国庫帰属される不動産

2　相続財産管理人

民法の規定に基づき家庭裁判所が選任した相続財産の管理人

3　補完

国庫帰属関係書類の訂正や提出又は相続人不存在不動産を引き受けるために必要な事項の措置

4　財務局等

財務局、財務支局、沖縄総合事務局、財務事務所、財務局出張所、財務支局出張所、沖縄総合事務局財務出張所及び財務事務所出張所

第2　相続人不存在不動産

1　事前協議及び国庫帰属不動産引継書の受理

(1) 財務局等は、相続財産管理人から、相続人不存在不動産に関する相談があった場合には、所要事項について、事前に協議・打合せを行い、円滑な引継ぎに努めるとともに、必要に応じ、相続財産管理人に対して、清算に必要な弁済額以上の換価を行う必要がないこと等の説明を行う。

(2) 財務局等は、相続人不存在不動産が確定した場合には、所在地・区分・種目・構造及び数量のほか引継ぎの事由を記載した国庫帰属不動産の引継書（様式例別紙1）及び以下の添付書類を受理する。なお、土地・建物測量図及び境界確定協議書の作成について費用支弁が困難であること等により相続財産管理人の同意が得られない場合には、添付を不要とする。

①～⑫（略）

2　現地調査

(1) 財務局等は、引継書を受理した場合には、相続財産管理人と日程調整の上、引継書に記載された不動産の現地調査を行う。なお、現地調査は、引継書受理前の事前協議の段階において行うことも妨げない。

(2) 相続財産管理人が遠方である等やむを得ない理由により立会いをすることができない場合は相続財産管理人の立会いを、また、公図混乱地域等で現地の特定が困難な場合は現地調査を、それぞれ省略しても差し支えない。

3　補完の依頼

(1) 財務局等は、前記2の現地調査の結果、補完事項がある場合には、相続財産管理人に対し、原則として、文書により補完を依頼する。補完の依頼は、引継書受理前の事前協議の段階において行うことも妨げない。

(2) 財務局等は、補完を依頼する内容について、現地調査時においても、相

続財産管理人に対し、可能な限り具体的に説明する。

4　引受事務

財務局等は、相続財産管理人から相続人不存在不動産を引き受ける場合には、相続財産管理人と受渡証書（様式例別紙2）を取り交わすとともに、相続財産管理人から所有権移転登記承諾書を受領する。

5　台帳整理　（略）

6　登記の嘱託

財務局等は、相続人不存在不動産の所有権移転登記を嘱託する場合には、「所有権移転登記承諾書」を添付する。

7　留意事項

(1) 相続人不存在不動産については、管理又は処分をするのに不適当であっても、引継ぎを拒否することができないので、補完を依頼する内容については必要最小限のものにとどめ、相続財産管理人の協力を求めること。また、相続財産管理人の財務局等への引継ぎ及び添付書類の作成等に要する費用は、相続財産の中から支出できることになっており、測量図の作成や現地調査の結果等について、財務局等が補完を依頼することは差し支えないが、相続財産管理人の同意が得られない場合には、強制することができないので留意すること。

(2) 相続人不存在の相続財産については、相続財産管理人において清算を終了し、民法所定の手続を経ていれば、民法第959条の規定により国庫帰属となることに留意する。ただし、不動産登記簿に担保権が設定されたままの相続財産については、担保権の抹消登記がなされるまで清算終了していないことから、民法第959条の残余財産に該当しないことに留意する。

(3) 相続人不存在の相続財産に係る帰属（所有権や借地権等）を巡って相続財産法人を当事者とする民事訴訟が係属している場合については、当該財産が残余財産に該当するか未確定の状態であることから、国庫への引継ぎの手続は、その訴訟等において相続財産であることが確定した後に行うべきことに留意する。

第3　その他の国庫帰属不動産　（略）

以上

ここでは、

・相続財産管理人の管理する相続人不存在不動産は、管理や処分に不適当でも、国は引継ぎを拒否できない。

・国は、相続財産管理人に対し、弁済額以上の換価は不要であることを説明する。

ことなどが述べられている。

つまり、相続財産管理人からの申し出であれば、売却して換価しなくとも、不動産のまま国が帰属を引き受けるということが説明されている。

(3)　それまでの取り扱いは

残余財産である不動産の取り扱いについては、
「実務上、不動産を国庫に引き継ぐのは例外的であり、相続財産管理人が権限外行為許可審判を得て現金化（換価）した上、家庭裁判所に納入するという方法がとられています。この理由として、財務局において、国有不動産の管理に係る予算措置を講ずるのが困難であることや早期に売却しなければならないこと等の理由があり、家庭裁判所に対し、金銭による納入を望んでいるという背景があります（片岡武・金井繁昌・草部康司・川畑晃一『第2版　家庭裁判所における成年後見・財産管理の実務』421頁（日本加除出版、平成26年））」とされてきた。

そのため、財務局は、実務上は不動産のままで引き受けることはほとんどないといってよく、相続財産管理人は、空き家等の不動産の売却が困難な場合、売却して換価できるまで、延々と管理を続けざるを得ないという状況であった。そして、その管理費用については申立人が費用の負担を求められるということもあったわけである。また、当然、財産管理人報酬も高額となることが考えられる。

平成29年にこの通知があったものの、本当に引き受けるのか、という疑問は残っていた。

しかし、財務省理財局「普通財産に関する課題について」（平成30年9月28日第43回国有財産分科会資料）、「普通財産に関する検討状況」（平成30年12月21日第44回国有財産分科会資料）によると、検討課題があるものの、引き受けについては行っていく意向が読み取れ、実際に前者の資料によると平成29年度に国庫帰属件数は大きく増加している。

そこで、モデル事業のケースで扱っていたこの案件についても、売却の可能性がなくとも現状有姿のまま国庫帰属を目指せるのではないかと考え申立てを行った。

申立て理由としては、所有者不明土地特措法第38条を使っている。また、当然家庭裁判所から「長期管理のリスク」によって高額の予納金を請求されるであろうことは予想できたため、上申書に「各家庭裁判所には、最高裁判所から「国庫帰属不動産に関する事務取扱について」という事務連絡がいっているはずである。だから売却できない場合には国庫帰属してもらえればよく、相続財産管理人が管理し続けるリスクはない。だから予納金額は上げないでもらいたい」旨を記載して提出した。

上　申　書

令和○年○月○日

さいたま家庭裁判所
　審判係　御中

〒○○○-○○○○
埼玉県川口市○○2丁目1番1号
川口市長　○○　○○
（連絡先）川口市都市計画部住宅政策課空き家対策係
TEL：○○○-○○○-○○○○　FAX：○○○-○○○-○○○○

本日、御庁に申し立てました相続財産管理人選任申立事件（被相続人○○○○）について、下記の通り上申いたします。

記

1　予納金の額について

平成29年7月11日付け最高裁判所事務総局家庭局第二課長事務連絡「財務省理財局国有財産業務課長事務連絡の発出について」により家庭裁判所事務局長に連絡のあったとおり、6月27日付け財務省理財局国有財産業務課長事務連絡「国庫帰属不動産に関する事務取扱について」において、財務局等は、民法第959条により国庫帰属となる相続人不存在不動産が管理又は処分をするのに不適当であっても、相続財産管理人からの引継ぎを拒否することができないこととされています。

このことから、相続財産管理人が当該不動産を売却できない場合にあっては国庫に帰属をさせればよく、相続財産管理人が長期に渡り管理しなければならないという事態は発生しません。

以上により、御庁で、財産目録中の不動産を現状有姿で売却することが困難と判断した場合においても、予納金額に売却を有利にするための解体費用等の加算の必要がないこと、申立人は地方公共団体であり、本件申立につき予納金を100万円として予算化しており、予納金の更なる上積みが困難であることから、予納金の額を100万円以下とすべく上申いたします。

2　申立人は、相続財産管理人により当該不動産が売却できない場合においては、原状有姿で速やかに国庫帰属の手続きを行うべく上申いたします。

添付書類

財務省理財局国有財産業務課長事務連絡の発出について　1通

以上

この申立てでは、予納金の全額が戻ってこないことを承知で、それでも、今後ずっと管理者がいない空き家が残り続けることを考えれば、国という所有者・管理者がつくというのは費用対効果としては充分なものと考えた。

⑷ 申立ての結果

結論から言えば、この案件ではうまくいかなかった。

家庭裁判所は、申立てを認めないということではなかったが、家庭裁判所事務官と話をしたところによると、

・平成29年の事務連絡を受けて、これまでも相続財産管理人が不動産を国庫帰属させようとした事例は、いくつかある。

・しかし、国庫帰属しようとした不動産を除いた相続財産が債務超過であった場合には、財務局は「不動産が売却できるかもしれず清算が終わっていない。そのため、そもそも民法に定める残余財産とは認められない」という判断をするため事務連絡にある取扱いにそもそも乗らないということで門前払いされる。

ということであった。

民法

（残余財産の国庫への帰属）
第959条 前条の規定により処分されなかった相続財産は、国庫に帰属する。この場合においては、第956条第2項の規定を準用する。

この条文でいう前条は第958条の3である。

つまり、相続債権者及び受遺者に対する弁済（第957条）、相続人の捜索の公告（第958条）、特別縁故者に対する相続財産の分与（第958条の3）を終えて、最終的に残った相続財産ということになる。

現実的には売却できない「負動産」と言われるようなものであっても、「不動産はプラスの財産である。」という前提に立ち、「これをもって弁済等に充てる必要がある。」ということであろう。

本事例では、他の財産が債務超過になるかどうか、必ずしも明確なわけではなかったが、家庭裁判所としては、債務超過となる可能性がある以上は国庫帰属ができない前提で進める必要があるため、申立てを続けるのであれば、解体費用を含めた管理費用や管理人報酬費により予納金額が高額となるとのことであった。

モデル事業の際に検討したとおり、そこまでの費用を市がかける案件でもなく、また国庫帰属が見込めないのであれば所有者不存在の状態を解消したいという当初の目的も達成できないために、この案件については、申立てを取り下げることとした。

⑸ 国庫帰属の今後の可能性

この事例ではうまくいかなかったが、理屈からすれば相続財産として空き家以外に他の売却可能な不動産や預金等があることが判明していて債務超過とならないことが見込めるのであれば、国庫帰属が可能であるということである。空き家対策部門としては他の財産状況を知ることができないのが悩ましいところであり、法改正により税部門の持つ財産情報を取得できるようになればと思うところである。

申立ての経緯

事例6

利用した制度	相続財産管理人制度
申立ての理由	所有者不明土地特措法第38条
申立日（書類提出日）	令和元年11月7日
取下日	令和2年2月17日

〈不在者財産管理人選任申立て　サンプル〉

川口市では、不在者財産管理人の選任申立てを行ったことはまだないが、ここにサンプルを載せておく。相続財産管理人選任の申立てと大きく変わるわけではないが、不在者の場合には存命であることが前提のためそのように意識して記述する必要がある。

また、このサンプルでは、川口市を管轄する裁判所と異なる裁判所に申立てをする体としており、上申書には送致についても記載している。

不在者財産管理人選任申立書

令和○年○月○日

○○家庭裁判所　御中

申立人　川口市長　○○　○○

申立人

所在地　〒○○○－○○○○　埼玉県川口市○○○目○番○号

名　称　川口市

代表者　川口市長　○○　○○

連絡先　〒○○○－○○○○　埼玉県川口市○○○丁目○番○号

川口市○○部○○課○○係

電　話　○○○－○○○－○○○○

FAX　○○○－○○○－○○○○

不在者

本　　　籍　東京都○区○○○丁目○番地○

従来の住所　東京都○○区○○○丁目○番○号

氏　　　名　○○　○○

生 年 月 日　昭和○○年○月○日

第1　申立の趣旨

不在者の財産管理人を選任するとの審判を求める。

第2　申立の理由

1　不在者の所在が不明であること

不在者は、従来（最後）の住所を平成○○年○月○日に職権消除されており、以降の住所は不明である。また、従来（最後）の住所の家主に照会をしたが転居先は判明しなかった。不在者の両親及び兄弟は全員死亡していることから事情を知る者がおらず、不在者の生死も不明である。

2　不在者の財産の存在

別紙財産目録記載の不動産（以下「本件不動産」という。）がある。

本件不動産は、不在者の父　故○○○○が全部事項証明書上の所有者となっているが、法定相続人は不在者のみである。

3　本件不動産の状況

(1) 本件不動産のうち土地に関しては、所有者不明土地の利用の円滑化等に関する特別措置法（以下「法」という。）第2条の所有者不明土地に該当する。

(2) 本件不動産には、不在者の兄○○○○が平成○○年○月○日から居住しているが、同人は平成○○年○月○日に死亡しており、これ以降は居住その他の使用がされていることは確認できず、また、不在者以外の法定相続人が不存在であることから、今後も適切な管理がなされる見込みがない。

4　以上より、申立人は、法第38条の規定に基づき、地方公共団体の長として所有者不明土地の適切な管理のため特に必要があると認め、申立の趣旨記載のとおり審判を求める。なお、不在者財産管理人は、御庁において適当な人物を選任願いたい。

添　付　資　料

1　全部事項証明書（土地）○通
2　全部事項証明書（建物）○通
3　戸籍（除籍、改製原戸籍）謄本及び附票　計　○通
4　親族関係図　1通
5　公図　1通
6　写真撮影報告書　1通
7　上申書　1通
8　報告書　1通

別紙

財　産　目　録

1　所　　在　川口市大字○○字○○
　　地　　番　○○番○
　　地　　目　宅地
　　地　　積　○○.○○㎡

2　所　　在　川口市大字○○字○○　○○番地○
　　家屋番号　○○番○
　　種　　類　居宅
　　構　　造　木造亜鉛メッキ鋼板・スレート葺2階建
　　床 面 積　○○.○○㎡

その余は不明

上　申　書

令和○年○月○日

○○家庭裁判所　御中

〒○○○-○○○○
埼玉県川口市○○○丁目○番○号
川口市長　○○　○○
（連絡先）川口市○○部○○課○○係
TEL：○○○-○○○-○○○○　FAX：○○○-○○○-○○○○

本日、御庁に申し立てました不在者財産管理人選任申立事件（不在者○○○○）について、下記の通り上申いたします。

記

1　申立人は、財産目録に記載の土地及び建物の存する地方公共団体です。申立人が把握している不在者の財産は、当該不動産のみとなっています。

当該不動産の管轄裁判所は、さいたま家庭裁判所であり、申立人が御庁に出頭する場合には、当該管轄裁判所に出頭する場合に比して時間及び費用の負担が大きいものとなり、また、当該不動産の財産管理人として弁護士又は司法書士が選任される場合には、当該管理人は当該管轄区域内の者による方が同様に費用負担は少なくなるものと推察されます。

よって、御庁におかれましては、上記事情をご理解賜り、本件事件につき、さいたま家庭裁判所に移送していただくよう上申いたします。

2　予納金の額について

申立人が把握している不在者の財産は財産目録に記載の土地及び建物のみとなりますが、当該土地の存する地域では不動産流通が活発であり、また当該土地に関しては接道があり売却が容易なことから、仮にこれを換価した場合には財産管理人による不在者の財産の管理費用は充分に賄えるものと考えられます。予納金の額に関しましては、このこと及び申立人が地方公共団体であり一定の予算内で事業を行っていることをご配慮いただきますよう上申いたします。

報　告　書

令和○年○月○日

○○家庭裁判所　御中

申立人　川口市長　○○　○○

本日、御庁に申し立てました不在者財産管理人選任申立事件（不在者○○○○）について、次のとおり報告します。

記

1　申立書第2申立の理由3本件不動産の状況（1）において、財産目録記載の不動産のうち土地（以下「本件土地」という。）について、本件土地が所有者不明土地の利用の円滑化等に関する特別措置法（以下「法」という。）第2条に規定する所有者不明土地であることについて次のとおり主張する。

本件土地が、所有者不明土地の利用の円滑化等に関する特別措置法施行令第1条に定める方法により探索を行っても、なおその所有者の全部又は一部を確知できない土地であるかどうかについて次のとおり検証する。

登記事項証明書の交付を請求した結果、添付書類○及び○のとおり、本件土地の所有権の登記名義人は、○○○○である。また、本件土地には所有権以外の権利を有する者は存在しない。

○○○○について調査を行った結果、添付書類○により、昭和○年○月○日に死亡していることを確認している。

故○○○○の相続人について調査を行った結果、添付書類○及び○により、配偶者○○は昭和○年○月○日に故○○○○の死亡前に死亡していること、また、子である長男○○は平成○年○月○日に、次男○○は平成○年○月○日に死亡していることを確認しており、同書類により長男故○○、次男故○○いずれにも配偶者及び子がいないことが判明していることから、相続人は不在者のみとなっている。

以上により、本件土地に関しては、所有権の登記名義人は判明しているものの、死亡した同人の相続人は不在者のみとなっている。

次に不在者について調査を行ったところ、添付書類○により不在者の戸籍は筆頭者を故○○○○とする戸籍にあり、同書類及び添付書類○により不在者に配偶者及び子がいないことが、また、添付書類○により最後の居住地は職権消除とされていることが判明している。また、添付書類○のとおり申立人は当該最後の居住地の家主に対し調査を行ったが、転居先は不明であった。

以上のとおり、唯一の法定相続人である不在者の居所が判明しないことから、本件土地は法第2条に規定する所有者不明土地である。

2 上記所有者不明土地が、法第38条の規定による地方公共団体の長が適切な管理のため特に必要があると認めるものに該当するかどうかについて次のとおり主張する。

申立人は、当該所有者不明土地の所在する地方公共団体の長であることから、管理者がおらず放置された土地が存在すること自体が公益上不適切であると考える。

また、本件土地は、市街化区域すなわち「すでに市街地を形成している区域」（都市計画法第7条第2項）内にあり、なおかつ、第一種住居地域すなわち「住居の環境を保護するため定める地域」（都市計画法第9条第5項）内に存することからも、住環境の保護を維持することから、適切な管理が必要とされるものである。

現に近隣に家屋が立ち並ぶ本件土地では、土地に付随する立木の繁茂を確認しており、加えて本件土地上には、本件土地と所有者を同じくする家屋が存在しており、同家屋では適切な管理を行う者がいないことから、申立人に対して近隣住人から今後の管理に関する不安の訴えが寄せられている。

以上から申立人は、本件土地につき、適切な管理が特に必要であると認めるものである。

以上。

第4章

略式代執行制度の使い方

1 川口市における特定空家等の認定の流れ

川口市における特定空家等の認定方法としては、空き家対策係が立ち上がった平成27年度の年度末に、「川口市特定空家等判定委員会」と「川口市空き家等対策推進庁内会議」という2つの組織を立ち上げて、そこで判定する仕組みを作っていた。

「川口市特定空家等判定委員会」は、副市長を委員長とし、他に9名の空き家が関係する部署の部長を委員としており、主な役割としては、「空家等対策推進庁内会議」の報告に基づいて、空家等が特定空家等に該当するか、また、勧告、命令、代執行までの意思決定をする機関であった。

「川口市空家等対策推進庁内会議」は、関係課長18名が委員となり、主な役割として、事務局が特定空家等として措置が必要と考えた空家等について、建築基準法、消防法、道路法、廃棄物処理法等の他の法令の適用可能性について検討したうえで、特定空家等とする必要性を判断し、その判断結果について「特定空家等判定委員会」に報告する機関となっていた。

このような組織を2つ立ち上げたものの、実際には、開催のハードルを高くしたためにほとんど開催されることがなく、特定空家等への認定には住宅政策課長に一任するという本末転倒な運用がなされていた。

このように、運用が難しかったことと、その難しさから実質的に住宅政策課長一人に認定の責任を負わせることになっていたことから、平成29年度にはこれら2つの庁内会議を廃止して、「川口市空家等対策会議」を新たに立ち上げた。組織による認定は必要であることと、組織としての機動性も必要であるという点から、構成員は議長となる都市計画部長を除いては課長クラスとし、また、案件ごとに必要な部署の人物のみを招集するという形をとっている。例えば区画整理地内であれば区画整理課長を呼び、公道に影響のある空き家なら道路維持課長を呼ぶ、といった具合である。また、代理出席も認めている。

川口市空家等対策会議設置要綱

平成29年8月18日決裁

（設置）

第1条　空家等対策の推進に関する特別措置法（以下「法」という。）に基づく特定空家等の認定等の判断及び空家等対策に関する各部局間の調整を行うため、川口市空家等対策会議（以下「空家会議」という。）を置く。

（所掌事務）

第2条　空家会議の所掌事務は次のとおりとする。

(1) 法第2条第1項に規定する空家等（以下「空家等」という。）が、同条第2項に規定する特定空家等（以下「特定空家等」という。）に該当するかどうかの判断に関すること。

(2) 法第14条第3項の規定により特定空家等の所有者等に対し勧告に係る措置をとることを命ずるかどうかの判断に関すること。

(3) 法第14条第9項の規定により行政代執行法に従い自ら義務者のなすべき行為をし、若しくは第三者をしてこれをさせるかどうか又は同条第10項の規定により同条第3項に基づき命じようとする措置を自ら行い、又はその命じた者若しくは委任した者に行わせるかどうかの判断に関すること。

(4) 空家等の対策に係る担当部局間の調整に関すること。

(5) 前各号に掲げるもののほか、空家等に関する施策の推進に関すること。

（組織）

第3条　空家会議は、次の表に掲げる職にある者をもって組織する。

都市計画部長、政策審議員（建設担当）、総務課長、防犯対策室長、税制課長、特別債権回収課長、納税課長、固定資産税課長、保健衛生課長、環境保全課長、収集業務課長、道路維持課長、住宅政策課長、建築安全課長、都市整備管理課長、市街地整備室長、街路事業課長、区画整理課長、予防課長

2　空家会議の会議は、都市計画部長が当該開催する会議の議案を勘案して前項の者の中から必要と認める者を招集して行う。

3　空家会議の議長は、都市計画部長が務める。

4　第2項の規定により招集された者は、自らが出席することができないときは、代理の者を出席させることができる。

〈運用案〉

下記により下線を附した者は、当該議案があるときは原則として召集し、他の者は必要に応じ召集する。

○特定空家等の判定

都市計画部長、政策審議員（建設担当）、総務課長、防犯対策室長、税制課長、特別債権回収課長、納税課長、固定資産税課長、保健衛生課長、環境保全課長、収集業務課長、道路維持課長、住宅政策課長、建築安全課長、都市整備管理課長、市街地整備室長、街路事業課長、区画整理課長、予防課長

○命令の実施、代執行の承認

都市計画部長、政策審議員（建設担当）、総務課長、防犯対策室長、税制課長、特別債権回収課長、納税課長、固定資産税課長、保健衛生課長、環境保全課長、収集業務課長、道路維持課長、住宅政策課長、建築安全課長、都市整備管理課長、市街地整備室長、街路事業課長、区画整理課長、予防課長

図14　特定空家等に対する認定のフロー

この空家等対策会議で諮るのは、特定空家等の認定、空家法第14条に基づく命令、代執行の実施についてである。また、この会議では、あくまでも方針を決めているだけであり、特定空家等の認定と空家法第14条の命令については、部長決裁、代執行については市長決裁をもって決定している。

なお、指導と勧告についてはその都度、会議で図ることはしていない。特定空家等に認定する時点で指導、勧告まで進むことは視野に入れており、明確な行政処分である命令の段階で、その重大性を考えて再度会議を招集して方針を決めるということにしている。

開催については、おおむね、関係課長宛に開催の1、2週間前に通知をするだけであり、当初考えていた機動性は確保できている。

なお、川口市では「川口市空家等対策協議会」という空家法の法定協議会も設置しているが、こちらは空家等対策計画策定の際の協議を主な役割としている。法定協議会では委員の招集の際の調整ひとつとっても機動性に欠けること、また、委員報酬も発生することから事前の予算措置も考えておかなければならず、特定空家等の認定、命令、代執行に関しては実務上の関与が難しいことから、役割を分けている。

(1) 特定空家等認定の基準

川口市では、国のガイドラインに準じたものを認定基準としている。ただし、単にガイドラインの基準に合えば認定するといったものではなく、やはり認定する以上は、代執行も視野に入れなければいけないという考えから、危険性と公益性について重視して判断している。

空き家問題はもともと相隣関係により妨害予防請求、妨害排除請求といった民事的手法により解決してきたものであり、空家法が出来たからといって民法上の相隣関係がなくなるわけではない。相隣関係で解決すべきもの、また解決できるものは近隣からの民事的手法による方がスムーズに解決できることが多いであろうし、空き家により不利益を被る者が特定少数であれば、やはり民事の問題として解決するものである。ガイドラインのパブリックコメントのQ&Aでも空家法は相隣関係のみの問題に対応しないこととしている。公益性のないものに行政が関与するべきではないということは原則の考え方として持っておくべきであろう。居住していればお互いに話合いをして解決すべき問題が、引っ越したことでとたんに行政に苦情がきて行政が引き受けることにはやはり違和感がある。

川口市で、『所有者所在不明・相続人不存在の空家対応マニュアル』を作成した際には、多くの弁護士の方にご協力をいただいたが、モデルケースのひとつとした、所有者が亡くなってから相続人不存在となり草木の繁茂が問題となっていた事例では、相続財産管理人選任を市で申立てるべきかという検討に際して「被害を被っているのが特定の隣地所有者のみなので、行政が申立てをする公益性に欠ける。行政は本来であれば（市で弁護士に委託している）法律相談を紹介して終わりとする案件である。」という意見でまとまっている。

なお、この原稿を書いている時点で川口市で特定空家等に認定したものは5件あり全て解決している。このうち2件が略式代執行、1件が相続財産管理人制度、1件が空家法第14条第1項の助言、1件が同項の指導による解決である。

⑵ 特定空家等事例紹介

紹介する事例は、指導により解決したものである。特定空家等というと全体的に老朽化が著しいボロボロの建物を想像するであろうが、この事例は建物全体で見ればそれほどひどい状態のものではない。老朽という観点よりは、危険性、公益性を考えて特定空家等に認定した事例として紹介したい。

事例の説明

平成28年2月に通報が入ったが、通報内容は、「枯れ草を入れた袋が敷地内に置いたままになっており火災が心配である」というものであった。

現地調査をしたところ、袋のほかに、ベランダの亀裂が見つかったため、後日建築担当職員を伴い、応急危険度判定に準じた調査をしたところ、「危険」という判断となった。

所有者と連絡がとれ、「空き家は売却することを考えており、ベランダを先に撤去することも考える」との回答を貰った。

7月に入り、現地を確認したもののベランダはそのままであり、所有者に問い合わせたところ、その後なにもしていないという回答であり、改めて撤去をお願いした。

その後何度か現地調査をして、所有者にその都度連絡を入れていたが、そのうち電話をかけても出ないようになった。その間に亀裂が明らかに拡がってきたため、放置すれば落下の可能性が高く、落下すれば通行人に重大な被害を与える危険性が高いと判断した。

特定空家等の認定

10月に空家等対策会議を開催し、特定空家等に認定するか諮ることとした。

この会議では、

・ベランダの落下の危険性が高いと判断した理由
・落下した際に被害の想定される範囲にガードパイプを置いて人が入れなくする措置はどうか

など、状況や他の対策も含めて議論され、危険性については現場の写真を見せおそらくベランダを支えている部材が折れていること、ガードパイプについては道幅が広くないことから交通に支障がでることといった説明を行った。認定自体は賛成され、その後決済により特定空家等に認定をした。

空家法14条に基づく指導

認定後すぐに所有者に空家法14条の指導書を送ったが、指導内容は、「ベランダについて除却又は落下防止の措置を講ずること。」としている。

指導に至った事由としては、

「ベランダの基部等に大きく亀裂が見られ公道上に落下する危険があることから、地域住民の生活環境に影響を及ぼしており、法第2条第2項の「そのまま放置すれば倒壊等著しく保安上危険となるおそれのある状態」に該当すると認められるため。」としている。

指導書送付後すぐに所有者が来庁したので、改めて、緊急に対応するよう話をした。

特定空家等の認定の解除

しかし、その後も何度か現地調査をしたが措置はされておらず、再度所有者に電話をするも見積もりを取っていると言うばかりで進展が見られなかったことから、指導書の送付から2か月ほど経ったころに、勧告の手続きに移ることを伝えた。そうしたところ、所有者の態度に変化が見られたため、スケジュールを示せば勧告を猶予する旨伝えたところ、とりあえずベランダに支えをしてから、年明けすぐに撤去工事をするとの回答が得られた。

この空き家については、ベランダは撤去されたが、空き家そのものがなくなったわけではないため、空家等の案件としては残したまま特定空家等の認定を外している。認定を外すのは、「措置がされたため外します。」という決裁により行っている。

COLUMN

個人情報について

時々、所有者の一部から依頼を受けたであろう弁護士や司法書士から、市で調査した空き家の所有者情報や相続人情報を教えて欲しい（大抵高圧的である。）と言われることがある。個人情報を教えられる場合としては、本人からの申し出や、法令に根拠がある場合など条例に要件があるため、それがなければ「個人情報なので出せません」という回答になるが、「市は空き家問題を解決したいと思っていないのか！」「市から所有者（相続人の一人）に管理しろと言ってきたのではないか！」などと言われてしまう。それと個人情報が教えられるかは別の話で、空き家部門の有する個人情報をそちらが取得できるという法令の根拠を示してもらえるならば、と言っているのにである。

これらの方々は空き家部門の持っている情報がないから調査ができないわけでもなく、依頼に基づいて職権で登記や戸籍の調査をすることはできる。何か市と協力し合えることがあればと思って、ともよく言われるのだが、何かとは何か、と訊いても回答はない。要求するところは同じである。個人情報保護があるからと説明すると「それはわかっている」という。なかには、こちらで所有者間の連絡先の調整を行った案件についてこのような要求を受けることもあり、そうであればそのうちの一人から依頼を受けているのだから当然他の相続人と連絡はとれるはずなのだが、「依頼された方が他の相続人の連絡先を持っていますよ」と言っても聞き入れてくれない。

要は市町村が相続関係を追って取得した、公用の登記や戸籍の一式、また、市ですでに作成した相続関係図を貰うことで、手間と費用をかけずに依頼を処理したいということである。

こちらとしても空き家の解決につながるのであれば、協力できるものは協力していきたい、教えられるものなら教えたいという気持ちはあるが、そういうわけにもいかないから断っているのであって、それにもかかわらず高圧的にご高説を賜っても困るだけであるし、いやみを言われてもいやな思いをするだけでそれで何かが変わるわけでもない。あまりにひどければ職務強要である。

2

略式代執行について

所有者不明の空き家への対策としては、空家法では第14条第10項の略式代執行が用意されている。ここでは、川口市の実施事例を紹介したい。まずは略式代執行の前に第9項の代執行の制度について簡単に書くこととする。

(1) 空家法第14条第9項に基づく代執行（所有者等を確知できる場合の代執行）

空家法において、所有者が確知できる（氏名及び所在ともに判明している場合の）行政代執行（このあとでは単に「行政代執行」と表記することがある。）については、次の規定のとおり行われる。

空家法第14条

（特定空家等に対する措置）

第14条 市町村長は、特定空家等の所有者等に対し、当該特定空家等に関し、除却、修繕、立木竹の伐採その他周辺の生活環境の保全を図るために必要な措置（そのまま放置すれば倒壊等著しく保安上危険となるおそれのある状態又は著しく衛生上有害となるおそれのある状態にない特定空家等については、建築物の除却を除く。次項において同じ。）をとるよう助言又は指導をすることができる。

2 市町村長は、前項の規定による助言又は指導をした場合において、なお当該特定空家等の状態が改善されないと認めるときは、当該助言又は指導を受けた者に対し、相当の猶予期限を付けて、除却、修繕、立木竹の伐採その他周辺の生活環境の保全を図るために必要な措置をとることを勧告することができる。

3 市町村長は、前項の規定による勧告を受けた者が正当な理由がなくてその勧告に係る措置をとらなかった場合において、特に必要があると認めるときは、その者に対し、相当の猶予期限を付けて、その勧告に係る措置をとることを命ずることができる。

4 市町村長は、前項の措置を命じようとする場合においては、あらかじめ、その措置を命じようとする者に対し、その命じようとする措置及びその事由並びに意見書の提出先及び提出期限を記載した通知書を交付して、その措置を命じようとする者又はその代理人に意見書及び自己に有利な証拠を提出する機会を与えなければならない。

5 前項の通知書の交付を受けた者は、その交付を受けた日から5日以内に、市町村長に対し、意見書の提出に代えて公開による意見の聴取を行うことを請求することができる。

6 市町村長は、前項の規定による意見の聴取の請求があった場合においては、第3項の措置を命じようとする者又はその代理人の出頭を求めて、公開による意見の聴取を行わなければならない。

7 市町村長は、前項の規定による意見の聴取を行う場合においては、第3項の規定によって命じようとする措置並びに意見の聴取の期日及び場所を、期日の3日前までに、前項に規定する者に通知するとともに、これを公告しなければならない。

8 第6項に規定する者は、意見の聴取に際して、証人を出席させ、かつ、自己に有利な証拠を提出することができる。

9 市町村長は、第3項の規定により必要な措置を命じた場合において、その措置を命ぜられた者がその措置を履行しないとき、履行しても十分でないとき又は履行しても同項の期限までに完了する見込みがないときは、行政代執行法（昭和23年法律第43号）の定めるところに従い、自ら義務者のなすべき行為をし、又は第三者をしてこれをさせることができる。

命令をしてから行政代執行までの理屈を簡単に説明すると、

・第3項の規定により、行政が空き家の所有者等に何らかの措置（勧告に係る措置）をするよう命令をする。

⬇

・命令をされたことで、所有者等は命令の内容を履行しなければならない義務を負う。

⬇

・第9項の規定により、義務を負った所有者等（義務者）が命ぜられた措置（義務）を履行しない場合に、その命令された措置を「行政が」「代わって」「執行」するのが「行政代執行」である。

その名のとおり、行政代執行は、義務者の代わりにすることができる義務（これを代替的作為義務という。）に限り行うことができる。そのため、本人しか出来ない行為、例えば部屋を明渡す行為などについては、代執行はできない。

また、行政は、命令して義務を課した行為でなければ代執行をすることができない。例えば、空き家の危険に対する措置として、「改修をしなさい」と命令をしたのであれば除却はできないし、「除却しなさい」と命令をしたのであれば補強による危険排除は代執行にはあたらない。そのため、危険の排除ができればどちらの方法によってもよいということなら、命令の際には「又は」で併記するなどするとよい。

そして、第9項による行政代執行は、行政代執行法の適用を受ける。

空家法、行政代執行法とも、義務者が措置を履行しないときには代執行をできる旨規定するが、行政代執行法ではその第2条に「他の手段によつてその履行を確保することが困難であり、且つその不履行を放置することが著しく公益に反すると認められるときは」という補充性要件と公益性要件と呼ばれるものが存在する。一方で空家法ではこれらの要件は9項により上書きされて存在しないこととなるため、命令に係る措置がなされないとき（空家法では加えて、「措置が十分でないとき」、「期限内に措置が完了する見込みがないとき」にも代執行が可能である。）には、これらの要件を判断することなく代執行を行えることとなる。そのため、空家法による代執行は、緩和代執行と言われることもある。

緩和代執行は、空家法に特別に規定されているというわけではなく建築基準法の違反建築物に対する措置（第9条）や、保安上危険な建築物等に対する措置（第10条）でも同様の規定となっている。

もっとも、法律上、補充性要件と公益性要件が求められないとはしても、行政代執行が著しい権利侵害行為であることに変わりはないため、やはり他にとりうる手段があればその手段によるべきであり、また、公益性についても行政が公金を使う以上、一定の必要性は求められるべきであろうと思う。

行政代執行法

（適用）
第１条 行政上の義務の履行確保に関しては、別に法律で定めるものを除いては、この法律の定めるところによる。
（代執行）
第２条 法律（法律の委任に基く命令、規則及び条例を含む。以下同じ。）により直接に命ぜられ、又は法律に基き行政庁により命ぜられた行為（他人が代つてなすことのできる行為に限る。）について義務者がこれを履行しない場合、他の手段によつてその履行を確保することが困難であり、且つその不履行を放置することが著しく公益に反すると認められるときは、当該行政庁は、自ら義務者のなすべき行為をなし、又は第三者をしてこれをなさしめ、その費用を義務者から徴収することができる。
（戒告・代執行令書）
第３条 前条の規定による処分（代執行）をなすには、相当の履行期限を定め、その期限までに履行がなされないときは、代執行をなすべき旨を、予め文書で戒告しなければならない。
② 義務者が、前項の戒告を受けて、指定の期限までにその義務を履行しないときは、当該行政庁は、代執行令書をもつて、代執行をなすべき時期、代執行のために派遣する執行責任者の氏名及び代執行に要する費用の概算による見積額を義務者に通知する。
③ 非常の場合又は危険切迫の場合において、当該行為の急速な実施について緊急の必要があり、前２項に規定する手続をとる暇がないときは、その手続を経ないで代執行をすることができる。
（証票の携帯）
第４条 代執行のために現場に派遣される執行責任者は、その者が執行責任者たる本人であることを示すべき証票を携帯し、要求があるときは、何時でもこれを呈示しなければならない。
（費用の徴収）

第5条 代執行に要した費用の徴収については、実際に要した費用の額及びその納期日を定め、義務者に対し、文書をもつてその納付を命じなければならない。
第6条 代執行に要した費用は、国税滞納処分の例により、これを徴収することができる。
② 代執行に要した費用については、行政庁は、国税及び地方税に次ぐ順位の先取特権を有する。
③ 代執行に要した費用を徴収したときは、その徴収金は、事務費の所属に従い、国庫又は地方公共団体の経済の収入となる。

所有者の判明している空き家に対して行政代執行をする場合には、空家法第14条第9項に「行政代執行法の定めるところに従い」とあるように、行政代執行法に基づいて、義務者に対して、義務の履行がされない場合には代執行をする旨を「戒告」をし（第3条第1項）、その戒告で指定をした期限までに義務が履行されない場合に、「代執行をなすべき時期」、「代執行のために派遣する執行責任者の氏名」及び「代執行に要する費用の概算による見積額」を「代執行令書」により通知をする（同条第2項）というプロセスで行う必要がある。

⑵ 代執行責任者について

行政代執行法第3条第2項及び第4条の執行責任者は、「現場で執行責任者証を携帯し、要求があるときは呈示しなければならない」という規定のされかたから、代執行責任者という言葉からイメージされるような当該代執行を総括する人物というわけではなく、現場責任者くらいの意味合いしか持たないことがわかる。

例えば、市町村長が代執行責任者として代執行宣言文を読んだという事例もあるかと思うが、その場合市町村長は代執行の工事期間ずっと現場にいるわけではなく、せいぜい宣言文を読む間だけの執行責任者であろう。また、部長や課長が1名だけ代執行責任者となり、代執行の間、毎日現場に常駐しているというのも現実的ではない。体調を崩すこともあるであろうし、他の業務をすべて他に任せて現場にいられるものでもないであろう。

やはり執行責任者は現場責任者としての役割と捉え、日替わりで現場に派遣するということもできるよう、実務に携わる複数の職員を執行責任者として選任して、スケジュールに沿って、常に誰かしら1名が執行責任者として現場にいるような形にしておけばよいかと思う。

(3) 空家法第14条第11項から第13項までについて

空家法第14条の規定に戻ると、第10項は略式代執行に関する規定であり、第11項から第13項までの規定は再び所有者の判明している場合の代執行に関する規定となる。

空家法第14条

11 市町村長は、第3項の規定による命令をした場合においては、標識の設置その他国土交通省令・総務省令で定める方法により、その旨を公示しなければならない。
12 前項の標識は、第3項の規定による命令に係る特定空家等に設置することができる。この場合においては、当該特定空家等の所有者等は、当該標識の設置を拒み、又は妨げてはならない。
13 第3項の規定による命令については、行政手続法（平成5年法律第88号）第3章（第12条及び第14条を除く。）の規定は、適用しない。

第11項、12項については、命令をした際の公示の方法に関する規定であり、第13項は、第3項に基づく命令が不利益処分であるものの、第4項から第8項までに手続きを規定していることから、行政手続法の不利益処分の手続き規定を適用しないことが述べられている。

(4) 略式代執行について

空家法第14条第9項の行政代執行では、命令を受けることにより義務者となった者が、その義務を履行しない場合に行政が代わりに当該措置を執行するものであるという説明をした。それでは、所有者不明により命令をする相手方がいない場合にはどうするのか。

その場合の対応に関する規定が第14条第10項である。

空家法第14条

10　第３項の規定により必要な措置を命じようとする場合において、過失がなくてその措置を命ぜられるべき者を確知することができないとき（過失がなくて第１項の助言若しくは指導又は第２項の勧告が行われるべき者を確知することができないため第３項に定める手続により命令を行うことができないときを含む。）は、市町村長は、その者の負担において、その措置を自ら行い、又はその命じた者若しくは委任した者に行わせることができる。この場合においては、相当の期限を定めて、その措置を行うべき旨及びその期限までにその措置を行わないときは、市町村長又はその命じた者若しくは委任した者がその措置を行うべき旨をあらかじめ公告しなければならない。

第3項の命令をしようとする際に「命ぜられるべき者を確知することができないとき（過失がなくて第1項の助言若しくは指導又は第2項の勧告が行われるべき者を確知することができないため第3項に定める手続により命令を行うことができないときを含む。）」に略式代執行ができるとここでは述べている。基本的な規定ぶりは建築基準法の第10条の保安上危険な建築物等に対する措置と同様であるが、建築基準法第10条では「その違反を放置することが著しく公益に反すると認められるとき」という公益性要件の文言があるため、空家法に基づく略式代執行の方がより緩やかといえるだろう。

(5)　略式代執行を行うに当たって

略式代執行を行うに当たっては、命ぜられるべき者、これは基本的には所有者ということになろうが、その者を「過失がなくてその措置を命ぜられるべき者を確知できない」ことが執行の条件となる。ガイドラインによれば

「**確知することができない**」とは、措置を命ぜられるべき者の氏名及

び所在をともに確知しえない場合及び氏名は知りえても所在を確知しえない場合、とされている。

これは概ね、

・所有者を特定できない（どこの誰だかわからない）

・所有者の居所がわからない（誰かは判明している）

・所有者が死亡し、相続放棄がされている（所有者がいない）

・所有者が死亡し、相続人がいない（所有者がいない）

・所有者がすでに存在しない法人である

といったところであろう。

「**過失がなく**」とは、ガイドラインでは、市町村長がその職務行為において通常要求される注意義務を履行したこととされている。少なくとも住民票、戸籍謄本等、登記事項証明書、不動産登記簿情報、固定資産税情報といったものを調査してある必要はあるだろう。実務上は、問題のある空き家の解決をしようとするときに、いきなり略式代執行を選択しようとする自治体はまずないであろうし、まずは所有者を懸命に探すところから始めるはずなので、殊更神経質になることもないかと思う。略式代執行の実施という選択に至る時点で通常であれば調べを尽くしているはずである。

(6) 略式代執行を行うべきか

まず、略式代執行ありきということではなく、これを行うべきかどうか、最も適切な手段であるかについて検討をすべきかと思う。検討に当たっては、市民の安全、緊急性、公益性、費用対効果といったことが判断の軸となってくるのではないか。ただ、市町村ごとの状況も異なればそれぞれの考え方や方針もあるため、あくまでも参考としていただきたい。

参考

○財産管理人制度利用の検討

所有者がどこの誰かわからない場合には財産管理人制度の利用ができないこ

とから、自然と略式代執行という選択になってくるかとも思うが、それ以外の場合で、財産管理人制度が使えるのであれば、これは非常に平和的な手段であるし、費用面からも、事務手続上も行政の負担は少ないものとなる。また、土地所有者も不明の場合には略式代執行では空き地問題が残ってしまうが売却されれば今後その問題も起こらないというメリットもある。

※P238「(1) 財産管理人制度と略式代執行いずれを用いるかの判断基準」参照。
民法改正によりスポット運用（所有者不明土地（建物）管理制度）ができ、「どこの誰かわからない」場合に利用が可能になるようである。

(7) 土地所有者への働きかけ

空き家に建物所有者とは別に土地所有者がいて連絡もとれるのであれば、土地所有者に解決を働きかけることも行った方がよいであろう。土地所有者に空き家の除却等の権原があるわけではないが、空き家があることによって活用できなかった土地が新たに活用できるようになるわけであり、土地所有者が法的措置をとって除却に向かうのが本筋である。空家法により行政が対応するようになるまでは事実そうやって解決してきた（P264、265「所有者所在不明・相続人不存在の空家対応マニュアルQ4－7～4－9」参照）。

行政が略式代執行をする場合には、土地所有者による措置を待てない場合、措置に公益性がある場合、土地所有者の事情などを総合的に判断する必要がある。

参考

判断組織

川口市では「空家等対策会議」（P154参照）という庁内会議において判断している。空家法第7条に基づく協議会で判断する市町村もあろうし空き家の担当部署だけで判断する市町村もあろう。各市町村によってさまざまな方針があってよいとは思うが、やはり代執行という手段を選択するに当たっては、専門家なり関係部署なりも入った協議を行って、代執行が最も適切な手段であるのか、充分に検討を行う方がよい。

(8) 略式代執行の実施

① 土地所有者への指導、勧告

土地と建物の所有者が異なっていて建物所有者が不明となっている事例において、略式代執行を行おうとする際には、ガイドラインに従えば、土地所有者に対して指導及び勧告を行う必要がある。ただ、土地所有者に関しては、土地所有者が積極的に法的措置を取らない限りは、建物に対しての措置権原はないと考えられる（P188「**略式代執行による除却事例(1)**」参照）ことから、土地所有者には事前にコンタクトをとって、代執行を予定している旨と手続きについて、勧告後は固定資産税の住宅用地特例が解除されることなどの説明を事前にしておくほうが現実的である。いきなり指導書や勧告書を送って、揉めてしまうのは得策ではない。

略式代執行の措置の中に樹木の剪定や伐採が含まれる場合、民法第242条本文によれば樹木は土地に付合するため、原則として土地所有者のものとなる。ただし、同条但し書きにより建物所有者が植えたということであれば、建物所有者の所有となる。このあたりがいずれなのか、第三者からは判断できない。

民法

（不動産の付合）
第242条 不動産の所有者は、その不動産に従として付合した物の所有権を取得する。ただし、権原によってその物を附属させた他人の権利を妨げない。

剪定や伐採が求められる樹木に関してのことなので、土地所有者は建物所有者のものだとおそらくは主張するであろうし、反論すべき建物所有者が不明なため、建物の解体費用を一緒に建物所有者への請求とすることで、仕方ないとは思う。費用回収が難しいことが多い略式代執行において、樹木の剪定、伐採に関しては、建物所有者が植えたものであると土地所有者が証明できない限りは、土地所有者の費用負担とできればいいのにとも思うが、いかんともし難いところである。

② 抵当権について

空き家に抵当権等がついている場合も多いかと思うが、略式代執行を行うに際してはこれを特に気にして調整等を行う必要はない。

ガイドライン

⑶ 特定空家等に関係する権利者との調整

法第14条に基づき「特定空家等に対する措置」を講じようとする「特定空家等」について、その措置の過程で、抵当権等の担保物権や賃貸借契約による賃貸借権が設定されていること等が判明することが考えられる。この場合、同条に基づく「特定空家等に対する措置」は、客観的事情により判断される「特定空家等」に対してなされる措置であるため、命令等の対象となる「特定空家等」に抵当権等が設定されていた場合でも、市町村長が命令等を行うに当たっては、関係する権利者と必ずしも調整を行う必要はなく、基本的には当該抵当権者等と「特定空家等」の所有者等とによる解決に委ねられるものと考えられる。

③ 関係各所との調整等

① 議員、自治会員

関係各所への連絡、対応として考えておかなければならないのが、事前に議員や自治会長などに説明するかどうかなどである。所有者がいる代執行であれば、その実施時期などについては、直前まで情報が漏れないようにしたいところであるが、略式代執行については妨害行為の可能性も低いことから、必要なところには最低限の説明をしておいたほうがよいかと考える。なお、自治会長に関しては、川口市で行った代執行では、道路の通行止めを警察に届け出る際に自治会長の承諾書が必要であったことから後日解体業者が伺う旨を含めて説明に行っている。

② 除却工事届

建築基準法第15条第1項に基づいて除却工事届を知事あてに提出する必要がある。実際の提出先は建築主事あてとなるため、特定行政庁である川口市では同じ部内の建築安全課に提出している。これはできるだけ早く提出してもらいたいとのことであった。

③ 電気・ガス関係

電気、ガスといったインフラが生きている場合には、代執行の実施前に連絡して止めて、設備を撤去してもらった方がよい。その際、ただ「止めて欲しい」と言っても「権利者からの依頼ではない」ということで難色を示される可能性があるので、略式代執行により解体することを伝えて、何かしら手続きが必要ならば行う必要があるだろう。川口市の事例では電話による依頼だけで済んでいる。

④ 水道関係

水道に関しては、解体工事の際に粉塵が飛散しないように水をまく必要があるため、建物を撤去するまでは必要である。その際の水道の一時的な利用申請に関しては一般的な解体工事でも行われるものであるために解体業者に任せておいてもよいであろう。問題は建物解体後の給水管やメーターボックス等の撤去であり水道事業者によっては「所有者からの申請がなければ撤去できない」というスタンスを取ることがある。今後の漏水の可能性を考えれば、撤去が望ましいが、水道事業者がそう言うのであれば代執行とは別の話として割り切って残しておくしかない。

⑤ 交通関係

前面道路がバス路線や通学路であるかも気にする必要があろう。これらに当たっていればやはり関係先に連絡は入れておいた方がよい。

また、通行止めなどが必要な場合には、警察への届出も必要となる。

⑥ マスコミ関係

マスコミ対応については、市町村により方針が異なるとは思うが初の代執行であればマスコミからすれば記事にする話題性もあるため、記者クラブ等への投げ込みをして、現地でのマスコミ対応についても決めておけば、当日混乱はないだろう。想定質問に対する回答なども用意しておくとよいかと思う。

マスコミ想定質問（代執行にあたり市で用意したもの）

○空き家について
・市内に空き家はいくつあるか。
・所有者不明の空き家はいくつあるか。
・特定空家等は何件あるのか。
・倒壊の危険が高い建物は他に何件あるのか。
・特定空家等に認定される基準はあるか。公表予定はあるか。
・特定空家等への認定や、略式代執行にあたり、協議会や有識者の意見は聞いたか。

○代執行について
・代執行は、全国で何件目か。
・○○県では何件目か。
・これからも代執行はおこなうのか。
・他の自治体では不在者財産管理人制度を利用して解体したものもあるが、略式代執行を選択した理由は。

○費用の徴収について
・費用はどうするのか。

○当該建築物について
・建物の築年数は。
・空き家に人が最後に住んでいたのはいつか。
・建物所有者はどこにいるのか。
・土地所有者はいるのか。
・空き家の動産はどうするのか。
・近隣からどのような要望が出されていたのか。

○手続きについて
・これまでの手続きの流れは。
・公告の方法は。
・特定空家等の認定から約○年経過したが、これほど時間が掛かったのはなぜか。
・今、略式代執行に踏み切ったきっかけは何かあったのか。

○所有者について
・建物所有者はいるのか。
・建物所有者に親族はいるのか。責任はないのか。
・建物所有者は何歳か。何年間行方不明なのか。
・市は、建物所有者をどのような手段で捜索したのか。
・なぜ、誰も捜索願を出していないのか。
・土地所有者はいるのか。
・動産所有者はいるのか。

○解体工事について
・解体費はいくらか。国の補助等はあるのか。
・工事期間は。

○跡地について
・除却後の跡地はどうなるのか。再建築はできるのか。

④ 設計工事か委託か

一般的に市町村が公共施設を解体するときには、解体設計をしてから工事を委託することが多いと思うが、略式代執行を行おうとする空き家では市町村が設計図を持っているわけでもなく、また多くは老朽化が著しいことから事前に建物の中に入って間取り等を把握することもできないことが多い。また、建築廃材に加えて動産の廃棄処分もあることを考えると、これらをすべて含めて委託工事とするほうが現実的である。

業者の選定については、業者によって得意とする建物の規模が異なるが、市町村の発注する解体工事は大きな公共施設が多く、小規模の木造住宅の解体を得意とする業者が市の登録業者としてあるかどうか確認が必要である。また、一括して委託をするのであれば廃棄物処理業者としての登録も必要である。

⑤ 公告

空家法第14条第10項の公告方法について、ガイドラインでは、以下のように定められている。

ガイドライン

⑵ 事前の公告（法第14条第10項）

法第14条第10項に基づく代執行を行う場合においては、相当の期限を定めて、

・当該措置を行うべき旨

・その期限までに当該措置を行わないときは、市町村長又はその措置を命じた者若しくは委任した者がその措置を行うべき旨

をあらかじめ公告しなければならない。

公告の方法としては、当該市町村の掲示板に掲示し、かつ、その掲示があったことを官報に少なくとも1回掲載することを原則とするが、相当と認められるときは、官報への掲載に代えて、当該市町村の「広報」・「公報」等に掲載することをもって足りるものと解される。また、公告の期間については、最後に官報等に掲載した日又はその掲載に代わる掲示を始めた日から2週間を経過した時に、相手方に到達したものとみなされるものと解される（参考：民法（明治29年法律89号）第98条及び民事訴訟法（平成8年法律第109号）第111条・第112条、行政手続法第31条の規定により準用する同法第15条第3項）。

官報への掲載は申し込みをしてから掲載されるまで3週間程度はかかること、市町村の広報誌についても川口市の場合で言えば掲載の前々月には依頼をしなければならないことから、実際には略式代執行がスケジュールどおりにうまく進まない場合が考えられることや、緊急性が高い場合には措置を急ぐ必要があることもあり、掲載まで時間がかかるのでは使いにくいところがある。掲示板への掲示などの各自治体ごとに定める公告に係る条例又は規則に従った手続により周知を行うほかは、市のホームページへの掲載をもってガイドラインの「広報」・「公報」等への掲載とするのも一つの考え方だと思う。

⑥ 動産の処理

略式代執行で実のところ一番対応に悩むのが動産の処理ではないだろ

うか。川口市では2件略式代執行を行っているが、2件とも土地、建物、動産のそれぞれの所有者が異なっており、かつ動産所有者が亡くなっている事案であったため、取り扱いには非常に悩んだ。

ガイドラインでは、「代執行の対象となる所有者が不明の特定空家等の中に相当の価値のある動産が存する場合、まず、運び出すよう公示し、連絡が無い場合は保管し、期間を定めて引き取りに来るよう公示することが考えられる。その場合、いつまで保管するかは、法務部局と協議して適切に定める。」とされている。悩むのが

- 相当の価値があるかどうかを誰がどう判断するのか？
- 価値がなさそうと市町村が判断すれば廃棄してよいのか？
- 代執行前に建物内部に入れない場合にはどうすればよいか？
- どこに保管すればよいのか？その費用は？
- 引き取り手がないことが明らかな場合にもこれらの手続きを踏まなければならないのか？

といったところである。これらについて、明確な答えを持っているわけではないが、どう対応したかを後の事例紹介に記載しているのでご参照いただきたい。

建物の除却を行う場合、代執行の目的が危険排除であるならば動産を一時保管して、一定期間後に敷地内に戻しておいてもいいのであろうが、それだと今度は空き地に放置されたごみがある状態になる。近隣住民からすればごみを放置していったのは明らかに市町村であり、新たな苦情となることが目に見えている。やはり市町村としては動産を基本的には廃棄処分をする方針でいくことになるだろう。また、個別に価値があるかどうかの判断は難しいことから、有価物がある可能性が高い場合などには、財産管理人の選任を申し立てて、財産管理人に判断をしてもらうということも考えられる。

また、動産所有者が建物所有者と異なる場合には、搬出する行為そのものは代執行という行為に付随する行為だとしても、保管費用、廃棄費用の請求は建物所有者にできるのであろうか。また、逆に有価物があっ

たとしても、換価して建物の除却費用にあてることはできるのであろうか。これらはいずれも難しいのではないかと考えている。換価した場合は、保管費用、有価物以外に動産の廃棄物があった場合の廃棄費用にあてることくらいが許される範囲なのだろうと思う。その費用にあてる方法にしても保管費用を債権として、これもやはり財産管理人制度を利用するしかないのだろうが非常に手間である。また、現実的な話として略式代執行の現場作業のなかで、どこまで厳密に建物所有者のものか、居住者であった者のものかを仕分けできるか、有価物「かもしれない」ものに対してどこまで費用をかけるべきなのかは悩ましいところである。

※令和2年12月25日にガイドラインの当該部分が次のように改正された。参考まで追記しておく。

ガイドライン

7. 過失なく措置を命ぜられるべき者を確知することができない場合（法第14条第10項）

⑶ 動産等の取扱い

代執行をなすべき措置の内容が所有者が不明の特定空家等の全部の除却であり、動産等に対する措置を含める場合は、事前の公告（法第14条第10項）において、

・対象となる特定空家等の内部又はその敷地に存する動産等については、履行の期限又は代執行をなすべき時期の開始日までに運び出し、適切に処分等すべき旨

・特定空家等の除却により発生した動産等については、関係法令に従って適切に処理すべき旨

・履行の期限までに履行されない場合は、代執行する旨

を明記することが望ましい。

代執行により発生した廃棄物や危険を生ずるおそれのある動産等であって所有者が引き取らないものについては、関係法令に従って適切に処理するものとする。

代執行時に、相当の価値のある動産等、社会通念上処分をためらう動産等が存する場合は保管し、期間を定めて引き取りに来るよう公示することが考えら

れる。その場合、いつまで保管するかは、他法令や裁判例も参考にしつつ、法務部局と協議して適切に定める。あわせて、現金（定めた保管期間が経過した動産で、民法第497条に基づき裁判所の許可を得て競売に付して換価したその代金を含む。）及び有価証券については供託所（最寄りの法務局）に供託をすることも考えられる。

なお、特定空家等の所有者等に対して代執行費用に係る債権を有する市町村長が申し立てるなどして不在者財産管理人（民法第25条第1項）又は相続財産管理人（民法第952条第1項）が選任されている場合は、当該財産管理人に動産を引き継ぐ。

また、代執行をなすべき措置の内容が特定空家等の全部の除却ではない場合において動産が措置の弊害となるときは、特定空家等の内部又はその敷地内等の適切な場所に移すことが望ましい。

参考　強制執行における動産の扱い

以前、家屋の明け渡しに関して、裁判所の執行官による強制執行の現場を見たことがある。居住者は留守であったが、執行官は、鍵を開けて動産を搬出する際に、所有者が引き取りに来なかった場合の売却額を、動産をざっとながめて「全部で3000円」と搬出・保管・買取を兼ねる業者に伝えていた。これは、居住者がいる動産の値段である。有価物があるなら居住者が取りに来るであろうし、来ないということは価値のないものだという考えなのだろう。

空き家に関する代執行では、建物を除却するというものが多く、その際には動産の取扱いがついて回る。何かしらこれと似た、ある程度裁量のある手続きが決まっていれば、少し悩みが減るのにと思う。

民事執行法

（不動産の引渡し等の強制執行）

第168条　不動産等（不動産又は人の居住する船舶等をいう。以下この条及び次条において同じ。）の引渡し又は明渡しの強制執行は、執行官が債務者の不動産等に対する占有を解いて債権者にその占有を取得させる方法により行う。

2・3　（略）

4　執行官は、第1項の強制執行をするに際し、債務者の占有する不動産等に立ち入り、必要があるときは、閉鎖した戸を開くため必要な処分をすることができる。
5　執行官は、第1項の強制執行においては、その目的物でない動産を取り除いて、債務者、その代理人又は同居の親族若しくは使用人その他の従業者で相当のわきまえのあるものに引き渡さなければならない。この場合において、その動産をこれらの者に引き渡すことができないときは、執行官は、最高裁判所規則で定めるところにより、これを売却することができる。
6　執行官は、前項の動産のうちに同項の規定による引渡し又は売却をしなかつたものがあるときは、これを保管しなければならない。この場合においては、前項後段の規定を準用する。
7　前項の規定による保管の費用は、執行費用とする。
8　第5項（第6項後段において準用する場合を含む。）の規定により動産を売却したときは、執行官は、その売得金から売却及び保管に要した費用を控除し、その残余を供託しなければならない。
9　（略）

民事執行規則

第154条の2　法第168条第5項後段（同条第6項後段において準用する場合を含む。）の規定による売却の手続については、この条に定めるもののほか、動産執行の例による。
2　執行官は、不動産等の引渡し又は明渡しの強制執行の申立てがあつた場合において、法第168条の2第1項に規定する明渡しの催告を実施したときは、これと同時に、当該申立てに基づく強制執行の実施予定日を定めた上、当該実施予定日に強制執行の目的物でない動産であつて法第168条第5項の規定による引渡しをすることができなかつたものが生じたときは、当該実施予定日にこれを同項後段の規定により強制執行の場所において売却する旨を決定することができる。この場合において、執行官は、売却すべき動産の表示の公告に代えて、当該実施予定日において法第168条第5項の規定による引渡しをすることができなかつた動産を売却する旨を公告すれば足りる。
3　執行官は、不動産等の引渡し又は明渡しの強制執行を行つた日（以下この項において「断行日」という。）において、強制執行の目的物でない動産であつて法第168条第5項の規定による引渡しをすることができなかつたものが生じ、かつ、相当の期間内に当該動産を同項前段に規定する者に引き渡すことができる見込みがないときは、即日当該動産を売却し、又は断行日から1週間未満の日を当該動産の売却の実施の日として指定することができる。この場合において、即日当該動産を売却するときは、第115条（第120条第3項において準用する場合を含む。）各号に掲げる事項を公告することを要しない。
4 前項の規定は、高価な動産については、適用しない。
5 執行官は、不動産等の引渡し又は明渡しの強制執行の申立てをした債権者に対し、明渡しの催告の実施又は強制執行の開始の前後を問わず、債務者の占有の状況、引渡し又は明渡しの実現の見込み等についての情報の提供その他の手続の円滑な進行のために必要な協力を求めることができる。

⑦ 代執行責任者

略式代執行では、行政代執行法の適用を受けないため、代執行責任者や責任者証に関する決まりがない。代執行責任者を置かないというのも一つの考え方であるが、略式とはいっても代執行である以上、通常の代執行と同様に責任者を置いておくほうが安心できる。責任者を任意で決裁なりで定める方法もあるが、空家法に規定する各種手続きやその様式を市町村の規則等で定めているようであれば、そこに代執行責任者と責任者証について規定しておくのが一番間違いのない方法であろうと思う。川口市では1度目の略式代執行では決裁により責任者をおいたが、2度目の略式代執行に先立って規則改正をして規定を加えている。

川口市空家等対策の推進に関する特別措置法施行細則

（代執行）
第19条 （略）
2・3 （略）
4 市長は、法第14条第10項の規定による代執行を行う場合には、当該代執行のために派遣する執行責任者を定めるものとする。
5 前項の執行責任者は、様式第15号の執行責任者証を携帯し、関係者の請求があったときは、これを提示しなければならない。

代執行責任者の考え方は、空家法第14条第9項の代執行で記載したもの（P166）と同様でよいかと思う。

⑧ 代執行開始宣言、終了宣言

空家法第14条第9項による代執行でも同様であるが、これらの宣言については、行政代執行法などに規定があるわけではない。では、なぜやるのかと言えば、代執行期間中は、市町村がその対象地を占有するという意思表示を示すために行うものである。根拠としては、民法第180条となる。

民法

第180条　占有権は、自己のためにする意思をもって物を所持することによって取得する。

この意思表示を宣言という形で行うものと考えられる。終了宣言についても同様に、民法第203条を根拠として占有権を手放すことを宣言する行為であると考えられる。代執行が終わってその場所が行政の手を離れたことを宣言するわけである。

民法

第203条　占有権は、占有者が占有の意思を放棄し、又は占有物の所持を失うことによって消滅する。ただし（略）

⑨ 滅失登記

滅失登記は本来は所有者等が行うものではあるが、略式代執行を行った場合には、当然所有者等本人による手続きは期待できない。

代執行を行った市町村は、登記権利者でも義務者でもないために滅失登記ができるのか、市町村は登記官に略式代執行を実施した旨を報告だけして、登記官が職権で滅失登記をするのが筋ではないか、とも考えるが、川口市が略式代執行を終えて法務局に相談をした際に指示されたのは「登記嘱託書」の提出であった。略式代執行により家屋が解体される事例は登記官からすればよくある仕事というわけではないため、単に行政から滅失登記の依頼をするのであれば嘱託書を使ってくれということなのだろう。

⑩ 費用回収

略式代執行の費用回収は、その請求先がないわけであるから非常に困難である。土地と建物の所有者が同じであれば、代執行後にその費用を債権として財産管理人選任を申し立てて、土地の売却費用、預金などから回収するのが一般的であろうが、所有が建物だけの場合には預金があることが判明してでもいない限りは回収がほぼ絶望的となる。建物所有者が行方不明（不在者）の場合は、定期的に所有者の調査を行って所在が判明した場合には費用請求をできる体制にはしておくべきであろう。所在が判明した場合の請求に関しては、ガイドラインには次のように記載されている。

ガイドライン

⑷ 費用の徴収

本項の代執行は行政代執行法の規定によらないものであることから、代執行に要した費用を強制徴収することはできない。すなわち、義務者が後で判明したときは、その時点で、その者から代執行に要した費用を徴収することができるが、義務者が任意に費用支払をしない場合、市町村は民事訴訟を提起し、裁判所による給付判決を債務名義として民事執行法（昭和54年法律第4号）に基づく強制執行に訴えることとなる（地方自治法施行令（昭和22年政令第16号）第171条の2第3号）。

ただし、これには次のような議論も存在する。

「提起される民事訴訟における訴訟物は何だろうか。略式代執行によって、義務者と行政の間にどのような法律関係が形成されているのだろうか。行政は代執行作業を実施した業者に代金を債務として支払うが、それが直ちに義務者との関係で債権に転化するわけではない。「その者の負担において」という文言だけで債権が発生すると解するのは無理である。確定させるための手続が必要であるが、空家法にはそれが明記されていない。解釈上、行政代執行法5条を準用して納付命令を発し、その到達をもって債権が発生すると整理するのが適切であろう。督促をしても任意の支払いがされなければ、民事訴訟（あるいは、公法上の当事者訴訟）を提起することになる。」（北村喜宣『空き家問題解決のための政策法務』第一法規、平成30年）

⑪ その他

行政代執行については、違法建築に対して行われた過去の有名な先行事例が大規模であったことから、執行本部の設置や敷地へのフェンスの設置について必要なのかと考えるかもしれないが、これらは、大規模な建物であったり妨害行為が予想されたりといった場合に検討するものであって、少なくとも戸建ての空き家の場合、また略式代執行ではなおさら設置は不要であろう。代執行中の敷地の管理については、解体業者が通常の解体業務で払う安全への配慮で充分である。気になるところがあれば発注の際の仕様に入れて、または現地で指示を与えるくらいでよいのではないか。

COLUMN

デポジット制について

空き家の所有者と連絡が取れて措置をお願いしても「お金がないからできない。」の一点張りで対応する気が全く見受けられないことは多い。ここでいう「お金がない」は往々にして「空き家にお金をかけたくない」という意味である。特に相続等により空き家を取得した所有者の場合には、「なんで自分が」という思いも強くあるのだろう、措置を渋る傾向が強いように思われる。売却できそうな空き家については売却を勧めているが、特段の理由もなく空き家を放置しているのは、単に面倒なのか先送り体質なのか、それともいまだに今後土地の価値が高騰するかもしれないとでも考えているのだろう。

問題は、接道不良や狭小敷地ということで売却が困難な空き家、土地所有者が別にいて建物しか所有していないような空き家で、これらについては正直なところ所有者も解体するだけの余裕がなければどうにもならないところなのかと思う。

家が老朽化するということは、当たり前だが人も年老いていくということである。家督相続の時代のように家に子や孫が住み続けるのでなければ、家には家とともに年老いた者が残る。一戸建ての場合には家が古くなる前から長期の補修費用や解体費用をコツコツ用意しているというのもあまり聞かないことではあるし、老朽化してからでは所有者に充分な資産があることは必ずしも期待できないだろう。「お金がない」というセリフと同時に「自分はもう長くないから」というセリフも聞くことがあり、言い方は悪いが、死んだ後は誰かが何とかすると考えているのだろう。そのような空き家の場合には、その子どもと話ができたとしても子どもは「親はもうすぐ死ぬと思う。そうしたら相続放棄をするつもりである。」と言うこともあり、実際に相続が発生した時点で放棄されてしまう。民法では相続放棄をしても管理責任が残るとはいってもそんな意識がある人はまれであり、大多数は放棄すれば完全に荷を下ろしたものと考えている。加えて、放棄した時点で解体権原もなくなってしまうため、老朽化が著しいからといって解体をお願いすることも難しくなり、これを引き受ける仕組みが財産管理人制度くらいしかなくなってしまう。それでも「負動産」であれば制度利用も難しい。

空き家は、何十年にも渡って使用していた家が不要になったから捨てているのと同じで、不動産のゴミ化問題である。ゴミの不法投棄は、他人の土地にゴミを捨てているものだが、空き家問題は、地域に空き家というゴミを捨てていることである。

ゴミ問題であるならば、廃棄費用（解体費用）を担保させるために、デポジットで家屋の新築時や固定資産税の徴収に併せて、費用徴収はできないものだろうか。新築後何十年も経ってから家屋の所有者の経済状況などどうなっているかわかるものではないし、間違いなくお金を持っている家を建てる時点で予め解体費用を用意しておくことは意味があると思う。

我々、自治体職員が今現在対応している空き家の解決につながるものではないが、先々に憂いを残さないためには今考えておくべきことだろう。

人口減少社会にと言われて久しいが、川口市ではまだ人口増加は続いており、マンションがどんどん建ち宅地開発も進んでいる。今はそれでいいのかもしれないが、あと20年もすれば川口市でも人口は減少に転ずる想定となっており、このままいけば空き家問題は、なまじ住宅戸数が多いだけに相当深刻なことになるだろう。我が国全体では既に人口減少が進んでいるにも関わらず住宅総数は大きく増え続けている。このような供給過剰の状況にあって空き家が減るわけがないことは、子どもの算数でも分かることではないか。

川口市では、3階建以上の非木造の共同住宅が5千棟以上ある。そのうち6階建て以上のものも千棟を超える。これらがもしも空き家化したらどうするのか。野洲市で3階建て9戸のマンションに対して代執行を実施したことで、マンション全体が空き家化する事態も現実味を帯びてきた。また、鬼怒川ではホテルが空き家化しており、解体には2億円程度かかることから放置されているという報道も目にする。定期的な大規模修繕の調整だけで難航することも多いと聞く区分所有の高層マンションなどは解体時のことをどれだけ考えているのだろうか。香港では巨大なクーロン城と呼ばれていた団地を行政が解体したが、あれほど老朽化した末に公費を使うことになったらどうするのか。もしも老朽化した時に廃墟化していて居住者がおらず、相続放棄などにより所有者の多くが不存在となっていたとしたらと考えると空恐ろしくなる。

これもいずれ行政が、莫大なコストをかけて莫大な数になる所有者の調査をして、莫大な手間をかけて、莫大な税金を使って処分することになってしまうのだろうか。そうならないためには所有者に処分を確実にさせるか処分費用を負担させる仕組みが必要である。

3

川口市の略式代執行の事例

略式代執行による除却事例(1)

案件の概要

この略式代執行は平成29年度に実施したもので、埼玉県内では、空き家に対する略式代執行の最初の事例であり、また、空き家全体を代執行で解体した事例としても最初のものである。

◆物件の概要

昭和39年に平屋として建てられた、略式代執行時点で築54年経った木造住宅である。2階部分は後から増築されたようであるが未登記である。

敷地面積が30㎡なので、60%の建蔽率では本来18㎡までしか建てられないが、この建物は前面道路（市道）にはみ出して建っており、1階の床面積は24㎡となっている。

◆位置図

■＝空き家

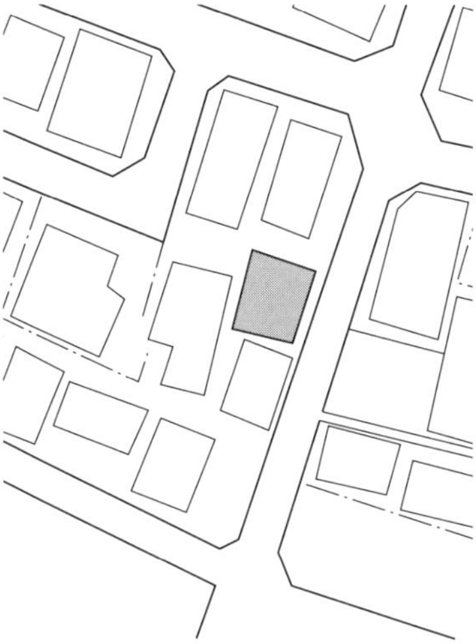

◆措置の経緯

H22年度		民生委員から相談があり、傾斜のある建築物として把握。（空き家としての認識ではない。）
H23年度		消防局が立入禁止テープ等を設置
H25年度	8月	応急危険度判定に準じて調査→総合判定「危険」
	10月	「川口市空き家等の適正管理に関する条例」施行
	10月	建物所有者の子に、建物所有者についてヒアリング
H27年度	5月	「空家等対策の推進に関する特別措置法」全面施行
	3月	特定空家等に認定
H29年度	10月 3 日	「川口市空家等対策会議」において、代執行を進める方針が決定
	11月29日	土地所有者に、空家法に基づく「指導」を行う。
	12月18日	土地所有者に、勧告前に意見を述べる機会を付与する旨の通知をする。
	12月27日	土地所有者に、空家法に基づき「勧告」を行う。
	12月28日	土地所有者から、権原がないため勧告に係る措置を行うことができない旨の意見書を受け取る。
	2月16日	空家法に基づく「公告」（期限3月2日）（市の掲示板・現地への掲示、市HPへの掲載）
	3月13日	略式代執行開始宣言
	3月20日	略式代執行終了宣言
H30年度	4月	法務局に滅失登記嘱託書を提出

平成22年度末には、建築物の違反指導等を行っている部署で傾きのある建築物として把握をしており、平成23年度末に空き家対策の窓口ができてから、近隣住人から相談が来ている。

相談内容としては、「1年半ほど前に居住者が亡くなり、今は管理する者がいない。外壁や屋根瓦が落ちそうで、倒壊が心配である。建物の前面が大きく開口しているためタバコの投げ入れなどによる火災の発生が心配である。」

というものである。また近隣住民で建物前面の開口部にブルーシートを張ったとのことであった。

この相談に対しては、当時、消防局で火災予防上問題があるか判断を行ったが特に問題はないとのことであり、「立入り禁止」と印字しているビニール製のテープを張ったのみに対応を留めている。

平成25年8月には、建築物の違反指導等を行っている部署の協力のもと応急危険度判定に順じて調査を行い、傾きが大きく「危険」であると判断している。増築された2階は1階部分とは独立した柱で支えられているため「くの字」に傾いており、1階の方が傾きは大きい。

同年10月に「川口市空き家等の適正管理に関する条例」を施行したため（※この条例は、平成28年12月に廃止している。）、この条例に基づいて、建物所有者の捜索を行っている。

平成27年5月には「空家等対策の推進に関する特別措置法」が前面施行されたため、この後は法に基づき手続きをすすめることとなる。

土地所有者にも適正管理のお願い文書を送り、話を聞くことができた。

調査結果をまとめたのが次のものである。

(1) 所有者

空き家の所有者は土地と建物で異なっていた。もともとは土地建物共に亡くなった居住者のものであったが、競売にかけられ、平成13年に現建物所有者が土地建物共に取得している。

所有関係は、次の通りである。

●土地所有者

土地所有者は飲食店を営んでいる法人である。建物所有者はその飲食店の常連であり飲食のツケが多額になり、返済が困難であったため、話し合いの上で土地を100万円弱で購入することとなったとのことである。ツケの額を手付金として残りを現金で追加で支払い、平成19年に土地を取得した。

●建物所有者

建物所有者は川口市外に居住していた代執行当時存命であれば70代の男性で、土地・建物両方を競売で取得して所有していたが、現在の土地所有者の飲食店に対してツケの返済が困難となったため売り渡した。

この売買の直後に建物所有者は失踪している。居住していた自治体で平成19年に川口市への転出の手続きがされていたが、転入の手続きがされていなかったため、どこにも住民票がない状況であった。

所有者の子が見つかり連絡がついたものの、昔に縁を切っており居場所も連絡先も知らないとのことであった。また、捜索願も出す気はないとのことであった。

所有の経緯をまとめると次のようになる。

土地所有者Ａさん　建物所有者Ａさん　居住者Ａさん
↓　平成13年　競売（土地・建物）
土地所有者Ｂさん　建物所有者Ｂさん　居住者Ａさん
↓　平成19年　売買（土地のみ）
土地所有者Ｃさん（法人）　建物所有者Ｂさん　居住者Ａさん
↓　平成19年　Ｂさんが失踪
↓　平成22年　Ａさん死亡により空き家

●根抵当権

土地・建物ともに平成15年に500万円の根抵当権の仮登記がされていた。土地所有者は売買時には、この債権は完済されていると説明を受けていたとのことであった。土地の売買後には抵当権者である金融業者を訪ねたが既に登記簿上の住所には所在していなかったとのことである。川口市でも調査をしたが、抵当権者の所在は不明である。

(2) 特定空家等に認定

平成28年3月には特定空家等に認定をしている。ただし、この時点では代執行を見据えて認定をしたわけではなく、傾きが大きく公益性の点から認定せざるを得なかったという理由からである。

(3) モデル事業における弁護士を交えての検討

国土交通省が平成28年度に「先駆的空き家対策モデル事業」を実施し、先駆的な対策を実施する自治体や事業者などに対し、事業費用を全額補助することとなり、公募が行われた。川口市は、「所有者不明等の空き家の解消に向けた、財産管理人制度活用モデル事業」として企画を応募し採択をされている。

本事業では、埼玉弁護士会から推薦のあった弁護士15名と連携し、相続財産管理人選任の申立の実施や、所有者不明の空き家に対する財産管理人制度以外の対策を探り、マニュアルとして取りまとめている。

このマニュアルでは、所有者不存在の空き家について3件のモデルケースを選定して相続財産管理人制度を利用できるか検討しているが、この空き家はそのうちの1つとなったことから、マニュアル作成に伴い弁護士を含めて対応を検討している。

認定から代執行まで2年間の開きがあるが、その間、不在者財産管理人制度を使って解決できないか、事業で委託した弁護士を交え検討を行っていた。

参考

川口市『所有者所在不明・相続人不存在の空家対応マニュアル』より抜粋

⑸　売却可能性に関する調査

ア　接道要件等

既に川口市が調査を行っており、接道要件等に関する大きな支障はないことが確認されました。

イ　不動産の査定

現地調査をしてみると、土地は狭小であるとともに、隣地との境界が不明確であって、市場価値が低いこと、建物は老朽化が著しく、市場価値がまったくないことが容易に推測できました。

不動産業者に依頼をして不動産の査定をしてもらうと、現状有姿の場合で数十万円程度にしかならないことが判明しました。また、更地にした場合には、もう少し高額で売却できる可能性があるものの、隣地の建物との隙間が狭いため、建物の取壊し費用も高額となり、結局、売却価格から取り壊し費用を差し引いた手取金額は、相当低額になってしまうことが判明しました。

狭小物件であるため、住居としての利用は難しく、倉庫や駐車場としての利用、又は隣地所有者による利用が考えられるとのことでした。

ウ　なお、不動産業者を通じて、各隣地所有者に意見照会しましたが、購入希望者は現われませんでした。

⑹　手続きの選択

ア　借地権の存在も不明確であり、かつ、建物の状態も劣悪なことから、本件建物自体は無価値であり、建物のみを売却することは不可能であると考えられました。

イ　他方、略式代執行により建物を除却した場合、「地域住民の生命、身体又は財産を保護するとともに、その生活環境の保全を図る」という空家法の目的は達せられるものの、事態を放置していた土地所有者Bが、労なくして更地化という多大な利益を受けることとなり、モラルハザードの面からは望ましくないと考えられます。

なお、土地所有者Bが、自ら不在者財産管理人の申立てを行う等した上で、建物収去土地明渡請求を行い、更地化するという選択肢もありえます。しかし、建物の撤去義務を負っていない土地所有者が、多くの費用や手間を全て負担してまで、直ちに当該手続きに乗り出すことはあまり期待できません。

そこで、土地所有者Bの協力が得られるのであれば、建物について川口市が不在者財産管理人選任の申立てをした上、不在者財産管理人と土地所有者

Bが、共同して土地建物を第三者に売却するとの方針が考えられます。当該方針であれば、略式代執行の場合に比べて川口市の支出を低額に抑えられる上、土地所有者Bに対しても一定程度の負担と責任を負わせることになり、モラルハザードを防止できます。買主は、速やかに空家を取り壊して利用することが予定されているので、危険状態の解消という目的も達成できます。

この場合、土地所有者Bの意向が重要となります。そこで、まずは、土地所有者との折衝を行うこととしました。

⑺ 土地所有者Bとの折衝

当初、土地所有者Bは、相当程度の利益が得られない場合には、売却するつもりはないと述べていました。

その後、前述の査定結果を踏まえて、Bと再度折衝し、Bの希望する程度の利益が得られる見込みはほとんどない旨を説明しましたが、査定結果のような金額での売却に難色を示しました。

そこで、Bに対し、不動産価格や取壊し費用の見込み等について、自ら調査することを提案し、Bはこれを了承しました。今後、Bによる調査を経た後、再度折衝を行う予定です。

⑷ 土地所有者の立場

市でも土地の売買契約書を見ることができたが、それによると建物所有者は、引渡しおよび所有権移転登記申請までに土地上の抵当権、質権、借地権等の所有権行使を妨げる負担を除去することになっていたが、この契約事項を履行せずに失踪してしまっていた。

土地所有者としては、売却も利用も出来ない土地に代金を支払った上、建物所有者には逃げられた形となっているため、この土地にこれ以上お金はかけられないという考えである。

マニュアル作成後も、委託契約期間中は弁護士が折衝を行っていたが、最終的には、やはりこれ以上の費用をかけられないという土地所有者の気持ちは変わらず、交渉はまとまらなかったとのことであった。

土地所有者の協力を得て、市の支出負担を抑えたうえでの不在者財産管理人制度の利用は難しいと判断して断念し、また、所有者の捜索は絶望的であったことから、平成29年度に入って、あとは打てる手として略式代執行しか残されていないだろうということで手続きの検討を始めている。

市が単独で不在者財産管理人の利用をしなかった理由としては、

・不在者が何の財産も持っていない可能性が高く、予納金として解体の費用を請求されてもそれを回収できないであろうことから、財産管理人の報酬分、市の持ち出しが増える。

・予納金には、根抵当権の債権額を上乗せされる可能性があった。

・財産管理人制度では、選任の申立てから解体に至るまでどれだけ時間がかかるか読めないため、空き家の状態から、手続きに時間が掛かるのを避けたかった。

というものである。

⑸ 土地所有者の費用負担について

モデル事業でも検討され、また、おそらく誰しもが考えることが、土地所有者が自分では何もせずに税金を使った代執行により更地になった土地を利用できるようになる、そのような利益を得てしまうのはズルいのではないか、そのようなことがまかりとおれば放っておいても行政が解体してくれるというモラルハザードを招くのではないか、ということであろう。そのため、当初は何とかして費用負担をさせられないか、ということも検討した。

※この事例では、事情が異なる点もあるが、一般的には、土地所有者はこれまでに土地の賃料を得て利益を出しており、また、土地を明け渡してもらう際には建物所有者（借地権者）から借地権の買取りをする費用負担が発生することが考えられる。

① 「不当利得の返還請求」の検討

まずは、不当利得の返還請求が可能か検討した。しかし、そもそも土地所有者は除却費用を負担する法令上の責任がないうえに、見方を変えれば土地所有者は建物のために土地利用ができない被害者とも言えること、あくまでも建物所有者に責任はあって、その建物所有者が負担すべきものを市が代わりに負担したに過ぎないことから、代執行費用（除却費用）を転嫁することはできず、また、土地所有者に何らかの利得があったとしてもそれが不当利得に当たるかどうか、金額にして積算額がいくらであるか、について証明することが難しいという結論となった。そのため、土地所有者に費用負担をさせることは困難であるとしてあきらめ、代執行に向けて準備を進めることとなった。

(6) 略式代執行に向けた検討

① 空家等対策会議

代執行の実施にあたっては、課長級の関係職員を集めた庁内会議である空家対策会議に諮ることとしており、これを平成29年10月に開催した。会議では、この事案の内容と、代執行の必要性について説明したが、委員からの質問、意見としては、

「土地所有者はいるのか。」

「他に倒壊の危険の高い空き家はあるのか、他にも代執行を行う予定はあるのか。」

「市として初めての代執行だが、空き家以外でも代執行をするべきだという圧力が強くなってしまうことも考慮してもらいたい。」

といったものであり、大きな反対はなく了承された。

② 決裁について

空家対策会議は、方針を決める組織としており、実施の決定は市長決裁によっている。市長決裁に至るまでに指摘されたことを紹介する。

○土地所有者に費用負担させられないか。

先に述べた不当利得の返還請求ではなく、条例で分担金（地方自治法第224条、第228条）の徴収を定めてはどうか、ということであった。しかし不当利得の返還請求と同様、やはりその積算は難しく、さらに分

担金を取れる自治法上の事件（事業）とすることも困難であり、また、分担金という名目にしたとしても実質的には転嫁であることから、訴訟には耐えられないという説明を行った。

○土地所有者に代わって市が解体工事を行って、土地所有者の利益になることに税を用いることは、市民の理解を得られない。

・せめて、半分程度は土地所有者に負担させるべき。
・建物の倒壊等があった場合の土地所有者の責任を明確にし、土地所有者が責務を果たさないのであれば、市も手を引くべき。
・土地所有者は、購入時に建物及びその居住者の存在を知っていた上で低価格で購入したのだから、その時点で借地権があることを承知しているのではないか。（借地権と相殺で低価格の取引をしたのではないか。）
・「地代不払い＝借地権なし」との判断は早計ではないか。
・使用貸借契約であっても借地権が発生するのではないか。
・以上により、代執行については再検討すること。

というものであった。

これに対しては、

・土地所有者に費用や責任を転嫁できる法的根拠はなく、できない。
・逆に、特定空家等に認定しているため、これを放置し損害が発生したときには、市が公権力の行使の不作為の責任を問われ、損害賠償請求の対象となる可能性がある。
・土地所有者は、この土地を購入したことでどちらかといえば損をしている、土地そのものも無価値といっていいものである、契約書を見たが相当雑な契約であり、おそらく内容をきちんと理解してのものではない。
・契約は当事者同士の合意により成立するため、借地代の授受がなく契約書にも、借地権をクリアにすることが謳ってある以上、第三者である市が借地権の存在を主張することはできない。引渡し時にも建物があったことから黙示的に使用貸借契約が結ばれたものと考えることは可能であるが、その場合使用借権が発生しているので、使用借権であれば、目的に沿った使用を終えた時点で消滅する（民法第597条第2項）ため、当該案件では、家屋が今後居住の用を成さない空き家となった時点で使用借権も消滅している。
このような説明をして納得をしてもらった。

○空家法上は、土地所有者に対しても除去命令を行うことができるのではないか、代執行法の「義務者」として費用の求償の対象となるのではないか。
これに対しては、やはり同じような説明を行い、解釈にしても、法で「正当な理由がなくてその勧告に従わなかった場合」に命令ができるとされているが、ここでいう「正当な理由」とは、ガイドライン上で「例えば所有者等が有する権原を超えた措置を内容とする勧告をなされた場合」とあることから、土地所有者は除却権原等を有しないため、勧告までは可能だが命令はできない、ということを説明して納得してもらった。

(7) 略式代執行に向けた空家法に基づく手続き

平成29年11月に土地所有者に対して空家特措法に基づく指導を行い、12月には、市の空き家特措法施行細則に基づく「勧告に係り事前に意見を述べる機会を与える旨の通知」を行い、続けて、勧告（措置期限は、平成30年1月23日）を行った。この時点で土地所有者から権原がないため措置を行えない旨の意見書を受領した。

以上の土地所有者に対する手続きについては、空家法上定められてしまっており、ガイドラインでも権原のない土地所有者に対しても行うこととされているため、やむなく行ったもので、ガイドライン上の形式を整えるためだけに実施したものである。土地所有者の意向はかねてから聞いていたことから、土地所有者のところに事前に赴いて、略式代執行を行うこと、それに先立って指導書や勧告書を送ることとその内容、勧告後は固定資産税が上がることなどを説明している。

手続きとしては、平成30年2月に空家法第14条第10項に基づく公告（措置期限は3月2日）をしてから、3月に略式代執行を実施した。公告は、官報への掲載を原則とするとされているが、官報には載るまでに時間がかかるということで掲載は見送った。市の規則に基づく庁舎掲示板での公示と、ホームページへの掲載、それから空き家に公告の写しを貼り付けている（P189「措置の経緯」参照）。

事例を基にした公告文のサンプル

川口市告示第○○号

　空家等対策の推進に関する特別措置法（平成26年法律第127号。以下「法」という。）第2条第2項に規定する特定空家等であると認められる次の建築物について、その所有者等を確知できないため、同法第14条第10項後段の規定により次のとおり公告する。

　令和○年○月○日

川口市長　○○　○○

1　建築物の所在等

　住所　埼玉県川口市○○　○○番地の○○

　構造　木造2階建（現況）

2　所有者等に命じようとする必要な措置の内容

　1の建築物について解体、除却を行うこと。

3　2の措置を行うべき理由

　　建築物が大きく傾斜し倒壊の危険性があること及び屋根及び壁の剥落等があることから、地域住民の生活環境に影響を及ぼしており、法第2条第2項の「そのまま放置すれば倒壊等著しく保安上危険となるおそれのある状態」に該当して著しく公益性を損なう状態であると認められるため。

4　措置の期限

　　令和○年○月○日

　　上記期限までに2の措置が行われない場合は、川口市長またはその命じた者若しくは委任した者が当該措置を行う。その場合、当該措置に要した費用を所有者等から徴収する。

5　問い合わせ先

　川口市都市計画部住宅政策課　電話○○○－○○○－○○○○

⑻ 実施に当たって

① 解体事業者の選定

解体は委託契約で行っている。工事請負としなかった理由としては、公共施設の場合であれば建設時の設計図面があるが、空き家の場合は図面がないことから、解体設計が難しいことと、廃材や動産の処理もまとめて行ってもらいたいからである。

指名企業は、廃棄物処理業務で登録してある企業から選定し、解体工事を含むため、建設業法の「とび土工」許可企業の中から選定している。

指名競争入札で、4社指名した。現場説明会を行い、空家法に基づいた略式代執行であること、法定の手続きが必要となることから工程については充分な打ち合わせが必要であること、当日はマスコミが来る可能性があること、所有者が見つかっていない略式代執行であるから妨害行為の可能性はないことを説明したあと、空き家の状態の説明をしている。また、業務内容として、動産は基本的には廃棄物として処理してもらうが、有価物があった場合には市の指定する場所に運ぶ必要があること、判断は職員が行うこと、解体工事については、基礎や地中埋設管等は残してよいこと、樹木は伐採するが伐根は不要なことなどを説明した。

事例を基にしたサンプル

特記仕様書

委 託 名　空き家解体除却業務委託
場　　所　川口市大字○○字○○　○○○○番地の○○
対象建物　木造瓦葺平屋建（登記）　木造瓦葺2階建（現地）
　　　　　昭和○○年○月○日建築
　　　　　延床面積　○○.○○㎡
　　　　　(登記上は平屋建。現状は増築の跡が見られ2階建となっている。そのため○○㎡程度はあると思われる。)

〈備考〉
　敷地面積　○○.○○㎡
　前面道路　幅員○メートル（建築基準法第42条第1項第1号道路）

第1章　総則

第1条（適用）
　本特記仕様書は、川口市（以下「甲」という。）が実施する「空き家解体除却業務委託」（以下「本業務」という）に適用する。

第2条（業務の目的）
　本業務は、空家等対策の推進に関する特別措置法第14条第10項の規定に基づき、同法第2条第2項の規定により特定空家と認められる対象建物に対し、周辺の生活環境の保全を図るために必要な措置をとることを目的とする。

第3条（関係法令等の遵守）
　受託者（以下「乙」という。）は、本業務を実施するにあたっては、関係法令等を遵守すること。また、乙は、本業務に伴う道路占用許可、環境（騒音、振動、ほこり等）対策に係る諸申請関係法令に照らし必要と思われる手続きを行い、本業務を遅滞なく完了させること。

第4条（報告の義務）
　本業務実施期間中、乙は、甲に進捗状況を随時報告し、必要に応じて甲に報告書を提出するものとする。

第5条（損害賠償）
　乙は、本業務実施中に第三者より受け又は与えた損害については、乙の責任において処理し、これらにかかる費用はすべて乙が負担するものとする。また、乙の過失により近隣に損害が生じた場合は、乙の責任において現状復旧を行うこと。

第6条（疑義）
　本仕様書に定めのない事項及び疑義を生じた場合は、甲乙両者協議のうえ定めるものとする。
第7条（秘密の保持）
　乙は、本業務遂行中に知り得た事項及び内容全般について、甲の許可なく他に漏らしてはならない。
第8条（完了）
　乙は、業務完了届を提出し完了検査を受けるものとし、修正の指示があった場合は速やかに修正を行い、再検査の合格をもって完了とする。
第9条（かし等）
　乙は、本業務完了後において、乙のかし等に起因する不良な箇所が発見された場合は、速やかに甲の必要と認める修正その他必要な作業を乙の負担において行うものとする。
第10条（その他）
　契約、納品検査、契約金の支払い方法等については、甲の内規に従うものとする。

第2章　業務内容

第11条（動産の保管等）
　乙は、対象建物内の動産のうち、位牌、アルバム、書類等の個人にとって価値があると思われるもの及び貴重品については、これを保管場所へ運搬すること。その他の動産は撤去し、発生した廃棄物は適切に処理すること。
　ア　保管する動産等は、監督員の指示によるものとする。
　イ　保管場所は、川口市所有の倉庫（川口市○○　○丁目○－○）とする。
第12条（対象建物の除却等）
　乙は、対象建物を解体し、発生した廃棄物は適切に処理すること。
　ア　対象建物の基礎部分は、本業務の範囲外とする。
　イ　便槽は、消毒の上、敷地内の土で埋めること。
第13条（樹木その他の業務範囲）
　対象建物以外の本業務の範囲については、次によるものとする。
　ア　敷地内にある樹木は、地盤面から数センチの範囲内で監督員の指示による位置で伐採（伐根を除く。）し、適切に処理すること。
　イ　隣地境界に築造された塀は、本業務の範囲外とする。
　ウ　地中埋設管（給水、排水、ガス等）及び給水メーターボックス等は、本業務の範囲外とする。
第14条（工事写真）

乙は、本業務の着手前、各工程における作業状況、解体材の分別状況、完了時について、「川口市建築工事写真作成要領」に基づき、監督員の指示により撮影する。

第15条（現況図の作成）

乙は、本業務の着手前に対象建物の現況平面図を作成し、監督員に提出すること。

第16条（建築物除却届けの提出）

乙は、本業務の着手に先立ち、建築基準法第15条第1項の規定による「建築物除却届」を作成し、監督員に提出すること。

第17条（廃棄物の処理）

乙は、「廃棄物の処理及び清掃に関する法律（廃棄物処理法）」等を遵守し、マニフェストシステム等により適正に処理すること。

第18条（環境・安全対策）

乙は、本業務の着手前に付近の状況を調査し、環境保全ならびに安全対策に配慮し、本業務を行うこと。また、本業務の施工にあたり、騒音、振動、ほこりの発生、土壌汚染、排水汚染などがないよう、万全の対策を講じること。

第19条（保険等）

乙は、本業務の内容に応じた建設工事保険等（種類:賠償責任）を加入し、保険証書の写しを監督員に提出すること。

第20条（交通整理員の配置）

乙は、本業務の期間中、車両が出入りする時期には交通整理員を配し、通行車両、通行者の安全を確保すること。

第21条（仮囲い等）

本業務の施工にあたり、対象建物を養生シートで囲い、近隣に害を与えないようにする等、監督員と協議の上、的確に対応すること。

第22条（使用機械）

使用機械は、原則として、排出ガス対策型、低騒音型、低振動型を使用すること。

第23条（場内管理）

解体等により発生した廃棄物は、敷地内で焼却又は埋め立ててはならない。また、粉じん飛散等により周辺環境に影響を及ぼさないよう適宜散水や粉塵発生源を覆う等、環境対策に万全を期すること。

第24条（近隣に対する周知）

本業務の着手に先立ち「工事のお知らせ」等を配布し、周知すること。

解体事業者の指名に当たっては、市に登録している解体事業者は公共施設が対象となることから比較的大きなRC等の解体を得意としているところが多く、小さな木造住宅の解体をやってくれるのかどうかがわからず、また、解体工事の仕様についても係内にはそのような経験のない事務職の職員しかいないために苦労した。当時の課長が建築職であり仕様書の内容や指名について気を付けること、各事業者についての情報を知っていたために何とかなったが、工事の発注の経験がない職員しかいない場合には、工事に詳しい他部署に助けを求める必要もあるかと思う。

このあたりは、他の自治体でも同様のようであり、川口市で略式代執行を行った後、代執行を行おうとする自治体から、仕様書に関する問い合わせを何件か受けている。

② 費　用

この年度は、特に案件を想定せず「念のため」代執行費用として200万円の予算を取ってあったため費用はこれを充てている。

解体費用は129万6,000円だったが、ちょうどいいタイミングで11月に国から空き家再生等推進事業の補助金の補正予算の要望の照会があったためこれを利用し、5分の2にあたる51万8,000円補助をもらっている。

補助金をもらうには「住宅地区改良法」の不良住宅である必要があるため、会計検査に備えて、その判定を行い、老朽箇所の写真撮影をしている。

③ 代執行責任者

代執行責任者については、略式代執行では法律上は置く必要はない。ただ、やはり法律に準じた形で行いたかったことから、任意の代執行計画書というものを作って、その中で責任者を定めている。

略式代執行計画書

場　　　所　　川口市大字○○字○○○○○番地の○○
建物所有者　　（除却義務者）　○○○○○
建築物概要　　木造瓦葺平屋建（登記）　木造瓦葺2階建（現地）
昭和○○年○月○日建築
延床面積　○○.○○㎡（登記）（登記上は平屋建。現状は増築の跡が見られ2階建となっている。そのため○○㎡程度はあると思われる。）

〈趣旨〉

当該建築物は老朽化が著しく、1階の傾きが1／20を超えており、応急危険度判定の基準に照らしても危険と判断されている。また、1階前面の窓もなく室内が大きく開放されているほか、外壁（板張り）の剥離もあちこちに見られ、隣地に落ちている状況である。建物所有者は行方不明である。土地所有者には、現状、建物除却の権原はなく、また、義務もない。

以上の事情により、このまま当該建築物を放置すれば倒壊の危険があり、他の手段による解決も見込めないことから、空家等対策の推進に関する特別措置法第14条第10項に基づき代執行（いわゆる略式代執行）により除却するものである。

〈経過〉

建物所有者は、平成13年○月○日に競売により土地とともに当該建物を所有した。平成19年○月頃土地を現土地所有者に売却し、同時期から行方不明となっている。住民票、戸籍等から行方を追い、親族にも連絡を取ったが居所は判明しなかった。

平成28年3月24日に特定空家等に認定をした。

平成29年10月3日に川口市空家等対策会議を招集し略式代執行の方針について検討を行った。

平成29年11月29日に土地所有者に対し空家特措法に基づく指導を行った。

平成29年12月18日に土地所有者に対し川口市空家等対策の推進に関する特別措置法施行細則に基づき、勧告に係り事前に意見を述べる機会を与える旨、通知を行ったが意見書は提出されなかった。（不在にしていたとのことである。）

平成29年12月27日に土地所有者に対し空家特措法に基づく勧告を行った。

平成30年1月23日を措置期限としたが、12月28日に土地所有者から権原がないため措置を行えない旨の意見書を受け取った。

平成30年2月8日に空家法第14条第10項の措置（略式代執行）の実施について市長決裁。

平成30年2月15日に空家法第14条第10項後段に基づく公告について副市長決裁。

平成30年2月16日に空家特措法に基づく公告を行い、3月2日を措置期限としたが、措置が行われなかった。そのため空家法第14条第10項に基づく略式代執行を行うものである。

〈執行理由〉

・建物の老朽化が著しく倒壊の危険性が高いこと。
・建物に財産的価値がないと判断できること。
・建物所有者が行方不明であり、また、当該土地は売却できる見込みがないことから土地所有者に法的措置をとってまで除却を進める意図がなく、他の手段による除却が見込めないこと。
・建物所有者が行方不明であり、命令の名宛人がいないこと。

〈執行計画〉

執行時期　平成30年3月13日（火）から平成30年3月30日（金）まで
（日曜日は作業を行わない。）
（実作業期間は3月13日から3月20日までの7日間）

日　　程　公告（2月16日）　→　代執行実施（3月13日から）

執行体制

・執行責任者　　川口市都市計画部長
代理（○○次長、○○課長補佐、○○主任、○○主任、○○主事補）
※行政代執行法の適用がないため、責任者証はない。
・執行事務局　　住宅政策課
・スケジュール、役割分担　　別紙

〈契約関係〉

予算措置

・8款（土木費）5項（住宅費）13節（委託料）制執行業務委料　2,160,000円

契約方法

・指名競争入札（4社指名）

設計の方法

・解体特記仕様書による（解体設計は行わない）

委託事業者　有限会社○○○○○

執行範囲

・建物及びその敷地内の残置物の撤去、処分

・建物の解体撤去、処分（基礎部分を除く）

・敷地内の樹木等の伐採（伐根を除く）

動産の扱い

原則として有価物はないものとして廃棄する（解体の委託契約内）。

位牌等があった場合には、親族（相続放棄済）に引取りを打診する。

交通整理

前面道路通行止め（前面道路の交差点から交差点の区間のみ）

〈事前説明等〉

マスコミ対策　3月9日　投げ込み

町　会　長　○○会長○○○○○さんに3月2日説明済

近　隣　対　策　3月6日　解体業者により挨拶済

警察（道路）　解体事業者により届出済

土　地　所　有　者　3月8日　連絡済

〈備考〉

土　地　面　積　○○.○○㎡

土地所有者　川口市○○○○○

有限会社○○○　代表○○○○○

根抵当権者　東京都○○○○○○○○○○

（仮登記）　株式会社○○○○○

限度額　金500万円

前面道路　建築基準法第42条第1項第1号道路（4m）

この経験を踏まえて、翌年には空家法の施行細則（市規則）の改正をして、略式代執行の際に責任者を定めることと、責任者証を携帯することを規定している（P226「③　代執行責任者」参照）。

④　動　産

この空き家では、元の居住者は建物所有者とも土地所有者とも異なっており、亡くなったあとも動産が残っていた。兄弟は複数いたが、相続

放棄がされていた。

動産は長年風雨にさらされる形で放置されていたことと、居住者はこの土地と建物を競売で手放していたことから、有価物はないものと判断し、動産は廃棄物として扱っている。居住者の兄弟にも連絡をしたが、位牌や親族の思い出として取っておきたいものはないとのことであった。また、お金になるようなものはないので廃棄してかまわないとのことでもあった（亡くなった際に家の中は見たそうである。）。

動産の扱いについては悩むところも多いが、解体をしなければならないほど老朽化した空き家に残された動産の扱いとしては現実的なところではないかと思う。

(9) 各種関係部署への説明等

所有者のいる代執行であれば、妨害も考えられるため執行日の情報に気を使う必要があるかと思うが、今回は略式代執行であったため本来はそれほど情報管理に気を使う必要はなかったのかもしれない。しかし、それでもやはり初の代執行ということもあり、慎重を期して外部への説明はなるべく少なくした。

① 議員説明

空家等対策協議会（法定協議会）の委員である議員等の必要最小限の議員にのみ説明を行った。ここでは特に反対もなくどちらかといえば好意的にとらえていただいたように思う。

② 自治会長

代執行の10日程度前に、工事に当たっての協力要請書を手渡して説明を行い、また、警察に通行止めの許可をもらううえで自治会長の同意が必要なために解体業者が伺う旨の説明を行った。空き家や工事に対して特に要望というものもなく、協力的であった。

協力要請書のサンプル

平成○○年○月○日

○○町会長　○○○○　様

川口市長　　○○○○

特定空家等の解体工事について（協力要請）

平素から川口市政に対し、格別のご支援、ご協力をいただき誠にありがとうございます。

さて、かねてより貴町会の皆様方におかれましても憂慮されておりました○○　○○番地○の老朽化した空き家は、建築物の所有者が行方不明であり、平成○○年○月○日に同年○月○日を措置期限とする公告を行ったところ措置がなされませんでした。このため○月○日から空家等対策の推進に関する特別措置法に基づき所有者に代わって川口市が解体することになりました。

工事期間中は、町会の皆様にご迷惑をおかけしますが、この老朽化した空き家をできるだけ早く解体、撤去するためにご協力よろしくお願いいたします。なお、町会長様には、ご多忙のところ誠に恐縮ですが、町会の方々にもこの内容をお知らせいただくようよろしくお願いいたします。

なお、工事は下記により実施いたします。

記

1　工事期間　平成○○年○月○日から○日まで（状況により延長されることがあります。）原則として、日曜日の作業は行いません

2　作業時間

原則として午前8時30分から午後5時まで行います。ただし、作業状況によって変更することがあります。

3　交通安全

工事車両の運行については、警備員を配置し、誘導します。

4　解体物の飛来落下の防止

現場はシートで囲み、飛来落下に注意し、災害防止に努めます。

5　騒音、振動、塵埃の防止

工事中に発生する騒音、振動、塵埃の発生抑制に努めます。

6　工事に伴う問題の処理

工事期間中は、工事責任者を常駐させ、責任者不在の場合は代理者を置き、問題が生じた場合には、速やかに対処いたします。

7　工事に関する連絡先

川口市住宅政策課　電話○○○－○○○－○○○○

③ 警　察

自治会長の承諾書を添え、解体事業者から道路通行止めの届出を出した。

通常の行政代執行と異なり所有者が存在しないことから、妨害行為の可能性はなかったので、警察に助力は求めていない。

④ 通学路

前面道路を通行止めにしてしまうため通学路であるかどうかの確認をしたが、通学路ではなかったため特段の措置は行っていない。通学路であれば、教育部局や学校に連絡が必要であった。

⑤ インフラ

電気は既に線がつながれておらず、プロパンガスも撤去されていた。水道は生きており、解体工事の際に利用するため、解体事業者から水道局に利用の申請をしている。

⑥ 近隣への挨拶

解体事業者から近隣へ挨拶を行った。

⑦ マスコミ対応と反響

この略式代執行は、空き家を全部解体したものとして、埼玉県内では1例目であり、また略式代執行としても1例目であった。そのため、マスコミの注目が高くなることが考えられたが、市としても初の代執行であり、代執行業務の進行に注力したうえでどこまで対応できるかわからず、また、現地が道路の狭い住宅密集地であることから近隣への配慮も必要であった。そのため、マスコミへの投げ込みは行ったものの、大々的にアピールをするものとはしなかった。当日は1社のみの取材となったが、その記事は大きく載せていただいたので、結果としてちょうどいい程度の報道となったと考えている。

投げ込み資料

みんなでつくる川口の元気

川口市　　**Press Release**

平成３０年３月９日
川口市住宅政策課

空き家の略式代執行の実施について

空家等対策の推進に関する特別措置法第１４条第１０項の規定に基づき、同法に規定する特定空家等に対して略式代執行による解体、除却を実施することとなりましたので連絡します。

記

１　日　時　　３月１３日（火）９：００～　１０日間程度（予定）
※雨天の場合等には、延期されることがあります。

２　場　所　　川口市大字○○　○○番地の○○

３　内　容　　空家等対策の推進に関する特別措置法第２条第２項の「特定空家等」に認定済みの老朽空家（所有者は行方不明）に対して同法第１４条第１０項の規定に基づく略式代執行による解体、除却の工事を行うもの。

４　建物概要　木造２階建の専用住宅

５　その他　　現場は住宅街にあり、前面道路は４ｍです。駐車場、駐車スペースは付近にありません。

問い合わせ
川口市住宅政策課
課長：○○○○　係長：○○○○
電話（代表）○○○-○○○-○○○○
　　（直通）○○○-○○○-○○○○

⑽ 代執行当日

初日、現場に行った市の職員は、部長、課長、空家対策係4人である。

あとの日程では、空家対策係が交代で1名だけ現場に行き、写真撮影、動画撮影、記録簿への記載、現場対応を行っている。

代執行宣言文を読んでいるところで、読み上げているのは、都市計画部長である。代執行宣言は、法定の手続きではないが、代執行期間中はその場を占有するという意思表示を示すために行うものである。根拠としては民法第180条「占有権は、自己のためにする意思をもって物を所持することによって取得する」を形式化したものと考えられる。

このあと、マスコミの取材を受け、ある程度のところで部長と課長は帰庁している。また、この時点では県の担当職員も視察にきている。

動産を搬出しているところである。衣類、布団、家電製品、家財道具や畳など、量は相当あった。建物が傾いていたため危険と判断して調査段階では内部に入っていなかったが、解体業者は、入っても大丈夫だと判断したようである。

居住者は、土地建物を競売にかけられて失っており、また、相続放棄した親族も居住者が亡くなった際には室内を見たということなので、換金できるようなものはないと踏んでいた。結果として有価物と言えるようなものは何も出てこなかったのでほっとした。初日は動産の搬出までで終わった。

▶2日目

足場設置

ベランダの撤去と足場の設置を行った。

▶3日目

瓦落とし

防護シートによる養生と、瓦を落とし、屋根部分の解体を行った。

養生が終わり、瓦を車のコンテナに投げ入れている。コンテナも防護シートで囲っている。

▶４日目

解体

木材

金属

足場の撤去

この解体工事では敷地内まで重機が入れるため、解体はスムーズに進んだ。廃材は、木材、金属、その他ときちんと分別が行われていた。

▶５日目

基礎

更地

基礎の解体、残った廃材の処分と整地作業を行っている。

うわ物だけ解体すれば危険の排除はできることと、土地所有者には必要以上に整備された状態で渡す必要もないことから基礎の解体は不要、汲み取り式トイレは現地の土で埋め戻しということで発注していたが、重機が乗って基礎が壊れたこと、それから更地にしないと気持ち悪いということなのか、解体業者がサービスということで更地にした。

後日完了検査を行い、引き続き代執行終了宣言を行った。終了宣言は住宅政策課長が行っている。なお、終了宣言も開始のときと同様法定ではないが、やはり民法第203条「占有権は、占有者が占有の意思を放棄」する「ことによって消滅する。」を根拠として行われているものと考えられる。

⑾ 費用回収

費用については、引き続き定期的に所有者の行方を追い、判明したら請求をする予定である。ただ負債を抱えて失踪した高齢者がまとまったお金を持って現れるということは期待できない。実際には回収は絶望的であろう。

⑿ 後日談

後日談として、やはりというか、今度は空き地に雑草が茂っているという苦情が入った。川口市では、空き地に関しては別の部署が所管しているため、担当部署に伝え、土地所有者に連絡をして解決をしたようであるが、代執行では、跡地の空き地問題は残ってしまうことを実感した。

⒀ 苦労した点

略式代執行についてどう進めるか勉強するにあたり、参考書籍がほとんどなかった。

通常の代執行については参考図書もあるが、略式代執行の手続きとして不要なものが多く、どの手続きが必要で、どの手続きは省略してよいかを取捨選択するのに苦労した。

COLUMN

借地権の買取り

土地と建物の所有が異なる空き家で建物所有者と話をすると、大抵の場合お金がないから措置も解体もできないと言われる。確かに老朽化した建物では価値がなく、土地もないことから売却して解体費を捻出することもできない。ただ、本来は借地権があるはずであり、借地契約が生きているのなら借地権の買取りを土地所有者に要求できたはずである。そのことを知らない建物所有者が結構多くいて、行政が首を突っ込みすぎではないかとも思うが、「土地所有者に借地権を買い取ってもらってそのお金で解体をするなどのことを考えてみてはどうですか。」という話をして弁護士相談を進めることもある。これを知らないまま家屋を出ていき、または追い出された場合で賃借料を支払わずに借地権が解除されていれば、買取の要求が出来なくなる。土地所有者にしても同様にこのことをあまり知らないことが多く、そのため建物所有者を追い出したあとで建物をどうしようかとなって、なんとかしてくれ、と行政にくるわけである。

老朽化した空き家ならば土地所有者に解体権原または義務を持たせてもいいのではないだろうか。損はしないし、どちらも助かる例も多いと思うのだが。

そもそも論で言えば、土地と建物を別の不動産と扱って所有権を設定している国は稀である。諸外国のように、土地と建物の所有を別にせずに建物は土地の付随物とすることがよいとは思うのだが、長きに渡ってこの制度で来てしまったのを今更諸外国に倣うということは相当に困難であろう。今、空き家問題においてはそのツケを払っているところであるし、せめて代替となる対応策が講ぜられることがなければ、今後も払い続けることになるのだろう。

略式代執行による除却事例⑵

これは平成30年度に実施した略式代執行である。

案件の概要

◆物件の概要

昭和28年頃に建ったらしい65年ほど経つ建物である。床面積は、登記がはっきりしないため定かではないが、外観からは30㎡程度である。

建物は3分の2程度が市道上に建っている。もともとこの路線の家屋は戦後すぐに立ち並んだらしく、数棟の家屋がこの空き家と同じ位置まで路上に出ていたが、官民境界がはっきりしたあと、建替えのたびに正しい位置まで後退しており、この空き家は取り残された形になってしまったものである。写真のようにツタに覆われており老朽化も著しいが、代執行の10年位前までは借家人が居住していた。

◆位置図

＝空き家

◆**措置の経緯**

平成25年度	10月	「川口市空き家等の適正管理に関する条例」全面施行
	10月	老朽家屋として近隣から相談あり
平成27年度	5月	「空家等対策の推進に関する特別措置法」全面施行
	8月	土地所有者、近隣居住者、元居住者の子から事情聴取
平成29年度	5月	建物関係者と思われる者から事情聴取
	10月6日	特定空家等に認定
平成30年度	7月27日	「川口市空家等対策会議」において、代執行を進める方針が決定
	11月 1 日	土地所有者に、空家法に基づく「指導」を行う。
	11月10日	土地所有者に、勧告前に意見を述べる機会を付与する旨の通知をする。
	同日	土地所有者から、権限がないため予定される勧告の内容の措置を行うことができない旨の意見書を受け取る。
	11月16日	土地所有者に、空家法に基づき「勧告」を行う。
	12月18日	空家法に基づく「公告」(期限1月7日)(市の掲示板・現地への掲示、市HPへの記載)
	2月18日	略式代執行開始宣言
	2月25日	略式代執行終了宣言

この空き家は、平成25年度には通報を受けていた。通報の内容としては、台風の時などにトタン屋根が飛びそうである、という内容であった。また、建物そのものの状態もさることながら、建物の3分の2程度が道路用地上にあり歩道を完全に塞いでいたため、歩行者が空き家を避けて交通量の多い幹線道路の車道に出なければ通行できない危険があったことから、地域ではかねてから問題になっていたようである。

所有者調査を行ったところ、登記簿上は同一地番に複数の家屋があり、固定資産税情報でも所有者がはっきりとはしなかった。

通報を受けたあとは、歩道を塞ぐ形になっていることから道路整備部門で道路整備の一環として解体をすることも検討していたが、所有者の同意が得られない場合には解体が難しいということであったため、空き家対策部門で引き続き所有者調査を続けていたものである。古い住宅地図等から以前の居住者を特定してその子どもと連絡はとれたものの、借家であるということであった。所有者調査の結果は次のとおりである。代執行の直前まで調査を継続していた。

(1)　所有者

所有関係は、次の通りである。

●土地所有者

建物の建っている土地の3分の2程度は道路用地のため、空き家の主な土地所有者は川口市である。道路部分以外の土地所有者は5、60代の兄弟である。前所有者である父親が代執行の1年ほど前に亡くなり相続している。通報当時にはその父親はまだ存命であったため建物や居住者に関してある程度の話を聞けているが、建物が建築されたのはさらに前の代であることからそれもまた伝聞である。もともとは広い1筆の土地であり、そこに5棟ほどの建物が建っていたが、前所有者の代に土地のほとんどの部分を売却し、この空き家の土地だけは残地計算で24㎡ほど（実測はおそらく21㎡ほど）売却できずに残っていたようである。

●建物所有者

建物所有者については不明である。もともとは広い1筆の土地に5棟ほどの建物が建っており、その後建替えもあったことから、どの登記がどの建物のものかが判然とせず、建物の方が登記されたものより多く数が合わなかった。面積や構造などがこの建物と合致する登記についても見当たらなかった。前土地所有者、近隣住民、元居住者の家族への聞き込みを行ったが、建物所有者として挙がった名前が複数あり、登記情報や戸籍情報、水栓情報等も含めた様々な情報の整合性が取れなかった。

いずれにしても空き家の当事者として直接事情を知っている者が全員亡くなっており、所有者について明確な証拠となる情報が得られなかったものである。

〈証言まとめ〉

前土地所有者（道路以外部分）：建物は、Ａさんが兄弟のＢさん（女性）のために建てたらしい。地代は貰っていない。

元居住者の子：父（元居住者）は、Ａさんの奥さんに借家代を払っていたようである。後年はその息子が引き継いだようである。

居住者と親交があった近隣居住者の方：名前は知らないが赤羽（東京都北区）に住んでいた近隣女性に居住者は賃料を払っていたらしい。

Ａさんの子供：現地に行ったこともなく、建物の存在も知らなかった。

固定資産税課：古い台帳しかないが、2軒長屋でありそれぞれＡさん、Ｂさんに課税していた。台帳には建物の地図（位置図）はない。

水道局：水栓の権利者は元居住者である。

Ａさんは過去に空き家の裏の借地（空き家と筆は同一）に家を建てて居住していた人物である。Ａさんの名前が証言には多く出てくるが、Ａさんの奥さんには赤羽に住んでいた経歴はなかった。また、ＢさんがＡさんの兄弟という証言については、戸籍上Ａさんの親族としてＢさんはおらず、結局Ｂさんが何者であるか名前以外の情報は出てこなかった。

Ａさんの子にも聞き取りをしたが、建物の存在すら知らなかったということであり、Ａさんの奥さん（自分の母親）と同居していた自分の兄弟も亡くなっており確認のしようがないとのことである。

固定資産税の台帳には地図はなく、また、2階建てということなので現況の建物と一致しないことから、果たして間違いなくこの物件の台帳であるかわからない。

また、水道の加入者が居住者であることから居住者がどこかの時点で建物を譲り受けた可能性も捨てきれない。

以上から、この空き家の家屋については、登記の有無の特定と所有者の特定は困難であるとの結論になった。

⑵ 特定空家等に認定

この案件は、平成29年10月に、同年に立ち上げた空家等対策会議に諮り特定空家等に認定している。この段階で、略式代執行も視野に入れていた。

対策会議で出た話としては、「所有者はわからないのか」、「税部門でも所有者はわからないのか」といった話のほか、この路線の道路整備をしている担当課長からは「代執行を視野に入れているのであれば道路整備の予算取りがあるのでスケジュールを出してほしい」といったものであり、認定については了承された。

⑶ 道路整備後の残地についての検討

この案件では、市の土地を除いた部分の土地のことも考える必要があった。歩道整備後は、前面道路からは1.2メートル低く、隣地からは90センチ高い、幅7メートル、奥行き3メートルの全く使えない土地ができてしまう。空き家対策という観点からは本来は気にする必要がないのだが、やはり市の行政全体から考えれば、不法投棄の場となっては困るし、今後に憂いを残したくないということもある。そのため、土地所有者と隣地所有者を結びつける方針で進めた。

① 土地所有者に対するアプローチ

前土地所有者とは以前に連絡がとれていたものの、平成30年1月に亡くなっていたことが判明した。相続人である子ども（現土地所有者）は市内に住んでいたものの、通知を何度か送ったところで反応がない状況であり、家に訪問もしたがなかなか会えずにいた。結局は夜間に訪問してようやく会えたものである。そこで、前回の代執行と同様の説明を行うと共に、売却の意向について確認したところ、ぜひ売りたいという話になった。

また、歩道整備の際に擁壁を入れるために土地を掘削する必要があることからも、改めて休日に道路整備担当と一緒に伺い、その承諾ももらったものである。

② 隣地所有者に対するアプローチ

隣地所有者には、12月に入ってからアプローチを行っている。道路整備担当課も同行して、空き家部門から、空き家を代執行により除却すること、跡地については土地所有者が売却の意向であることを説明したのち、道路整備担当課からは、除却後の歩道整備とそれに伴う擁壁設置の際の敷地の掘削について説明を行っている。

また、その際には土地所有者の連絡先を伝えるとともに、隣地所有者の連絡先を土地所有者に伝える了承ももらった。あとは、お互いに連絡を取り合っての売買交渉をお願いしている。

(4) 土地所有者の費用負担

この代執行では、上記の残地を隣地に売却できないかということで検討を進めていたものの、前回の代執行で土地所有者に費用を負担させることは困難である、との結論が出ていたことから、土地所有者の費用負担に関してこのあとの空家等対策会議、決裁を含めて議論とはならなかった。また、加えて土地の過半は市所有地であること、残地については、単独では全く利用価値が見込めないことも議論とならなかった理由である。

(5) 略式代執行に向けた検討

① 略式代執行を行うに当たって

道路整備部門で解体除却を行うべきなのではないかということもしばらく検討していたが、最終的には道路部門では空き家を道路部分のみ切り取ってしか解体できないのではないかということもあり、トータルで考えて空き家対策として略式代執行を行うのが部署単位ではなく市として考えた場合ベストであろうと判断した。

② 空家等対策会議

空家等対策会議を平成30年7月に開催し、略式代執行により解体を行うことについて協議した。質問としては、

「家屋は、前面道路と同じ地盤面に建っているのか。」

「解体後は、引き続き道路整備部門で歩道整備に入るのか。」

「放置すれば倒壊の危険性がある建物なのか。」

「固定資産税台帳にある所有者の追跡調査はしたのか。」

「土地を分筆したのは誰か。」

「借家人に契約書類は残っていないのか。」

といったものであったが、特に反対はなく、略式代執行を行うことで了承された。

③ 決裁について

市長までの決裁については、ほとんど滞りなく進み、質問としては残った土地をどうするのか、道路整備のスケジュールは、といったものであった。代執行を実施するか否かについてはもちろん慎重な検討が必要ではあるが、前回は慎重なあまり代執行の手続きがなかなか進まずやきもきした経緯があったが、一度実績があればそのハードルは下がってくるものだと感じた。

(6) 略式代執行に向けた空家法に基づく手続き

手続きとしては、平成30年11月に法に基づく指導書を土地所有者に送った。続けて市規則に基づく「勧告に係り事前に意見を述べる機会を与える旨の通知」を行い、これに対し所有者から権限がないため措置を行えない旨の意見書を受領している。勧告も同月に行っている。

同年12月に空家法に基づく公告（措置期限は1月7日）をしてから、2月に略式代執行を実施した（P219「措置の経緯」参照）。

⑺ 実施に当たって

① 解体事業者の選定

解体事業者は、4社指名で、現場説明時の説明事項も解体に関する部分は前回とほとんど同じであるが、建物解体後は道路面より低い土地ができてしまうため、通行人の落下防止の措置が必要なこと、解体完了後は現場を道路整備担当課が契約した事業者に引き継ぐため契約が決まり次第打ち合わせをしてもらいたいことなどの説明も行っている。

建物の状態が状態であったため、指名企業からは水道が使用できるのかという質問があった(解体は、防塵のため建物に水を撒きながら行う。)が、その時点では不明であった。そのため、使用できない可能性があること、その際には近隣から借りるしかないがその費用は委託金額の範囲内で行ってもらいたい旨説明した。

② 費　用

前年度には代執行を視野に入れていたことから、当初予算で計上している。予算作成時にとった解体事業者の見積もりは、道路が崩れないように土留めをしてから大型の重機を搬入して…、といった大掛かりな工程であったため、300万円超という額であり、これで計上している。また、国の空き家等再生事業補助金の申請も当初からしている。

しかし、代執行の実施年度に入り前回の代執行を行った解体事業者から改めて見積もりを取ったところ、見積額が70万円台と大きく下がったために、そちらを参考にした設計額とした。話を聞くと、土留め等の措置をしなくても大丈夫なように解体できるノウハウを持っているとのことであった。解体事業者ごとに得意としている建物の規模があるようである。

また全面がツタに覆われ、入り口もわからないような状態だったので、動産の量がまったくわからず、契約時は70万2,000円とし、動産の量により設計変更で対応するようにした。代執行中に動産の量が確定し72万5,760円になっている。国庫からは5分の2にあたる29万円の補助を受けている。

③ 代執行責任者

代執行責任者については、前年に行った略式代執行の際に行政代執行法に基づく代執行に準じて代執行責任者を置きたいものの根拠がないことが判明していたため、すでにあった空き家法に関する手続きを定めた市の規則である「川口市空家等対策の推進に関する特別措置法施行細則」の改正を事前に行っており、当該規則中に略式代執行の際に責任者を定めることと、責任者証を携帯することを規定している。この代執行では規則に基づいて責任者を置いている。

代執行責任者はただの現場責任者と解釈しているので、代執行宣言文を読む部長、課長、係員全員を責任者として、全員分の責任者証を発行して、解体中は現場に誰か一人いればいいようにしている（P181「⑦代執行責任者」参照）。

④ 動産

この空き家では、元の居住者は別の場所に越してから亡くなっていたため、荷物の量はそれほど多くなかった。代執行を開始してから中に入ることができ、家具がいくつかあることを確認したが、どちらかといえば家具は屋根を支えるためだけにあるような状態であった。長年雨風にさらされていることもあり、有価物と考えられるものはなかったため、廃棄物として扱っている。居住者の子供とは事前に連絡がとれていたが、荷物は持って出ておりほとんど何もないはずで、何か残っていても廃棄してよいとのことであった。

(8) 各種関係部署への説明等

① 議員説明

空家等対策協議会の委員の議員等の必要最小限の議員にのみ説明を行った。

② 自治会長

説明をしに行ったが特になにか要望というものはなく、地域で問題となっていた空き家の解体ということで感謝をされた。また警察に片側交互通行とする許可をもらう関係上、後日、解体事業者から自治会長に同意をもらいにくる旨の説明を行った。

③ 警　察

自治会長の同意書を添え、解体事業者から片側交互通行道路通行止めの届出を出した。このときも代執行への妨害行為の可能性はないことから他に助力は求めていない。

④ バス会社

バス通りであり空き家のすぐそばに停留所もあったため、バス会社に片側交互通行になることと、工事日程を解体事業者から伝えている。

⑤ 通学路

担当課に確認したところ通学路ということではなかったため、特段の措置はしていない。

⑥ インフラ

抜柱後

電気については、引き込み柱が建物脇に立っていた。電力会社に確認したところ柱は電話会社のものであり、電線は間借りして通しているとのことであった。引き込み柱の立っている場所は市有地であるため、電力会社には電線の撤去、電話会社には抜柱をお願いしたが、何度お願いをしても「わかった」と言うばかりでなかなか工事がされず数か月待つこととなった。

ガス設備は、見当たらなかった。

水道はメーターボックスがどこにあるのか見つけることができず、検針員に現場立会いを求めて教えてもらった。解体工事では水を撒くため水道の利用が必要であるが、相当老朽化しており、水が出るかどうか不明であった。そのため、水が出なかった場合に借りられそうな外水栓があるか近隣に当たりをつけておいた。

水道の一時利用については、解体事業者が水道局に申請をしている。

⑦ 近隣への挨拶

解体事業者から近隣へ挨拶を行った。

⑧ マスコミ対応

川口市で2例目、県内の他市でも略式代執行による解体が行われていたということもあり、特にニュース性はないと判断してマスコミへの投げ込みは行っていない。

他の準備は、1例目とほとんど同じである。

(9) 代執行当日

初日は、部長、課長、空家対策係4人全員が、現場に行き、部長、課長は適当なところで帰庁している。

あとの日程では、空家対策係が交代で1名だけ現場に行き、写真撮影、動画撮影、記録簿への記載、現場対応を行っている。

開始前

開始前の写真だが、代執行の前にあった台風で屋根が崩れている。

宣言

代執行宣言文を読んでいるところで、読み上げているのは都市計画部長である。

このあとはある程度のところで、部長と課長は帰庁している。また、県の担当職員が視察に来ていた。

ツタに覆われ玄関がどこにあって、どこから入ってよいかも判らない状態であったが、解体事業者がツタを撤去して出入口を見つけてくれた。このあと動産を確認するために内部に入っている。

屋根はつっかえ棒や家具などで支えてあり、また、屋根そのものも園芸用のポールを横に渡して補強しているような状況であった。そのため、通常は、家具などを含めた動産を先に搬出するのだが、そうすると建物が崩れる可能性があるということで、動産の搬出は動かせるもののみとし、残りの動産は、建物の解体をしながら仕分けをしていくこととなった。

台風で崩れた部屋は、内部からも立ち入りはできない状況である。動産の量は多くない。

入口

内部1

内部2

足場の設置と防護シート張りである。建物が平屋で小さいため設置に時間はかかっていない。

足場設置

養生

動産の搬出

　初日に運び出せた動産は相当少なかった。

水栓の解認

　水栓に管を接続して開栓したものの、水は出なかった。そのため、あらかじめ見当をつけておいた隣地の外水栓を借りに行った。水道代金を解体事業者がいくらか負担することで借りることができた。

ツタの撤去

　作業員２人が手作業で引きはがしていった。ツタがなくなっていくとトタンの外壁が現れたが単に立てかけているようなものもある。おそらく穴が開いては新しいものを外に置いていたのであろう。正面にも入口か窓らしきものが現れた。

▶2日目

この建物は、外壁、屋根ともにトタン板が幾重にも重なっていた。雨漏りしたり隙間風が入ったりすると新しいトタン板を重ねていったのだろう。床も、畳の上にカーペットが幾重にも重なっていた。そのため、廃棄物としては、トタン類、カーペットの量が多かった。

解体作業1

解体作業2

解体作業3

落下防止策

この日の作業終了後には、足場に使っていた単管パイプと養生シートで通行人の転落防止措置を行っている。

▶3日目

解体をしていくとわかったが、空き家は一段下がったところというよりは、斜面に建っていた。昔は水路の法面であったという話も聞いていたため（このことが確認できる書類は見たことはないが）納得できる話である。

更地の状態

いずれにしても、通行人が落ちては危険であるため、道路整備部門と協議をして、解体後は速やかに道路整備部門の委託した工事業者に引き継いで、仮囲いをしてもらうように調整を行っている。

仮囲い

代執行の工事はこれで終了である。

代執行終了宣言

終了宣言は住宅政策課長が行っている。

バリケード

代執行終了後1週間ほど経った写真であるが、道路整備部門が委託して仮設の歩道をつくり、空き家の跡地に落ちないようにバリケードをしてある。

歩道工事中

歩道工事後

本格的な歩道工事は、年度明けの6月から始めている。道路部分と民有地の間には新たに擁壁を入れ、現在はきれいに整備がされている。

残った民地部分については、隣地が買うことで話がついたようである。歩道整備後は道路から1メートル以上低い土地となることから、単独では使い道がない土地であり、市としてもこれが空き地として残って雑草が繁茂したり、不法投棄がされたりしないかということを危惧していたため、売却の話がまとまってよかったと考えている。

⑽ 費用回収

代執行費用については、所有者が判明していないことから、回収はできないものと考えている。

⑾ 苦労した点

建物が道路用地と個人の土地にまたがって建っており、歩道整備後は大きな段差ができることが想定された。そのため、個人の土地の今後の利用について配慮する必要があったが、土地所有者となかなか連絡がとれず、話し合いをするために夜間や休日に訪ねてやっと会うことができた。また、解体後の道路整備があることから、その担当課との調整も必要であった。代執行そのものについては、一度経験があったことから、それほど大きな苦労といえることはなかった。

COLUMN

空家法について

空家法は、市町村の空き家条例が各地で制定されていたことを受けて、それを参考とする形でできたものである。空家法以前の多くの自治体の空き家条例が、理念に加えて指導から代執行に至る対症療法を規定したものとされているのは、条例が法の範囲内でしか制定できないがために「条例でできること」を可能な範囲で定めたためであり、法律でそれをなぞることにどれだけの意味があったのかは疑問である。空き家問題で法律に求めることは、対症療法で個々の空き家を解決することではなく、空き家を生み出さないための不動産の所有の在り方や、相続の在り方、建物を無秩序に立てさせない制度の在り方といった、現在までの諸制度が空き家を生んでいることを直視して、法改正により根本的な原因の排除をすることではないだろうか。

もともと空き家問題は建築物の問題であると考えていたのであろう。空家法の所管が国土交通省であることからも、そのことが窺える。特定空家等への対応を建築基準法の「保安上危険な建築物等に対する措置」とほぼ同じものとしていることや、代執行で空き家を除却したあとの空き地問題や、そもそも土地と建物の所有者が異なる場合について想定がないことからも、老朽建築物としての空き家への対応が最も想定するところであったことは間違いないだろう。個人的には、単に老朽空き家への対応だけならこの建築基準法の代執行に依ればよいことであったと思う。もちろん空き家法の代執行の規定のように緩和され使いやすくする前提ではあるが、事実、国土交通省は空家法ができる以前には、空き家対策は建築基準法で充分という方針であったとも聞く。老朽家屋による危険性に居住しているもしていないも関係ないだろうと思うのだが、建築基準法の代執行規定を空家法のように少し使いやすくするという法改正になぜ至らなかったのかは不思議である。

他の対症療法的に対応しているものとしては、樹木の隣地への越境は民法改正で対応できるし、公道部分への越境に関しては道路法の代執行で対応できる話である。緊急措置規定を道路法に用意しておいてもよい。ハチなどの害虫の問題も公衆衛生でやればよいし、ごみ問題ではないのかと思う空き家もある。これらで充分対応できた話である。

根本的に対策が必要であろう問題としては、遺産分割協議、相続登記がなされていないことによる相続の細分化とそれに伴う所有者調査の困難さ、登記に関しては休眠抵当権の問題、居所の移転手続きがなされていないことや、土地と建物で異なる所有権を認めるという世界でも珍しい制度などであり、これら様々な問題が複合的に絡み解決が困難な空き家となっている。さらに言えば、人口減少社会にあって（世帯数は若干増えてはいるが）、住宅総数が増え続けているという空き家が増えることは当たり前といえばあまりに当たり前であるにもかかわらず、それに対する規制がなく、議論さえもほとんど耳にしたことがないということ、住宅用地特例や家屋が免税点未満になることにより空き家を放置していてもデメリットがない、むしろメリットとなる場合もある税制など、様々な現行制度も空き家を生み出す原因となっている。

国土交通省の方と話をする機会があり、このような話をすると、「そうはいっても総務省がなあ」、「法務省がなあ」とぼやくのを何度か聞いた。そのあたりの関係性は地方自治体以上に難しいところもあるのだろう。空き家問題は、最初から所有者不明土地問題のように横断的に対応する問題ではなかったのだろうかと思う。

人口減少社会にあっても、都市部ではマンションは新たに建ち並び宅地開発も進んでいる。必然的に古い住宅は住人が亡くなったあと使い捨てられている。供給過剰の状況にあって空き家が減るわけがない。また人口減少の著しい地方であれば単に人口減少だけをもって家屋は打ち捨てられているのであろう。市町村の空き家部門はこれを一件一件解決していこうとしているわけだが、少なくとも川口市で言えば除却や居住などにより根本解決する件数よりも新たに通報が来るもののほうがずっと多く、未解決となっている空き家の累積件数は右肩上がりである。対症療法で（しかもそれぞれに多大な労力をかけて）個々の空き家に対応していくだけでは、空き家問題の解決などとてもかなわないことは、市町村の空き家対策部門であれば肌で感じていることである。

※所有者不明土地問題に係り、上記の点のうちいくつかは民法、不動産登記法の改正が行われることとなった。

4

財産管理人制度と略式代執行

これまで財産管理人制度と略式代執行について、川口市の実例を交えて紹介をしてきた。どちらの制度も空き家が所有者不存在又は所有者不在の場合に利用しているが、その選択をするにあたってここで簡単に比較をする。

まずは、改めて両制度をざっと説明すると、財産管理人制度とは民法の制度で、所有者のいない空き家（財産）に対して裁判所が管理する者を選任して、その管理者が管理を行う制度である。そもそもが空き家を解体するための制度というわけではなく、財産管理の業務として維持管理、解体又は売却という行為があるということである。空き家がそのまま売却された場合には新しく所有者が生ずるため、その所有者（購入者）が空き家を維持補修して利用するか又は解体して新たに土地を利用することとなる。財産管理人の判断によっては売却前に補修や解体が行われることもある。

対して略式代執行は、空家法の制度であり、あくまでも公権力の行使により解体等の措置を行うものである。空家法第14条第9項に基づく行政代執行では、命令という行政処分によって義務を負わせ、義務者が義務を履行しない場合に行政が代わりに行う（代執行）というものであり、この場合行政代執行法の適用も受ける。空家法第14条第10項に基づく略式代執行の場合は、相手方がいないため命令を行えないことから、代わりに公告が行われ、代執行法の適用はない。

(1) 財産管理人制度と略式代執行いずれを用いるかの判断基準

① 危険性、緊急性の度合い

通常であれば財産管理人制度では、空き家が解体されるまで相応の期間がかかる。申し立てから財産管理人が選任されるまでの期間、財産管理人が家庭裁判所の許可を得て空き家の購入者を探して売却するまでの期間、購入者の解体工事の手続き期間、である。トータルすると申し立てから解体までは、川口市の経験上おおむね1年以上程度はかかっている。

ただし、空き家が近隣に何らかの被害を与える危険性、緊急性がある場合には、財産管理人が直接措置や解体を行うことも考えられる。その際には、管理人として修繕等を行うことができ、解体も裁判所の許可があれば行うことができるため、売却にかかる時間分短縮することができることとなる。この場合の費用については、次の「売却可能性の有無」で述べる。

参考

財産管理人による空家等の管理・処分

次のような行為が期待されます。

〈保存行為、利用・改良行為（裁判所の許可は不要）〉

・鍵の保管
・登記名義の変更（相続財産管理人の場合）
・空家の修繕
・火災保険の締結
・雑草の抜き取り、立木の枝の切除
・水道光熱費の支払

〈処分行為（裁判所の許可が必要）〉

・立木の伐採・撤去（明らかに無価値の場合は、許可申立ては不要）
・建物の取り壊し
・不動産の売却

（「所有者所在不明・相続人不存在の空家対応マニュアル」Q－5、Q－6より）

一方で略式代執行については、方針決定や決裁等の事務手続きといったことに時間を取られることが考えられ、また、解体工事の事業者選定に係る手続き、関係先との調整など事務作業の負担は大きいものとなるが、略式代執行そのものの法定の手続きに関しては、空家法第14条第10項の公告くらいであるため（※土地所有者が異なる場合には、土地所有者に対する同条の指導、勧告の手続き等が必要である。川口市では加えて規則の手続きも要している。）、所有者調査等を行っている時点で準備を進めておくなど、進め方によっては時間がそれほどかからない。また、緊急性が高い場合には、略式代執行の手続きを速やかに進めて危険を排除するほうが行政としての責任を果たすうえではよいであろう。ただし、予算措置から始めることになると略式代執行でもそれなりの時間がかかることも考えられることから、相当に緊急性が高い場合を考えて、緊急措置等を条例で定めておき、危険排除のための最低限の措置を取れるようにしておくことも必要なことかと思う（P16「⑴　新しい条例」参照）。

②　売却可能性の有無

財産管理人制度では、空き家の売却費用や預金等に充分な額がない場合には、申立人が家庭裁判所に預けた予納金から財産管理人の報酬、管理費用等を支払うこととなる。そのため一定額以上の額で売却できない場合で他に充分な預金もない場合には、予納金が全額返還されない可能性がある。

老朽化している空き家では、緊急の修繕や解体を財産管理人が行う必要性が見込まれれば、予納金として求められる額がその費用分高額になることもあり、または申立て後に費用の協力を求められることもある。ただし他に預金等の財産さえ充分にあればその財産で解体費用等が賄われるため、事前にそのことが判明していれば予納金が高額になることはない。

また敷地そのものの売却が困難な場合には、財産管理人が管理し続けることになってしまうが、家庭裁判所としてはこれを好ましくないと考えているため、売却可能性が低い場合には、更地にして可能性を高めるために、やはり同様に予納金に解体費用を上乗せされる場合がある。預金等の財産が充分にあれば問題ないことは同様である。

参考

- 財産管理人が空き家を管理し続けることなく、不動産のまま国庫帰属できる可能性もある（P84「⑪　相続財産の国庫帰属」、P135「⑵　国庫への帰属について」）。
- 民法上検察官が申立てをすることが規定されているが、あまり事例は聞かない。

解決が困難となっている空き家の中には土地と建物の所有者が異なる

ことも少なくないが、建物所有者のみ不在・不明の場合には、建物にのみ価値を求めなければならず、制度利用はさらに難しくなる。建物の財産管理人が土地所有者に対して借地権の買い取りを求めてうまくいけばよいが、そこは行政としては不透明で読みづらい。

他に預金等の財産がない場合又は有無が不明の場合の財産管理人制度の利用については、以下のようにまとめられる。

・充分な額で売却が可能なら財産管理人制度の利用が妥当である。
・低額での売却となるなら財産管理人制度を利用しつつも行政の支出も覚悟する必要がある。
・売却ができないものについては、国庫帰属の可能性を検討するか略式代執行が視野に入る。

これに対し、略式代執行であれば、単に行政が空き家を解体するということなので、売却可能性という考えが必要ない。ただ行政としては解体費用の回収はしたいところであり、除却後の土地を含め回収できそうな財産があれば、改めて財産管理人制度を用いて回収をすることとなる(次頁参照)。

現実的には解体費用の回収は困難であることが多いため、その場合には費用は行政持ちとなるとなる覚悟が必要である。

③ 抵当権等の権利設定の有無

略式代執行の場合、抵当権等の設定に左右されずに執行をすることができる。執行前に権利者から何らかの許可を得る必要はなく、執行後に抵当権者への補償等が発生することもない。

財産管理人制度の場合、財産管理人が抵当権者に関しての清算を行う。予納金が債権に充てられることはないにしても、債権額が多額であって売却額が充分でない場合には、予納金の全額が返還されないことも考えられる。

きちんとした金融機関が抵当権者である場合には、債権が残っていれば抵当権者がその回収のために財産管理人選任の申立てをする可能性がある。登記簿上、金融機関の抵当権がついたままとなっている空き家について、ある金融機関の担当者に一般論として訊いてみたことがあるが、通常は債権の回収をしないまま放置することはないということであった。また、古い抵当権で登記簿上消えていないものは、金融機関としては抹消に必要な書類は所有者に送っていても、所有者が抹消手続きをせずに放置しているだけではないか、とのことであった。金融機関に債権が残っているか問い合わせるとよいだろう。

抵当権者が所在不明であることもあるが、そのような場合には、返済状況などが確認できないため抵当権に係る債権額を予納金に上乗せすることを求められる可能性がある。

(2)　公益性

財産管理人制度については、民事手続きであることから近隣住民などの利害関係人が行うべきであって、公益性の点から行政が行うべきではない、という判断をする自治体もあるかもしれない。しかしながら同制度は、予納金が全額戻ってくることが期待できるのであれば費用はほとんどかからず、今後の固定資産税収入が見込めることから自治体にとってもプラスとなる面が大きい。公権力による権利侵害の心配もない。空き家対策として平和的な手法であり、費用負担がほとんどないのであれば、公益性をことさら考慮する必要はないと考えられる。

対して略式代執行は、公権力をもって個人財産である空き家を解体するため、相当な権利侵害を伴うことから、行政としては公益性があるかどうかは、たとえ空家法上の要件ではないとしても気にしなければならない点だと考えている。公益性としては、危険性や被害がどれだけあるか、それが不特定又は多数の者に対するものかといったこととなる。

①　両制度を併用する場合―略式代執行後に申立て（費用回収を目的として）

以前から空き家対策で財産管理人制度を使う場合に比較的多かったの

がこの形で、略式代執行を行った後に費用回収の問題と空き地問題を財産管理人制度を用いることにより解決しようというものである。市町村の空き家対策部署が財産管理人の申立てをしようとするとき、どう利害関係人となるかが問題となっていたが、これは、老朽空き家への緊急対応を略式代執行により行いつつ、デメリットである空き地問題への対応を可能にし、なおかつ解体費用の債権をもって利害関係人となり解体費用の回収を図る方法である。

問題があるとすれば、略式代執行と財産管理人の両方の手続きの手間がかかる点である。

② 財産管理人選任後に行政代執行（動産の鑑定）

略式代執行を行う際に難しい判断を伴うのが、動産の処分である。基本的にその所有者が生活に困窮していたような事情が判明している場合、相続放棄がされている場合には、預金も含めて有価物はないものと考えていいだろうし、また、屋根や壁が破れて野ざらしに近い状況にあった場合なども有価物は残っていないことがほとんどであると考えられる。ただ、そうでない場合には、有価物があるかどうか判断に迷う場合がある。ガイドライン等では有価物の扱いは行政が動産を保管時（倉庫に移動時）又は保管中に仕分けをすることが前提となっているが、現実問題として職員がその価値を判断することは難しい。

そこで、財産管理人を申し立てて動産の価値の判断を委ねてしまうというのは有効な方法であると考える。

ただ、通常は財産管理人をつけるのであればそのまま解体・除却や売却まで任せていいかとは思う。この方法は、財産管理人による売却を待つ時間的余裕がない場合に財産管理人を相手に指導、勧告、命令などの手続きをして代執行を行うことで、緊急性のある空き家に対応をするものである。また、財産があった場合には代執行費用の請求もスムーズに進むものと思われる。

こちらは東京都の板橋区で利用したケースがある。

COLUMN

地方分権の現実

「低未利用土地等の譲渡」に係る税の特例措置の適用に当たっての要件の確認について」という通知が県を通して国から送られてきた。500万円以下の低未利用土地等の譲渡所得に関する税控除の話である。低未利用土地の流通を促す施策そのものについては結構なのだが、少なくとも川口市では、民間の低未利用土地に関して所管する部署などなく、実施の半月前の突然の通知に困惑している。自治体との事前の協議は必要ではないか。

事務の内容としては、単に売買契約書や登記事項証明書、それから低未利用地であったことが分かる何らかの書類（場合によってはヒアリングでもよいそうである。）をチェックして確認書を発行するだけであり、何も市町村が低未利用土地として把握していた事実が必要なわけでもない（そもそも民間の個別の土地を低未利用土地であるかどうか行政で判断や把握をしているというのも聞いたことがない。）。市町村でなければチェックできない部分などない。確認書は確定申告の際に税務署に提出する書類であるが、確認書など出さなくても直接税務署で契約書等の書類をチェックすればいいだけである。

これは、現在実施している「被相続人居住用家屋及びその敷地等の譲渡に係る所得税及び個人住民税の特例措置」いわゆる3000万円控除でも同様であり、こちらはまだ空き家に限定されているが、特にこちらで把握していたり問題視していたりする空き家というわけでもなく提出書類のチェックをするだけで、市町村で確認書を発行する意味はやはりよくわからない。申請者にとっても、一度市町村に確認書の申請をしなければならず、手間がかかることに加えて混乱も見られる。税の控除の適用が受けられるか申請者から訊かれ、市は確認書を出すだけであり適用については税務署の判断であることを説明しても、納得してもらえずにトラブルになることも多い。また、制度そのものの説明も求められることも多く、ある程度の説明はするが、これも本来は税務署の仕事である。
平成12年に地方分権改革があり、市町村の職員はその意味、意義について研修もあって学んでいる。しかしながら、このように市町村に事務が「下りてくる」ことがあるといまだに国にとって地方自治体は機関委任事務の時代のままという感覚が残っているのではないかと感じる。通知には「なお、本通知の内容については関係省庁とも協議済であるので、念のため申し添える。」との一文があり、常套句で他意はないのだろうが、決まったことだから従うようにということか、と読んでしまう。法定受託事務という体裁をとっているにしても市町村が処理する事務は増える一方である。
おそらく国の担当者に話を聞けば、今回のことも已むに已まれぬ事情があったのだろうとは思う。それでも空き家対策に関しては、私自身意見を述べさせていただく機会もあり、国の方皆さん問題解決に向けて熱心に考えておられ、市町村の意見を積極的に吸い上げて法改正や施策の形成を進めていこうとしていると感じており、それだけにこのような一方的に事務負担が課されることがあると残念である。

空き家法には、計画の策定や協議会について相当細かく規定がされている。筆者は以前いた部署で例規審査をしていたが、そこでも自治体に計画策定をさせる法律が非常に多くあったのを目にしている。たとえ「作ることができる」規定であったとしても、計画を策定していなければできない施策というものが用意され、また、補助金を貰えないなど、実質的には作らないという選択は難しいことが多い。また、定期的に自治体の策定状況について問い合わせがあり公表もされる。
いったいそれぞれの市町村にどれだけの法定計画があることだろうか。計画策定と定期的な見直しにどれだけの労力が費やされているのだろうか。

川口市では地域における不動産流通が活発なため空き家バンクを設置

しない方針としている。空き家所有者には不動産の業界団体を紹介しており、そこで賃貸や売買が成立することから、わざわざ間に市が入って調整をする行政コストが無駄になるという考えである。空き家問題にはこのように地域性があるにも関わらず空き家バンク設置の圧というものがあって、最近ではグリーン住宅ポイント制度に空き家バンクに関するものがあった。空き家バンクは空き家問題解決の手段であったはずなのに、いつの間にか設置が目的化してしまっていると感じている。

第5章

参考資料

○所有者所在不明・相続人不存在の空家対応マニュアル　～財産管理人制度の利用の手引き～（抜粋）

（平成29年3月
川口市空家問題対策プロジェクトチーム）

Q2　隣地住民への助言

Q2－1　隣地住民が取りうる手段（所在不明）

Q　**空家所有者の所在が不明な場合に、隣地住民が空家問題の解決のために取りうる手段にはどのようなものがありますか。**

A　空家等に関する問題については、公示送達を利用した訴訟等の手続き、不在者財産管理人選任申立て、失踪宣告の申立てが考えられます。

解説

1　訴訟提起（公示送達による訴訟遂行）

訴訟の相手（被告）の所在が不明な場合でも、一定の要件を満たせば公示送達（民事訴訟法111条）により訴訟を提起・遂行することができます。

公示送達は、裁判が起こされたこと等を裁判所の掲示板に掲示することで訴訟手続きを進行させる方法です。相手の住民票のほか、最後の住居所の調査や近隣からの聴取内容をまとめた調査報告書等の根拠資料により、裁判の名宛人は判明しているもののその所在が不明であるため、通常の手続きにより送達することができないとして裁判所に申し立てます。

隣地住民は空家所有者の所在が不明であっても、この公示送達の方法により訴訟を遂行することができます。判決を取得すれば、判決に記載された空家所有者のすべき措置を相手に代わって行うこともでき（代替執行：Q1－1参照）、空家所有者に不動産等の財産があれば執行に要する費用を回収することも可能です。

もっとも、隣地住民の実現できる権利は取得した判決の内容に限られます。また、不在者に代わり財産を管理する者が選任されるわけではなく、解決までの手続きはすべて裁判所を通じて行われるため、一連の過程で所定の費用や時間を要するほか、相手側との話し合いによる柔軟的な解決は期待できません。したがって、隣地住民が求める権利の内容や不在者の財産状況などの事情に応じ、後述する不在者財産管理人選任申立てや失踪宣告の申立てを含めて、いずれの手段が適切かを判断することになります。

2　不在者財産管理人の選任申立て

不動産などの財産を有している者が行方不明で、財産が長期間放置されている場合、不在者の財産保護や利害関係人の利益保護のために家庭裁判所が不在者財産管理人を選任し、この不在者財産管理人が不在者に代わり財産を管理します（詳細はQ7参照）。

申立時に一定の費用がかかりますが、ひとたび不在者財産管理人が選任されれば、隣地住民は、本来不在者に対して請求すべき事項について、不在者財産管理人を相手に要求したり、訴訟を提起することができます。こうした隣地住民からの要求に対し、不在者財産管理人は、裁判所の監督のもと、本来不在者がすべき行為を行ったり、和解や裁判上の手続きを行うほか、裁判所の許可を得て不在者の財産を処分することも可能です。

3　失踪宣告制度

民法は「不在者の生死が7年間明らかでないときは、家庭裁判所は、利害関係人の請求により、失踪の宣告をすることができる。」（民法30条1項）と規定し、一定条件のもと生死不分明な者に死亡を擬制することとしています（民法31条）。不在者が死亡したと擬制される結果、不在者の財産について相続手続きが始まることになります。隣地住民は、不在者の財産を相続した相続人を相手方として要求を行うことになります。相続人がいない場合には、結局相続財産管理人の選任が必要となります。

この失踪宣告制度は、不在者財産管理人の選任を前提とするものではありませんので、事案によっては失踪宣告制度の利用もありうるかもしれませんが、不在者の相続人による対応が期待できる事案などに限定されることになるものと思われます。

もっとも、この制度はあくまでも不在者の死亡が擬制されるだけであり、また、不在者の生存が確認された場合などには失踪宣告が取り消されることがあります（民法32条1項）。

4　まとめ

いずれの手段が適切かについては、隣地所有者が実現を求める請求の内容、不在者の財産状況、相続人の有無等を調査した上で判断することになります。

不在者財産管理人は、不在者に代わりその財産を管理し、不在者がすべき裁判内外の行為を行い、裁判所の許可を得て不在者の財産を処分することが可能です。

不在者にめぼしい財産がなく、隣地所有者が妨害の除去に要する費用を自ら負担することを前提に裁判を提起するような場合には、公示送達が適する場合もあります。

また、相続人の存在が判明していて、相続人による対応が期待でき、後に不在者の生存が確認され失踪宣告が取り消されても法的安定性が害されないような事案では、失踪宣告制度を選択する場合もありえます。

Q2－2 隣地住民が取りうる手段（相続人不存在）

Q **空家所有者の法定相続人がいなかったり、全員が相続放棄をしているような場合に、隣地住民が空家問題の解決のために取りうる手段にはどのようなものがありますか。**

A 特別代理人制度を利用した訴訟等の手続き、相続財産管理人選任申立てが考えられます。

解説

1 訴訟提起（特別代理人選任申立による訴訟遂行）

(1) 後述する相続財産管理人が選任されていない場合、相続財産に関して特定の訴訟行為をしようとする者は、遅滞のため損害を受けるおそれがあることを疎明して、特別代理人の選任を申し立てることができます（大審院昭和5年6月28日決定、民事訴訟法35条）。

時効中断のために訴訟を提起する必要がある場合や証拠を保全する必要がある場合がこの典型で、相続財産管理人の選任を待っていたのでは時間を要し、隣地住民等の権利を実現できない場合に特別代理人を選任することができます。空家問題との関連では、隣地の建物の外壁や屋根が今にも崩れそうなケースであれば、特別代理人の選任を求めて妨害予防請求訴訟を提起することができます。なお、特別代理人を選任できる場合であっても相続財産管理人を選任でき、また、特別代理人が選任された後に別途、相続財産管理人の選任を申し立てることもできます。

特別代理人の選任申立時に要する費用（予納金等）は、一般的には相続財産管理人の選任を申し立てる場合より低額です。もっとも、相続財産管理人が相続財産の管理や清算を行う権限を有しているのに対し、特別代理人はあくまでも裁判等の訴訟手続きを進めるために選任されるため、その権限は当該手続きに限定されます。したがって、当該手続きと直接関係のない行為は行えません。

(2) 強制執行開始後に空家所有者が死亡した場合には、特別代理人の選任を申立てて執行手続きを進めることができます（民事執行法41条）。強制執行の開始前に相続人不存在となっている場合については、原則として相続財産管理人選任申立となる事案が多いと思われます。

2 相続財産管理人の選任申立て

不動産などの財産を有している者が既に死亡しているものの、相続人がいない場合や、相続人がいても全員が相続放棄しているような場合、家庭裁判所が相続財産管理人を選任します。

相続財産管理人は、裁判所の監督のもと相続財産を管理し、相続人が現れた場合には相続人に相続財産を引き渡し、相続人が現れない場合には請求申出のあった相続債権者や受遺者に弁済します。その上で残余財産があれば特別縁故者に財産分与し、さらに残余があれば国庫へ帰属させます（詳細はQ7参照）。

申立時に一定の費用がかかりますが、相続財産管理人が選任されれば、隣地住民は、相続財産管理人を相手に要求したり、訴訟提起ができます。

こうした隣地住民からの要求に対し、相続財産管理人は、裁判所の監督のもと、本来、所有者がすべき行為を行ったり、和解や裁判上の手続きを行うほか、裁判所の許可を得て相続財産を処分することも可能です。

Q3　相続放棄者への助言等

Q3－1　相続放棄者の責任

Q　**調査をした結果、空家所有者は死亡しており、さらにその相続人も相続放棄をしていることが判明しました。相続放棄をした人は、空家についてまったく責任を負わないのですか。**

A　相続放棄をした人（以下「相続放棄者」といいます。）が空家法上どのような義務を負うかについては、複数の見解が考えられます。国土交通省住宅局住宅総合整備課及び総務省地域創造グループ地域振興室は、平成27年12月25日付け事務連絡において、相続放棄者は空家法３条の「管理者」に該当し、努力義務を負うとされています。

解説

1　民法940条1項は、相続放棄者の管理義務について次のように定めています。「相続放棄をした者は、その放棄によって相続人となった者が相続財産の管理を始めることができるまで、自己の財産におけるのと同一の注意をもって、その財産の管理を継続しなければならない」。このように、相続放棄者は、相続放棄をしたことで空家について直ちに何の責任も負わなくなるということではなく、「相続人となった者が相続財産の管理を始めることができるまで」、相続財産を管理する義務を負うこととされています。

2　この民法940条に規定された管理義務の内容と空家法との関係については、次の異なる2つの解釈の仕方が考えられます。

第1に、相続放棄者は、民法940条により相続財産である空家を管理する義務を負うが、この義務は後に相続人となる者等に対する義務であり、地域住民などの第三者に対する義務ではないとの解釈が考えられます。この解釈によれば、相続放棄者は、空家法3条の「管理者」には該当するため努力義務は負うものの、相続人ではない市町村長からの助言・指導又は勧告に従う理由はないということになります（見解1）。

第2に、相続放棄者は、民法940条により相続財産である空家を管理する義務を負い、この義務は地域住民などの第三者に対しても負うとの解釈が考えられます。この解釈によれば、相続放棄者は、空家法3条の「管理者」に該当するため努力義務を負い、さらに空家法12条の援助はもとより、同法14条の助言・指導・勧告・命令の対象ともなります（見解2）。なお、この解釈は、相続放棄者一般が空家の管理義務を負うのか、現実に空家を管理している相続放棄者が空家の管理義務を負うのかについて、さらに分かれうるものと考えています。

この点については、国土交通省住宅局住宅総合整備課及び総務省地域創造グループ地域振興室は、平成27年12月25日付け事務連絡において、前者の見解1に立つことを明らかにしています。

このように、相続放棄者の管理義務の内容をどのように捉えるかについては複数の見解が考えられますが、いずれの見解によっても、相続放棄者は空家法3条の「管理者」に該当し、同条記載の努力義務を負うということができます。

Q3－2　相続放棄者に対する情報提供、助言等（空家法12条）

Q　**相続放棄者に対して、空家の適切な管理の促進のための情報提供、助言等の援助（空家法12条）を行うことができますか。**

A　相続放棄者に対して、空家法12条に基づく援助を行うことはできますが、その内容には注意が必要です。

解説

Q3－1で述べた見解1、見解2のいずれによっても、相続放棄者は空家法3条の「管理者」に該当します。したがって、空家法12条の援助を行うことは可能です。ただし、相続放棄者の管理義務の範囲を超える行為について、援助をすることはできません。相続放棄者の管理義務の内容は、相続財産の現状を維持するのに必要な事務に限られるからです。例えば、庭の雑草の除去や簡易な修繕は管理義務の範囲内の行為ということでできますが、家屋を新たに賃貸に供したり、取壊しや売却を行うことは、相続放棄者の管理義務の範囲内とはいえません。したがって、管理義務の内容を超える行為について援助をしようとしても、相続放棄者はそれに応えることができないため、援助をする意味がありません。そればかりか、例えば、市が空家の利活用の一環として賃貸することを提案し、相続放棄者がそれに従って空家を賃貸に供し、相続放棄者自身が賃料を授受してしまったような場合、その行為は民法上の法定単純承認と見なされる可能性があります（民法921条3号）。そのような場合には、相続放棄者が、市の助言に従った結果、相続放棄の効果が覆される不利益を負ってしまったことの責任を市に追及する等して、市が紛争に巻き込まれるおそれがあります。そのため、相続放棄者に対して援助をする場合には、その内容が相続放棄者の管理義務の範囲内といえるかどうか、注意が必要です。

なお、相続放棄者が相続財産である空家の管理を負担に感じているような場合には、相続放棄者自らが申立人となって相続財産管理人選任の申立てをすることができるということを、早い段階で助言することが望ましいといえます（もっとも、相続財産管理人選任の申立てをすることで、問題が解決できる事案かどうかは、別途検討が必要ですので、詳細は専門家に相談することを勧めるべきです。）。

Q3－3　相続放棄者に対する情報提供、助言等（放棄者が複数いる場合）

Q　**空家所有者の相続人が複数おり、そのすべてが相続放棄をしていることが分かりました。複数いる相続放棄者のうち、誰が空家法３条の「管理者」に該当しますか。**

A　相続放棄者のうち誰が空家法３条の「管理者」に該当するかについては、複数の見解が考えられます。国土交通省住宅局住宅総合整備課及び総務省地域創造グループ地域振興室は、平成27年12月25日付け事務連絡において、「最後に相続放棄をした者」と解釈しています。

解説

相続放棄者のうち誰が空家法3条の「管理者」に該当するかについては、複数の解釈が考えられます。

第1に、「最後に相続放棄をした者」が空家法3条の「管理者」であるとの解釈が考えられます。この解釈は、空家所有者が死亡したことによって相続が開始し、第1順位の相続人が相続財産である空家の管理を開始するが、第1順位の相続人が相続を放棄すると、第2順位の相続人がその管理義務を引き継ぐことになり、第2順位の相続人も相続放棄をした場合には、第3順位の相続人が管理義務を引き継ぐ、という理解に基づくものと考えられます。

第2に、相続放棄者のうち「現実に相続財産の管理をしている者」に限るとする解釈が考えられます。Q3－1の見解2のうち「現実に管理している相続放棄者が空家の管理義務を負う」とする見解は、現実に相続財産の管理をしている相続放棄者は、相続財産の管理を次の順位の相続人などに引き継いでいない以上、「相続人となった者が相続財産の管理を始めることができるまで」引き続き空家法3条の「管理者」に該当するという理解に基づくものと考えられます。

この点については、国土交通省住宅局住宅総合整備課及び総務省地域創造グループ地域振興室は、平成27年12月25日付け事務連絡において、前者の見解（「最後に相続放棄をした者」が空家法3条の「管理者」であるとの見解）に立つことを明らかにしています。

なお、この事務連絡には明らかにされていませんが、同順位の複数の相続人全員が相続放棄をした場合には、同順位のすべての相続放棄者が「管理者」に該当すると考えられます。

Q3－4　相続放棄者に対する情報提供、助言等（建物の取壊し）

Q　**相続放棄者から、このままだといずれ空家が朽ちてしまい周囲に迷惑をかけることになるので、今のうちに取り壊してしまいたいと相談がありました。相続放棄者はどのような手続きを行うことができますか。**

A　相続放棄者自らが、家庭裁判所の審判を得て空家を取り壊すことができます。また、相続放棄者が相続財産管理人の選任を申し立てることも可能です。

解説

相続放棄者の管理義務は、相続財産の現状を維持するのに必要な事務を内容とするものですので、相続放棄者が自らの判断で建物を取り壊すことはできません。

しかし、必要な場合には、家庭裁判所に対して、相続財産の保存に必要な処分として建物を取り壊すことを命じるよう請求することができます（民法940条2項、918条2項）。この場合の取壊しの費用は、相続財産の管理に必要な費用と考えられるので、相続財産の中から支出することができます（民法885条）。また、相続放棄者が費用を支払った場合には、相続財産から償還を受けることができます。

このような手続きは相続放棄者自ら行うことが可能です。もっとも、相続財産の保存のために建物の取壊しが必要と認められるか否かなど、専門的な判断や裁判所への説明が求められますので、手続きを行うに当たっては、弁護士等の専門家に相談することをお勧めした方がよいでしょう。なお、専門家に相談する際に要した費用（相談料等）は、相続財産の中から支出することはできません。また、自らこれらの手続きを行うよりも、相続放棄者が相続財産管理人の申立て（第7章参照）を行う方が簡便と考えられる場合もあります。

どのような手段をとることが事案の解決に最も適しているかも含めて、専門家に相談することをお勧めします。

Q3－5　相続放棄者に対する助言・指導

Q　**空家法２条２項の特定空家に該当する空家の所有者が死亡し、その相続人は全員相続放棄をしていることが判明しました。このような場合、相続放棄者に対して、空家法１４条１項の助言・指導を行うことはできますか。**

A　相続放棄者の管理義務の範囲を超えない行為について、相続放棄者に対して助言・指導を行うことは可能であると考えられます。国土交通省住宅局住宅総合整備課及び総務省地域創造グループ地域振興室は、平成27年12月25日付け事務連絡において、「空家法第14条第1項…の名宛人にはなるものの、助言・指導を講ずる実質的な意味がない」と解釈しています。

解説

Q3－1で述べた見解1、見解2のいずれによっても、相続放棄者は空家法3条の「管理者」に該当します。したがって、空家法14条1項に基づく助言・指導を行うことができます。

ただし、空家法14条1項の助言・指導は「除却、修繕、立木竹の伐採その他周辺の生活環境の保全を図るために必要な措置」をとることとされていますが、Q3－2で述べたように、相続放棄者の管理義務の範囲を超える行為をとることを助言・指導することはできませんので、注意が必要です。

なお、相続放棄者の管理義務の内容についてQ3－1の見解1（相続放棄者は第三者に対する法的な管理義務は負わないという国土交通省住宅局住宅総合整備課及び総務省地域創造グループ地域振興室の見解）に立った場合、相続放棄者に対して助言・指導をしても、相続放棄者には助言・指導に基づく「必要な措置」を行う権原がないということになります。したがって、相続放棄者に対して助言・指導を行う実質的な意味はありません。

Q3－6　相続放棄者に対する勧告

Q **相続放棄をした人に対して、（Q3－5に引き続き）空家法14条2項の勧告を行うことができますか。**

A 相続放棄者に対して勧告を行うことは可能です。

しかし、相続放棄者が勧告に係る措置を行わないことについて「正当な理由」（空家法14条3項）があるかどうかについては、複数の見解が考えられます。国土交通省住宅局住宅総合整備課及び総務省地域創造グループ地域振興室は、平成27年12月25日付け事務連絡において、「正当な理由」があると解釈しています。

解説

Q3－1で述べた見解1、見解2のいずれによっても、相続放棄者は空家法3条の「管理者」に該当します。したがって、相続放棄者は、空家法14条2項の勧告の名宛人となります。

しかし、相続放棄者が勧告に係る措置をとらないことについて「正当な理由」（空家法14条3項）があるかどうかについては、複数の見解が考えられます。第1に、相続放棄者の管理義務の内容についてQ3－1の見解1（相続放棄者は第三者に対する法的な管理義務は負わないという国土交通省住宅局住宅総合整備課及び総務省地域創造グループ地域振興室の見解）に立った場合、相続放棄者は、第三者である市町村長の勧告に従う義務を負いません。したがって、かかる見解に立てば、たとえ管理義務の範囲内の行為であっても、相続放棄者には勧告に係る措置をとらないことについて「正当な理由」があるといえます。そして、この見解に立った場合には勧告を行う実質的な意味はありませんので、勧告を行うこと自体を控えるべきであるといえます。なお、空家法14条3項の勧告を行うことで、固定資産税等にかかる住宅用地特例の適用除外となる効果が発生しますが、そもそも相続放棄が行われ、所有者がいない状態の空家については課税通知をすることができませんので、この点について考慮する必要はないと考えられます。

第2に、相続放棄者の管理義務の内容についてQ3－1の見解2（相続放棄者は第三者に対しても法的な管理義務を負うという見解）に立った場合、相続放棄者が勧告に係る措置をとらないことについて「正当な理由」はないということになります。

Q3－7　相続放棄者に対する命令

Q　**相続放棄をした人に対して、（Q3－6に引き続き）空家法14条3項の命令を行うことはできますか。**

A　相続放棄者が空家法14条3項の命令の名宛人になるかどうかについては、複数の見解が考えられます。国土交通省住宅局住宅総合整備課及び総務省地域創造グループ地域振興室は、平成27年12月25日付け事務連絡において、相続放棄者は空家法14条3項の命令の名宛人にはならないとしています。

解説

相続放棄者が空家法14条3項の命令の名宛人になるかどうかについては、複数の見解があります。

第1に、相続放棄者の管理義務の内容についてQ3－1の見解1（相続放棄者は第三者に対する法的な管理義務は負わないという国土交通省住宅局住宅総合整備課及び総務省地域創造グループ地域振興室の見解）に立った場合、相続放棄者は市町村長の勧告に係る措置をとらないことについて「正当な理由」（空家法14条3項）があります（Q3－6参照）。したがって、この見解に立てば、相続放棄者は空家法14条3項の命令の名宛人にはなりません。

第2に、相続放棄者の管理義務の内容についてQ3－1の見解2（相続放棄者は第三者に対しても法的な管理義務を負うという見解）に立った場合、相続放棄者が勧告に係る措置をとらないことについて「正当な理由」はないということになります。したがって、この見解に立てば、相続放棄者は空家法14条3項の命令の名宛人になります。

もっとも、相続放棄者の管理義務の内容については、Q3－1に記載したとおり複数の異なる見解が成り立ちうるものであり、本マニュアル執筆時点でこの点を明確に述べた法令、文献、裁判例などを把握できていません。そのため、管理義務の範囲内の行為を求める場合であっても、相続放棄者に対して命令を行うことには極めて慎重であるべきと考えます。

Q3－8 相続放棄者に対する行政代執行・略式代執行

Q **空家のすべての相続人が相続放棄をした場合、自治体は行政代執行や略式代執行を行うことはできますか。**

A どのような手続きをとることができるかについては、複数の見解が考えられます。

国土交通省住宅局住宅総合整備課及び総務省地域創造グループ地域振興室は、平成27年12月25日付け事務連絡において、略式代執行を行うことができるとしています。

解説

空家のすべての相続人が相続放棄をした場合、自治体がどのような手続きを取ることができるかについては、複数の見解が考えられます。

第1に、相続放棄者の管理義務の内容についてQ3－1の見解1（相続放棄者は第三者に対する法的な管理義務は負わないという国土交通省住宅局住宅総合整備課及び総務省地域創造グループ地域振興室の見解）に立った場合、相続放棄者は市町村長の勧告に係る措置をとらないことについて「正当な理由」（空家法14条3項）があります（Q3－6参照）。したがって、この見解に立てば、相続放棄者は空家法14条3項の命令の名宛人にはなりません。そのため、自治体としては、当該空家に係る必要な措置を命ぜられるべき者（必要な措置を講ずる権原を有する者）を確知することができない場合に該当するということができるので、空家法14条10項に定められた手続きを行った上で、略式代執行を行うことができると考えられます。

この点、国土交通省住宅局住宅総合整備課及び総務省地域創造グループ地域振興室は、平成27年12月25日付け事務連絡において、「当該特定空家の管理者が当該『最後に相続を放棄した者』以外に確知できないことについて過失なく立証できるのであれば、当該特定空家等について必要な措置を市町村長が空家法第14条第10項に基づき略式代執行することも可能と考えます」としています。

第2に、相続放棄者の管理義務の内容についてQ3－1の見解2（相続放棄者は第三者に対しても法的な管理義務を負うという見解）に立った場合、相続放棄者は空家法14条3項の命令の名宛人になります。そのため、自治体としては、空家法14条9項により行政代執行を行うことができます。もっとも、この見解に立っても、建物の除却は相続放棄者の管理義務の範囲を超えることから、建物の除却については、措置を命ぜられるべき者を確知することができない場合に該当しますので、空家法14条10項に定められた手続きを行った上で、略式代執行を行うことができると考えられます。

Q4　底地所有者への助言等（土地と建物の所有者が異なる場合）

Q4－1　底地所有者への情報提供、助言等（空家法12条）

Q　**空家である建物と土地の所有者が異なる場合に、底地所有者に対し、自治体が助言等を行う必要がありますか。**

A　あります。

解説

空家法12条において「所有者等」に対して、「情報の提供、助言その他必要な援助を行うよう努めるもの」とされています。この「所有者等」とは、「空家等の所有者又は管理者」とされており（空家法3条）、「空家等」とは居住その他の使用がなされていないことが常態である建築物又はこれに付属する工作物のみならず、その「敷地」も含む（空家法2条1項）ため、空家法12条における「所有者等」には、底地所有者も含まれます。

したがって、自治体としては、空家の底地所有者に対しても、情報の提供、助言その他必要な援助を行うよう努めなければなりません。

Q4－2　底地所有者への助言・指導、勧告及び命令

Q　**特定空家と底地の所有者が異なる場合に、底地所有者に対し、自治体が空家法14条に基づき助言・指導・勧告・命令を行うことができますか。**

A　助言・指導・勧告はできますが、命令は原則としてできません。

解説

空家法14条における「特定空家等の所有者等」には、底地所有者も含まれます（空家法2条、3条。Q4－1参照）。

したがって、自治体は特定空家等の底地所有者に対しても助言又は指導（空家法

14条1項）ができます。

また、自治体は特定空家等の底地所有者に対しても必要な措置をとることを勧告することも可能です（空家法14条2項）。なお、勧告がなされると、底地は、住宅用地特例の適用対象から除外されます。

もっとも、特定空家そのものについては、底地所有者には、民法上、他人の所有に属する特定空家を除却したり変更を加えたりする権原を原則として有しないので、仮に勧告がなされたとしても、底地所有者としては、正当な理由により勧告に係る措置をとることができません。したがって、自治体は、特定空家等の底地所有者に対しては空家法14条3項に基づき「勧告に係る措置をとること」を命じることはできません。

Q4－3　底地所有者に対する助言・指導（土地利用権原ごとの検討）

Q　**底地所有者に対し、自治体が空家の除却についての助言・指導を行う場合、どのような内容の助言・指導を行うのが適切でしょうか。**

A　建物所有者の占有権原の有無・内容により異なります。

解説

1　助言・指導の内容

底地所有者は、原則として、空家所有者に無断で空家を除却することはできません。

仮に、底地所有者が空家を除却することを望むのであれば、空家所有者（及びその相続人）に対して建物収去土地明渡請求を行い、空家所有者がこれに応じない、又は、所在不明等により回答が期待できない場合（空家所有者の所在が不明等の場合の助言については後述します）、裁判にて、建物収去土地明渡請求を行うことが必要となります。

もっとも、空家であればいかなる場合でも建物収去土地明渡請求が認められるというものではなく、底地所有者と空家所有者の間の契約関係に基づき当該建物が建築されたものである場合はその契約関係の確認を行い、契約関係が存続している場合は、その占有権原を消滅させる手続き（契約の解除等）を取る必要があります。

(1)　当該土地に賃借権が存在する場合

賃借権とは、賃貸借契約に基づいて、土地利用者に認められる占有権原であり、賃貸借契約とは、地代を支払って土地を利用する契約のことをいいます。

そして、底地所有者による建物除却の請求時において、当該契約の契約期間中である場合は、原則として底地所有者から一方的に契約を解除することは認められません。

例外として、空家所有者が契約の内容に違反している場合（代表的な例としては地代の不払いが続いている場合）は、底地所有者から空家所有者に対して一方的に契約を解除するとの意思を表示し、空家所有者の占有権原を消滅させることが可能となります。

また、当初の契約期間が満了していても、当然に契約が終了するものではなく、建物が存在していれば、契約を更新したものとみなされますので（借地借家法5条）、契約期間の満了が近い底地所有者は、契約を更新しないことを遅滞なく空家所有者に伝えなければ、契約を終了させ、空家所有者の占有権原を消滅させることはできません（借地借家法5条）。

(2) 当該土地に使用借権が存在する場合

使用借権とは使用貸借契約に基づいて、土地利用者に認められる占有権原であり、使用貸借契約とは、地代を支払わずに無償で土地を利用する契約のことをいいます。親族間で土地を利用させている場合のように、特に取り決めをせず、底地所有者が無料で土地を使わせている多くの場合において、使用貸借契約が存在すると考えられます。

契約期間のある使用借権の場合、当該契約の契約期間中は、原則として底地所有者から一方的に土地の返還を求めることは認められません。しかし、契約期間が過ぎれば底地所有者から返還を求めることができます。

もっとも、使用貸借の性質上、契約期間が設けられていない場合が多く、そのような場合は、目的に従った使用・収益を終えた時点において、底地所有者から土地の返還を求めることができます。空家となっている建物については、当初の目的である居住の用等に従った使用・収益を終えていると思われるため、空家問題に限っては、使用借権の存在が問題とされることは多くないかと思われます。

なお、使用貸借の目的が達成されているようなときでも、底地所有者としては、空家所有者に対し、使用貸借が終了していること及び使用貸借を継続させる意思がないことを書面で伝えることは、後に争いになった場合に備えるためにも必須と言えるでしょう。

2 助言・指導に際しての注意点

(1) まず、いくら空家といえども、底地所有者が裁判によらずに、空家所有者に無断で建物を取り壊すことは違法であり、刑事罰の制裁もあり得ます。くれぐれも無断で取り壊すことがないよう助言・指導することが必要となります。

(2) 次に、裁判で建物収去土地明渡請求が認められても、空家所有者が建物を取り壊してくれない場合は、代替執行という手続きによることになります。代替執行とは、債務者（空家所有者）が債務を履行しない場合に、裁判に基づき、債権者（底地所有者）が第三者に債務の履行をさせることを意味します。

建物収去土地明渡請求にかかる一連の費用（裁判所への手続き費用のみならず、取壊し費用も含む）については、底地所有者は空家所有者に請求が可能ですが、空家所有者が無資力であった場合や空家所有者の財産の所在が分からない場合は、事実上当該費用を底地所有者が支出せざるを得ません。

自治体としては、底地所有者に対し、建物を除却した場合、土地の価値が増加し土地が高価で売却できる可能性があるか等、底地所有者としての費用対効果についても示唆してあげるのが丁寧な対応といえます。

Q4－4　底地所有者に対する助言・指導（建物について）

Q　**底地所有者が、空家所有者に無断で、建物に変更（補修や一部除却）を加えることはできるのでしょうか。**

A　原則としてできません。

解説

原則として、空家所有者に無断で空家に補修や一部の除却等の変更を加えることはできません。

例外として、底地所有者が事務管理として建物に変更（補修や一部除却）を加えることができる場合があります。事務管理は、①法律上の義務がないこと、②他人のためにする意思があること、③他人の事務を管理すること、④本人の意思および利益に適合することを要件として認められます（民法697条）。例えば、空家の壁などが剥がれ、飛散する可能性があるような場合、底地所有者が、空家所有者のために壁の補修を行う場合等に事務管理が成立する余地があるといえます。そして、事務管理に係る費用は、当該他人に請求することができるとされています（民法702条）ので、事務管理が成立する場合、底地所有者が修理費用等を空家所有者に請求することができます。

しかし、空家の補修や一部除却について、事務管理が成立するか否かは、上記各要件について詳細な検討を加えた上での判断が必要となりますし、いったん事務管理を開始した者は、当該他人又はその相続人等が管理をすることができるに至るまで、事務管理を継続しなければならないとされていますので（民法700条）、自治体が底地所有者に空家の補修や一部の除却等の変更を加えることを助言する際には、空家所有者の同意を得ることが原則であることを説明した上で、慎重な判断のもと自己責任で行うことをはっきりと伝えることが必要であると考えます。

Q4－5　底地所有者に対する助言・指導（樹木の繁茂）

Q　**空家の敷地に生えている立木が繁茂して、近隣に迷惑をかけている場合、底地所有者として、立木を伐採することはできますか。**

A　伐採が可能な場合とそうでない場合があります。

解説

立木は、土地に付合したものとして、原則として土地の所有者に所有権が帰属することになります（民法242条本文）。そのため、立木については、底地所有者が伐採することができますし、立木が隣地に越境している場合などは、底地所有者が枝を伐採する義務があります。

もっとも、その立木が、空家所有者が植えたもので、当該立木を植えた時、空家所有者に土地を利用し立木を附属させる権原が認められていれば、当該立木の所有者は、空家所有者となります（民法242条但書）。したがって、このような場合は、底地所有者は立木を伐採することはできません。

Q4－6　自治体からの情報提供

Q　**空家の底地所有者が空家所有者に対し空家の除却等を請求をしたいが、空家所有者の所在が分からないという場合、自治体が、底地所有者の求めに応じて空家の底地所有者に対して、空家所有者の情報を教示することはできますか。**

A　できません。

解説

仮に、自治体が空家所有者の所在を把握していたとしても、空家所有者の了解なく、空家の隣地所有者・底地所有者の求めに応じて、空家所有者の住所等の情報を教示することは許されません。

空家法10条1項においては、「市町村長は、固定資産税の課税その他の事務のために利用する目的で保有する情報であって氏名その他の空家等の所有者等に関するものについては、この法律の施行のために必要な限度において、その保有に当たって特定された利用の目的以外の目的のために内部で利用することができる。」とされており、自治体の外部への情報開示は認められていません。なお、自治体の個人情報保護条例による空家所有者の住所等の開示についても、通常は「本人の同意」を要件としていますので、空家所有者の同意なく開示が認められることはないものと思います。

Q4－7　底地所有者による独力での空家所有者の住居等の特定

Q　**底地所有者が、自ら空家所有者の情報を取得し、相手方を確定することはできますか。**

A　できる場合もありますが、困難な場合には弁護士に依頼されると良いでしょう。

解説

まずは、法務局にて対象の空家の登記簿謄本を取得し、所有者の住所・氏名を確認するという方法が考えられます。

しかし、登記簿謄本上記載されている空家所有者の住所は、引っ越し等により現住所ではない場合や、既に当該所有者が死亡している場合も多く存在します。そのような場合は、登記簿謄本に記載された住所を手掛かりに、住民票・戸籍の附票・戸籍謄本等を取得し、空家所有者の所在や相続関係を特定していくことが必要になります。

そして、第三者が、自己の権利を行使し、又は自己の義務を履行するために必要な場合（住民基本台帳法第12条の3、同20条、戸籍法第10条の2）は、土地賃貸借契約書等の疎明資料を提示することで、関係人の住民票・戸籍の附票・戸籍謄本等を取得することができます。

なお、弁護士は職務上請求により、これらの書類を取得することができますので、弁護士への依頼の検討を助言することも一つの方法と言えます。

Q4－8　底地権者の取りうる手段（空家所有者が所在不明）

Q　**底地所有者が、空家所有者を調査した結果、当該所有者が行方不明であった場合、どのようにして建物の除却を求めるのでしょうか。**

A　公示送達を利用した訴訟等の手続き、不在者財産管理人選任申立て、失踪宣告の申立てが考えられます。

解説

Q2－1と同じ内容になりますので、そちらをご参照ください。

Q4－9　底地所有者の取りうる手段（空家所有者の相続人不存在）

Q　**底地所有者が、空家所有者を調査した結果、当該所有者が死亡していた場合、どのようにして建物の除却を求めるのでしょうか。**

A　特別代理人制度を利用した訴訟等の手続き、相続財産管理人選任申立てが考えられます。

解説

Q2－2と同じ内容になりますので、そちらをご参照ください。

○民法・不動産登記法（所有者不明土地関係）の改正等に関する要綱案

第1部　民法等の見直し

第１　相隣関係

１　隣地使用権

民法第209条の規律を次のように改めるものとする。

①　土地の所有者は、次に掲げる目的のため必要な範囲内で、隣地を使用することができる。ただし、住家については、その居住者の承諾がなければ、立ち入ることはできない。

ア　境界又はその付近における障壁、建物その他の工作物の築造、収去又は修繕

イ　境界標の調査又は境界に関する測量

ウ　2③の規律による枝の切取り

②　①の場合には、使用の日時、場所及び方法は、隣地の所有者及び隣地を現に使用している者（③及び④において「隣地使用者」という。）のために損害が最も少ないものを選ばなければならない。

③　①の規律により隣地を使用する者は、あらかじめ、その目的、日時、場所及び方法を隣地の所有者及び隣地使用者に通知しなければならない。ただし、あらかじめ通知することが困難なときは、使用を開始した後、遅滞なく、通知することをもって足りる。

④　①の場合において、隣地の所有者又は隣地使用者が損害を受けたときは、その償金を請求することができる。

２　竹木の枝の切除等

民法第233条第1項の規律を次のように改めるものとする。

①　土地の所有者は、隣地の竹木の枝が境界線を越えるときは、その竹木の所有者に、その枝を切除させることができる。

②　①の場合において、竹木が数人の共有に属するときは、各共有者は、その枝を切り取ることができる。

③　①の場合において、次に掲げるときは、土地の所有者は、その枝を切り取ることができる。

ア　竹木の所有者に枝を切除するよう催告したにもかかわらず、竹木の所有者が相当の期間内に切除しないとき。

イ　竹木の所有者を知ることができず、又はその所在を知ることができないとき。

ウ　急迫の事情があるとき。

3　継続的給付を受けるための設備設置権及び設備使用権

継続的給付を受けるための設備設置権及び設備使用権について、次のような規律を設けるものとする。

① 土地の所有者は、他の土地に設備を設置し、又は他人が所有する設備を使用しなければ電気、ガス又は水道水の供給その他これらに類する継続的給付（以下①及び⑧において「継続的給付」という。）を受けることができないときは、継続的給付を受けるため必要な範囲内で、他の土地に設備を設置し、又は他人が所有する設備を使用することができる。

② ①の場合には、設備の設置又は使用の場所及び方法は、他の土地又は他人が所有する設備（③において「他の土地等」という。）のために損害が最も少ないものを選ばなければならない。

③ ①の規律により他の土地に設備を設置し、又は他人が所有する設備を使用する者は、あらかじめ、その目的、場所及び方法を他の土地等の所有者及び他の土地を現に使用している者に通知しなければならない。

④ ①の規律による権利を有する者は、①の規律により他の土地に設備を設置し、又は他人が所有する設備を使用するために当該他の土地又は当該他人が所有する設備がある土地を使用することができる。この場合においては、前記1の①ただし書及び②から④までの規律を準用する。

⑤ ①の規律により他の土地に設備を設置する者は、その土地の損害（④において準用する前記1の④に規律する損害を除く。）に対して償金を支払わなければならない。ただし、1年ごとにその償金を支払うことができる。

⑥ ①の規律により他人が所有する設備を使用する者は、その設備の使用を開始するために生じた損害に対して償金を支払わなければならない。

⑦ ①の規律により他人が所有する設備を使用する者は、その利益を受ける割合に応じて、その設置、改築、修繕及び維持に要する費用を負担しなければならない。

⑧ 分割によって他の土地に設備を設置しなければ継続的給付を受けることができない土地が生じたときは、その土地の所有者は、継続的給付を受けるため、他の分割者の所有地のみに設備を設置することができる。この場合においては、⑤の規律は、適用しない。

⑨ ⑧の規律は、土地の所有者がその土地の一部を譲り渡した場合について準用する。

第2　共有等

1　共有物を使用する共有者と他の共有者との関係等

共有物を使用する共有者と他の共有者との関係等について、次のような規律を設けるものとする。

① 共有物を使用する共有者は、別段の合意がある場合を除き、他の共有者に対し、自己の持分を超える使用の対価を償還する義務を負う。

② 共有者は、善良な管理者の注意をもって、共有物の使用をしなければならない。

2 共有物の変更行為

民法第251条の規律を次のように改めるものとする。

① 各共有者は、他の共有者の同意を得なければ、共有物に変更（その形状又は効用の著しい変更を伴わないものを除く。②において同じ。）を加えることができない。

② 共有者が他の共有者を知ることができず、又はその所在を知ることができないときは、裁判所は、共有者の請求により、当該他の共有者以外の他の共有者の同意を得て共有物に変更を加えることができる旨の裁判をすることができる。

3 共有物の管理

民法第252条の規律を次のように改めるものとする。

① 共有物の管理に関する事項（共有物に2①に規律する変更を加えるものを除く。②において同じ。）は、各共有者の持分の価格に従い、その過半数で決する。共有物を使用する共有者があるときも、同様とする。

② 裁判所は、次に掲げるときは、ア又はイに規律する他の共有者以外の共有者の請求により、当該他の共有者以外の共有者の持分の価格に従い、その過半数で共有物の管理に関する事項を決することができる旨の裁判をすることができる。

ア 共有者が他の共有者を知ることができず、又はその所在を知ることができないとき。

イ 共有者が他の共有者に対し相当の期間を定めて共有物の管理に関する事項を決することについて賛否を明らかにすべき旨を催告した場合において、当該他の共有者がその期間内に賛否を明らかにしないとき。

③ ①及び②の規律による決定が、共有者間の決定に基づいて共有物を使用する共有者に特別の影響を及ぼすべきときは、その承諾を得なければならない。

④ 共有者は、①から③までの規律により、共有物に、次のアからエまでに掲げる賃借権その他の使用及び収益を目的とする権利（次のアからエまでにおいて「賃借権等」という。）であって、次のアからエまでに定める期間を超えないものを設定することができる。

ア 樹木の栽植又は伐採を目的とする山林の賃借権等 10年

イ 前号の賃借権等以外の土地の賃借権等 5年

ウ　建物の賃借権等　3年

エ　動産の賃借権等　6箇月

⑤　各共有者は、①から④までの規律にかかわらず、保存行為をすることができる。

4　共有物の管理者

共有物の管理者について、次のような規律を設けるものとする。

①　共有者は、3の規律により、共有物を管理する者（②から⑤までにおいて「共有物の管理者」という。）を選任し、又は解任することができる。

②　共有物の管理者は、共有物の管理に関する行為をすることができる。ただし、共有者の全員の同意を得なければ、共有物に変更（その形状又は効用の著しい変更を伴わないものを除く。③において同じ。）を加えることができない。

③　共有物の管理者が共有者を知ることができず、又はその所在を知ることができないときは、裁判所は、共有物の管理者の請求により、当該共有者以外の共有者の同意を得て共有物に変更を加えることができる旨の裁判をすることができる。

④　共有物の管理者は、共有者が共有物の管理に関する事項を決した場合には、これに従ってその職務を行わなければならない。

⑤　④の規律に違反して行った共有物の管理者の行為は、共有者に対してその効力を生じない。ただし、共有者は、これをもって善意の第三者に対抗することができない。

5　変更・管理の決定の裁判の手続

変更・管理の決定の裁判の手続について、次のような規律を設けるものとする。

①　裁判所は、次に掲げる事項を公告し、かつ、イの期間が経過しなければ、2②、3②ア及び4③の規律による裁判をすることができない。この場合において、イの期間は、1箇月を下ってはならない。

ア　当該財産についてこの裁判の申立てがあったこと。

イ　裁判所がこの裁判をすることについて異議があるときは、当該他の共有者等（2②の当該他の共有者、3②アの他の共有者又は4③の当該共有者をいう。）は一定の期間までにその旨の届出をすべきこと。

ウ　イの届出がないときは、裁判所がこの裁判をすること。

②　裁判所は、次に掲げる事項を3②イの他の共有者に通知し、かつ、イの期間が経過しなければ、3②イの規律による裁判をすることができない。この場合において、イの期間は、1箇月を下ってはならない。

ア　当該財産についてこの裁判の申立てがあったこと。

イ　3②イの他の共有者は裁判所に対し一定の期間までに共有物の管理に関す

る事項を決することについて賛否を明らかにすべきこと。

ウ　イの期間内に3②イの他の共有者が共有物の管理に関する事項を決することについて賛否を明らかにしないときは、裁判所がこの裁判をすること。

③　②イの期間内に裁判所に対し共有物の管理に関する事項を決することについて賛否を明らかにした他の共有者があるときは、裁判所は、その者に係る3②イの規律による裁判をすることができない。

(注) これらの裁判に係る事件は当該裁判に係る財産の所在地を管轄する地方裁判所の管轄に属するものとするなど、裁判所の手続に関しては所要の規定を整備する。

6　裁判による共有物分割

民法第258条の規律を次のように改めるものとする。

①　共有物の分割について共有者間に協議が調わないとき、又は協議をすることができないときは、その分割を裁判所に請求することができる。

②　裁判所は、次に掲げる方法により、共有物の分割を命ずることができる。

ア　共有物の現物を分割する方法

イ　共有者に債務を負担させて、他の共有者の持分の全部又は一部を取得させる方法

③　②に規律する方法により共有物を分割することができないとき、又は分割によってその価格を著しく減少させるおそれがあるときは、裁判所は、その競売を命ずることができる。

④　裁判所は、共有物の分割の裁判において、当事者に対して、金銭の支払、物の引渡し、登記義務の履行その他の給付を命ずることができる。

7　相続財産に属する共有物の分割の特則

相続財産に属する共有物の分割の特則について、次のような規律を設けるものとする。

①　共有物の全部又はその持分が相続財産に属する場合において、共同相続人間で当該共有物の全部又はその持分について遺産の分割をすべきときは、当該共有物又はその持分について6の規律による分割をすることができない。

②　共有物の持分が相続財産に属する場合において、相続開始の時から10年を経過したときは、①の規律にかかわらず、相続財産に属する共有物の持分について6の規律による分割をすることができる。ただし、当該共有物の持分について遺産の分割の請求があった場合において、相続人が当該共有物の持分について6の規律による分割をすることに異議の申出をしたときは、この限りでない。

③　相続人が②ただし書の申出をする場合には、当該申出は、当該相続人が6①

の規律による請求を受けた裁判所から当該請求があった旨の通知を受けた日から2箇月以内に当該裁判所にしなければならない。

8　所在等不明共有者の持分の取得

所在等不明共有者の持分の取得について、次のような規律を設けるものとする。

⑴　要件等

①　不動産が数人の共有に属する場合において、共有者が他の共有者を知ることができず、又はその所在を知ることができないときは、裁判所は、共有者の請求により、その共有者に、当該他の共有者（以下「所在等不明共有者」という。）の持分を取得させる旨の裁判をすることができる。この場合において、請求をした共有者が2人以上あるときは、請求をした各共有者に、所在等不明共有者の持分を請求をした各共有者の持分の割合で按分してそれぞれ取得させる。

②　①の請求があった持分に係る不動産について6①の規律による請求又は遺産の分割の請求があり、かつ、所在等不明共有者以外の共有者が①の請求を受けた裁判所に①の裁判をすることについて異議がある旨の届出をしたときは、裁判所は、①の裁判をすることができない。

③　所在等不明共有者の持分が相続財産に属する場合（共同相続人間で遺産の分割をすべき場合に限る。）において、相続開始の時から10年を経過していないときは、裁判所は、①の裁判をすることができない。

④　共有者が所在等不明共有者の持分を取得したときは、所在等不明共有者は、当該共有者に対し、当該共有者が取得した持分の時価相当額の支払を請求することができる。

⑤　①から④までの規律は、不動産の使用又は収益をする権利（所有権を除く。）が数人の共有に属する場合について準用する。

⑵　手続等

①　裁判所は、次に掲げる事項を公告し、かつ、イ、ウ及びオの期間が経過しなければ、⑴①の裁判をすることができない。この場合において、イ、ウ及びオの期間は、3箇月を下ってはならない。

ア　所在等不明共有者の持分について⑴①の裁判の申立てがあったこと。

イ　裁判所が⑴①の裁判をすることについて異議があるときは、所在等不明共有者は一定の期間までにその旨の届出をすべきこと。

ウ　⑴②の異議の届出は、一定の期間までにすべきこと。

エ　イ及びウの届出がないときは、裁判所が⑴①の裁判をすること。

オ　⑴①の裁判の申立てがあった所在等不明共有者の持分について申立人以外の共有者が⑴①の裁判の申立てをするときは一定の期間内にその申立てをす

べきこと。

② 裁判所は、①の公告をしたときは、遅滞なく、登記簿上その氏名又は名称が判明している共有者に対し、①（イを除く。）の規律により公告すべき事項を通知しなければならない。この通知は、通知を受ける者の登記簿上の住所又は事務所に宛てて発すれば足りる。

③ 裁判所は、①ウの異議の届出が①ウの期間を経過した後にされたときは、当該届出を却下しなければならない。

④ 裁判所は、(1)①の裁判をするには、申立人に対して、一定の期間内に、所在等不明共有者のために、裁判所が定める額の金銭を裁判所の指定する供託所に供託し、かつ、その旨を届け出るべきことを命じなければならない。この裁判に対しては、即時抗告をすることができる。

⑤ 裁判所は、申立人が④の規律による決定に従わないときは、その申立人の申立てを却下しなければならない。

⑥ (1)①の裁判の申立てを受けた裁判所が①の公告をした場合において、その申立てがあった所在等不明共有者の持分について申立人以外の共有者が①オの期間が経過した後に(1)①の裁判の申立てをしたときは、裁判所は、申立人以外の共有者による(1)①の裁判のその申立てを却下しなければならない。

（注）(1)①の裁判に係る事件は、当該裁判に係る不動産の所在地を管轄する地方裁判所の管轄に属するものとするなど、裁判所の手続に関しては所要の規定を整備する。

9 所在等不明共有者の持分の譲渡

所在等不明共有者の持分の譲渡について、次のような規律を設けるものとする。

(1) 要件等

① 不動産が数人の共有に属する場合において、共有者が他の共有者を知ることができず、又はその所在を知ることができないときは、裁判所は、共有者の請求により、その共有者に、当該他の共有者（以下「所在等不明共有者」という。）以外の共有者の全員が特定の者に対してその有する持分の全部を譲渡することを停止条件として所在等不明共有者の持分を当該特定の者に譲渡する権限を付与する旨の裁判をすることができる。

② 所在等不明共有者の持分が相続財産に属する場合（共同相続人間で遺産の分割をすべき場合に限る。）において、相続開始の時から10年を経過していないときは、裁判所は、①の裁判をすることができない。

③ ①の裁判により付与された権限に基づき共有者が所在等不明共有者の持分を第三者に譲渡したときは、所在等不明共有者は、譲渡をした共有者に対し、不動産の時価相当額を所在等不明共有者の持分に応じて按分して得た額の支払を

請求することができる。

④　①から③までの規律は、不動産の使用又は収益をする権利（所有権を除く。）が数人の共有に属する場合について準用する。

⑵　手続等

①　8⑵①ア、イ及びエ、④及び⑤の規律は、⑴①の裁判に係る事件について準用する。

②　所在等不明共有者の持分を譲渡する権限の付与の裁判の効力が生じた後2箇月以内にその裁判により権限に基づく所在等不明共有者の持分の譲渡の効力が生じないときは、その裁判は、その効力を失う。ただし、この期間は、裁判所において伸長することができる。

（注）⑴①の裁判に係る事件は、当該裁判に係る不動産の所在地を管轄する地方裁判所の管轄に属するものとするなど、裁判所の手続に関しては所要の規定を整備する。

10　相続財産についての共有に関する規定の適用関係

相続財産についての共有に関する規定の適用関係について、次のような規律を設けるものとする。

相続財産について共有に関する規定を適用するときは、民法第900条から第902条までの規定により算定した相続分をもって各相続人の共有持分とする。

第3　所有者不明土地管理命令等

1　所有者不明土地管理命令及び所有者不明建物管理命令

所有者不明土地管理命令及び所有者不明建物管理命令について、次のような規律を設けるものとする。

⑴　所有者不明土地管理命令

①　裁判所は、所有者を知ることができず、又はその所在を知ることができない土地（土地が数人の共有に属する場合にあっては、共有者を知ることができず、又はその所在を知ることができない土地の共有持分）について、必要があると認めるときは、利害関係人の請求により、その請求に係る土地又は共有持分を対象として、所有者不明土地管理人（④の所有者不明土地管理人をいう。以下同じ。）による管理を命ずる処分（以下「所有者不明土地管理命令」という。）をすることができる。

②　所有者不明土地管理命令の効力は、当該所有者不明土地管理命令の対象とされた土地（共有持分を対象として所有者不明土地管理命令が発令された場合にあっては、共有物である土地）にある動産（当該所有者不明土地管理命令の対象とされた土地又は共有持分を有する者が所有するものに限る。）に及ぶ。

③ 所有者不明土地管理命令は、所有者不明土地管理命令が発令された後に当該所有者不明土地管理命令が取り消された場合において、当該所有者不明土地管理命令の対象とされた土地又は共有持分及び当該所有者不明土地管理命令の効力が及ぶ動産の管理、処分その他の事由により所有者不明土地管理人が得た財産について、必要があると認めるときも、することができる。

④ 裁判所は、所有者不明土地管理命令をする場合には、当該所有者不明土地管理命令において、所有者不明土地管理人を選任しなければならない。

(注) 第3の1の規律による非訟事件は、裁判を求める事項に係る不動産の所在地を管轄する地方裁判所の管轄に属するものとし、また、土地所有者のための手続保障に関し、次のような規律を設けるものとするなど、裁判所の手続に関しては所要の規定を整備する。

裁判所は、次に掲げる事項を公告し、かつ、イの期間が経過しなければ、所有者不明土地管理命令をすることができない。この場合において、イの期間は、1箇月を下ってはならない。

ア 所有者不明土地管理命令の申立てがその対象となるべき土地又は共有持分についてあったこと。

イ 所有者不明土地管理命令をすることについて異議があるときは、対象となるべき土地又は共有持分を有する者は一定の期間までにその旨の届出をすべきこと。

ウ 前号の届出がないときは、裁判所が所有者不明土地管理命令をすること。

(2) 所有者不明土地管理人の権限

① (1)④の規律により所有者不明土地管理人が選任された場合には、所有者不明土地管理命令の対象とされた土地又は共有持分及び所有者不明土地管理命令の効力が及ぶ動産並びにその管理、処分その他の事由により所有者不明土地管理人が得た財産(以下「所有者不明土地等」という。)の管理及び処分をする権利は、所有者不明土地管理人に専属する。

② 所有者不明土地管理人が次に掲げる行為の範囲を超える行為をするには、裁判所の許可を得なければならない。ただし、この許可がないことをもって善意の第三者に対抗することができない。

ア 保存行為

イ 所有者不明土地等の性質を変えない範囲内において、その利用又は改良を目的とする行為

(注) 管理人の選任の公示に関し、次のような規律を設けるものとする。

① 所有者不明土地管理命令があった場合には、裁判所書記官は、職権で、遅滞なく、所有者不明土地管理命令の対象とされた土地又は共有持分について、

所有者不明土地管理命令の登記の嘱託をしなければならない。

② 所有者不明土地管理命令を取り消す裁判があったときは、裁判所書記官は、職権で、遅滞なく、所有者不明土地管理命令の登記の抹消を嘱託しなければならない。

⑶ 所有者不明土地等に関する訴えの取扱い

所有者不明土地管理命令が発せられた場合には、所有者不明土地等に関する訴えについては、所有者不明土地管理人を原告又は被告とする。

（注） 訴訟手続の中断・受継に関し、次のような規律を整備するものとする。

① 所有者不明土地管理命令が発せられた場合には、所有者不明土地等に関する訴訟手続で当該所有者不明土地等の所有者を当事者とするものは、中断する。この場合においては、所有者不明土地管理人は、訴訟手続を受け継ぐことができる。

② 所有者不明土地管理命令が取り消されたときは、所有者不明土地管理人を当事者とする所有者不明土地等に関する訴訟手続は、中断する。この場合においては、所有者不明土地等の所有者は、訴訟手続を受け継がなければならない。

⑷ 所有者不明土地管理人の義務

① 所有者不明土地管理人は、所有者不明土地等の所有者（その共有持分を有する者を含む。）のために、善良な管理者の注意をもって、その権限を行使しなければならない。

② 数人の者の共有持分を対象として所有者不明土地管理命令が発せられたときは、所有者不明土地管理人は、当該所有者不明土地管理命令の対象とされた共有持分を有する者全員のために、誠実かつ公平にその権限を行使しなければならない。

⑸ 所有者不明土地管理人の解任及び辞任

① 所有者不明土地管理人がその任務に違反して所有者不明土地等に著しい損害を与えたことその他重要な事由があるときは、裁判所は、利害関係人の請求により、所有者不明土地管理人を解任することができる。

② 所有者不明土地管理人は、正当な事由があるときは、裁判所の許可を得て、辞任することができる。

⑹ 所有者不明土地管理人の報酬等

① 所有者不明土地管理人は、所有者不明土地等から裁判所が定める額の費用の前払及び報酬を受けることができる。

② 所有者不明土地管理人による所有者不明土地等の管理に必要な費用及び報酬は、所有者不明土地等の所有者（その共有持分を有する者を含む。）の負担とする。

⑺ 所有者不明土地管理制度における供託等及び取消し

① 所有者不明土地管理人は、所有者不明土地管理命令の対象とされた土地又は

共有持分及び所有者不明土地管理命令の効力が及ぶ動産の管理、処分その他の事由により金銭が生じたときは、その所有者(その共有持分を有する者を含む。)のために、当該金銭を所有者不明土地管理命令の対象とされた土地（共有持分を対象として所有者不明土地管理命令が発令された場合にあっては、共有物である土地）の所在地の供託所に供託することができる。この場合において、供託をしたときは、法務省令で定めるところにより、その旨その他法務省令で定める事項を公告しなければならない。

② 裁判所は、管理すべき財産がなくなったとき（管理すべき財産の全部が供託されたときを含む。）その他財産の管理を継続することが相当でなくなったときは、所有者不明土地管理人若しくは利害関係人の申立てにより又は職権で、所有者不明土地管理命令を取り消さなければならない。

③ 所有者不明土地等の所有者（その共有持分を有する者を含む。）が所有者不明土地等の所有権(その共有持分を含む。)が自己に帰属することを証明したときは、裁判所は、当該所有者の申立てにより、所有者不明土地管理命令を取り消さなければならない。この場合において、所有者不明土地管理命令が取り消されたときは、所有者不明土地管理人は、当該所有者に対し、その事務の経過及び結果を報告し、当該所有者に帰属することが証明された財産を引き渡さなければならない。

⑻ 所有者不明建物管理命令

① 裁判所は、所有者を知ることができず、又はその所在を知ることができない建物（建物が数人の共有に属する場合にあっては、共有者を知ることができず、又はその所在を知ることができない建物の共有持分）について、必要があると認めるときは、利害関係人の請求により、その請求に係る建物又は共有持分を対象として、所有者不明建物管理人（④の所有者不明建物管理人をいう。以下同じ。）による管理を命ずる処分（以下「所有者不明建物管理命令」という。）をすることができる。

② 所有者不明建物管理命令の効力は、当該所有者不明建物管理命令の対象とされた建物（共有持分を対象として所有者不明建物管理命令が発令された場合にあっては、共有物である建物）にある動産（当該所有者不明建物管理命令の対象とされた建物又は共有持分を有する者が所有するものに限る。）及び当該建物又は共有持分を有するための建物の敷地に関する権利（賃借権その他の使用及び収益を目的とする権利（所有権を除く。）であって、当該所有者不明建物管理命令の対象とされた建物又は共有持分を有する者が有するものに限る。）に及ぶ。

③ 所有者不明建物管理命令は、所有者不明建物管理命令が発令された後に当該所有者不明建物管理命令が取り消された場合において、当該所有者不明建物管理命令の対象とされた建物又は共有持分並びに当該所有者不明建物管理命令の効力が及ぶ動産及び建物の敷地に関する権利の管理、処分その他の事由により所有者不

明建物管理人が得た財産について、必要があると認めるときも、することができる。

④　裁判所は、所有者不明建物管理命令をする場合には、所有者不明建物管理命令において、所有者不明建物管理人を選任しなければならない。

⑤　(2)から(7)までの規定は、所有者不明建物管理命令について準用する。

（注）　所有者不明建物管理命令に関する規律は、建物の区分所有等に関する法律における専有部分及び共用部分については、適用しないものとする。

2　管理不全土地管理命令及び管理不全建物管理命令

管理不全土地管理命令及び管理不全建物管理命令について、次のような規律を設けるものとする。

(1)　管理不全土地管理命令

①　裁判所は、所有者による土地の管理が不適当であることによって他人の権利又は法律上保護される利益が侵害され、又は侵害されるおそれがある場合において、必要があると認めるときは、利害関係人の請求により、当該土地を対象として、管理不全土地管理人（③の管理不全土地管理人をいう。以下同じ。）による管理を命ずる処分（以下「管理不全土地管理命令」という。）をすることができる。

②　管理不全土地管理命令の効力は、当該管理不全土地管理命令の対象とされた土地にある動産（当該管理不全土地管理命令の対象とされた土地の所有者又はその共有持分を有する者が所有するものに限る。）に及ぶ。

③　裁判所は、管理不全土地管理命令をする場合には、当該管理不全土地管理命令において、管理不全土地管理人を選任しなければならない。

（注）　第3の2の規律による非訟事件は、裁判を求める事項に係る不動産の所在地を管轄する地方裁判所の管轄に属するものとするなど、裁判所の手続に関しては所要の規定（裁判所は、管理不全土地管理命令等の一定の裁判をする場合には、その対象とされた土地の所有者の陳述を聴かなければならないが、裁判所が管理不全土地管理命令をする場合において、その陳述を聴く手続を経ることによりその申立ての目的を達することができない事情があるときはこの限りでない旨の規定や、これらの裁判に対する即時抗告の規定を含む。）を整備する。

(2)　管理不全土地管理人の権限

①　管理不全土地管理人は、管理不全土地管理命令の対象とされた土地及び管理不全土地管理命令の効力が及ぶ動産並びにその管理、処分その他の事由により管理不全土地管理人が得た財産（以下「管理不全土地等」という。）の管理及び処分をする権限を有する。

②　管理不全土地管理人が次に掲げる行為の範囲を超える行為をするには、裁判所の許可を得なければならない。ただし、この許可がないことをもって善意でかつ過失がない第三者に対抗することができない。

ア　保存行為

イ　管理不全土地等の性質を変えない範囲内において、その利用又は改良を目的とする行為

③　管理不全土地管理命令の対象とされた土地の処分についての前項の許可をするには、その所有者の同意がなければならない。

(3)　管理不全土地管理人の義務

①　管理不全土地管理人は、管理不全土地等の所有者のために、善良な管理者の注意をもって、その権限を行使しなければならない。

②　管理不全土地等が数人の共有に属する場合には、管理不全土地管理人は、その共有持分を有する者全員のために、誠実かつ公平にその権限を行使しなければならない。

(4)　管理不全土地管理人の解任及び辞任

①　管理不全土地管理人がその任務に違反して管理不全土地等に著しい損害を与えたことその他重要な事由があるときは、裁判所は、利害関係人の請求により、管理不全土地管理人を解任することができる。

②　管理不全土地管理人は、正当な事由があるときは、裁判所の許可を得て、辞任することができる。

(5)　管理不全土地管理人の報酬等

①　管理不全土地管理人は、管理不全土地等から裁判所が定める額の費用の前払及び報酬を受けることができる。

②　管理不全土地管理人による管理不全土地等の管理に必要な費用及び報酬は、管理不全土地等の所有者の負担とする。

(6)　管理不全土地管理制度における供託等及び取消し

①　管理不全土地管理人は、管理不全土地管理命令の対象とされた土地及び管理不全土地管理命令の効力が及ぶ動産の管理、処分その他の事由により金銭が生じたときは、その所有者（その共有持分を有する者を含む。）のために、当該金銭を管理不全土地管理命令の対象とされた土地の所在地の供託所に供託することができる。この場合において、供託をしたときは、法務省令で定めるところにより、その旨その他法務省令で定める事項を公告しなければならない。

②　裁判所は、管理すべき財産がなくなったとき（管理すべき財産の全部が供託されたときを含む。）その他財産の管理を継続することが相当でなくなったときは、管理不全土地管理人若しくは利害関係人の申立てにより又は職権で、管理不全土地管理命令を取り消さなければならない。

(7)　管理不全建物管理命令

①　裁判所は、所有者による建物の管理が不適当であることによって他人の権利又

は法律上保護される利益が侵害され、又は侵害されるおそれがある場合において、必要があると認めるときは、利害関係人の請求により、当該建物を対象として、管理不全建物管理人（③の管理不全建物管理人をいう。）による管理を命ずる処分（以下この条において「管理不全建物管理命令」という。）をすることができる。

② 管理不全建物管理命令は、当該管理不全建物管理命令の対象とされた建物にある動産（当該管理不全建物管理命令の対象とされた建物の所有者又はその共有持分を有する者が所有するものに限る。）及び当該建物を所有するための建物の敷地に関する権利（賃借権その他の使用及び収益を目的とする権利（所有権を除く。）であって、当該管理不全建物管理命令の対象とされた建物の所有者又はその共有持分を有する者が有するものに限る。）に及ぶ。

③ 裁判所は、管理不全建物管理命令をする場合には、当該管理不全建物管理命令において、管理不全建物管理人を選任しなければならない。

④ (2)から(6)までの規定は、管理不全建物管理命令について準用する。

（注） 管理不全建物管理命令に関する規律は、建物の区分所有等に関する法律における専有部分及び共用部分については、適用しないものとする。

第4 相続等

1 相続財産等の管理

(1) 相続財産の管理

相続財産の管理について、次のような規律を設けるものとし、民法第918条第2項及び第3項並びに第926条第2項及び第940条第2項のうちこれらを準用する部分を削るものとする。

① 家庭裁判所は、利害関係人又は検察官の請求によって、いつでも、相続財産の保存に必要な処分を命ずることができる。ただし、相続人が一人である場合においてその相続人が相続の単純承認をしたとき、相続人が数人ある場合において遺産の全部の分割がされたとき又は民法第952条第1項の規定により相続財産の清算人が選任されているときは、この限りでない。

② 民法第27条から第29条までの規定は、①の規律により家庭裁判所が相続財産の管理人を選任した場合について準用する。

(2) 相続の放棄をした者による管理

民法第940条第1項の規律を次のように改めるものとする。

相続の放棄をした者が、その放棄の時に相続財産に属する財産を現に占有しているときは、相続人又は民法第952条第1項の相続財産の清算人に対して当該財産を引き渡すまでの間、自己の財産におけるのと同一の注意をもって、その財産を保存しなければならない。

⑶　不在者財産管理制度及び相続財産管理制度における供託等及び取消し

不在者財産管理人による供託等に関し、次のような規律を設けるとともに、不在者の財産の管理に関する処分の取消しの規律を見直し、管理すべき財産の全部が供託されたときをその処分の取消事由とした上で、本文⑴①により選任される相続財産管理人についてもこれらの規律を準用するものとする。

① 家庭裁判所が選任した管理人は、不在者の財産の管理、処分その他の事由により金銭が生じたときは、不在者のために、当該金銭を不在者の財産の管理に関する処分を命じた裁判所の所在地を管轄する家庭裁判所の管轄区域内の供託所に供託することができる。

② 家庭裁判所が選任した管理人は、①の規律による供託をしたときは、法務省令で定めるところにより、その旨その他法務省令で定める事項を公告しなければならない。

2　相続財産の清算

⑴　相続財産の清算人への名称の変更

民法第936条第1項及び第952条の「相続財産の管理人」の名称を「相続財産の清算人」に改める。

⑵　民法第952条以下の清算手続の合理化

民法第952条第2項及び第957条第1項の規律をそれぞれ次のように改め、第958条を削るものとする。

① 民法第952条第1項の規定により相続財産の清算人を選任したときは、家庭裁判所は、遅滞なく、その旨及び相続人があるならば一定の期間内にその権利を主張すべき旨を公告しなければならない。この場合において、その期間は、6箇月を下ることができない。

② ①の公告があったときは、相続財産の清算人は、全ての相続債権者及び受遺者に対し、2箇月以上の期間を定めて、その期間内にその請求の申出をすべき旨を公告しなければならない。この場合において、その期間は、①の規律により相続人が権利を主張すべき期間として家庭裁判所が公告した期間が満了するまでに満了するものでなければならない。

3　遺産分割に関する見直し

⑴　期間経過後の遺産の分割における相続分

遺産の分割について、次のような規律を設けるものとする。

民法第903条から第904条の2までの規定は、相続開始の時から10年を経過した後にする遺産の分割については、適用しない。ただし、次の①及び②のいずれかに該当するときは、この限りでない。

① 相続開始の時から10年を経過する前に、相続人が家庭裁判所に遺産の分割の請求をしたとき。

② 相続開始の時から始まる10年の期間の満了前6箇月以内の間に、遺産の分割を請求することができないやむを得ない事由が相続人にあった場合において、その事由が消滅した時から6箇月を経過する前に、当該相続人が家庭裁判所に遺産の分割の請求をしたとき。

(2) 遺産の分割の調停又は審判の申立ての取下げ

遺産の分割の調停又は審判の申立ての取下げについて、次のような規律を設けるものとする。

遺産の分割の調停の申立て及び遺産の分割の審判の申立ての取下げは、相続開始の時から10年を経過した後にあっては、相手方の同意を得なければ、その効力を生じない。

(3) 遺産の分割の禁止

遺産の分割の禁止の定め及び遺産の分割の禁止の審判の規律を次のように改めるものとする。

① 共同相続人は、5年以内の期間を定めて、遺産の全部又は一部について、その分割をしない旨の契約をすることができる。ただし、その期間の終期は、相続開始の時から10年を超えることができない。

② ①の契約は、5年以内の期間を定めて更新することができる。ただし、その期間の終期は、相続開始の時から10年を超えることができない。

③ 民法第907条第2項本文の場合において特別の事由があるときは、家庭裁判所は、5年以内の期間を定めて、遺産の全部又は一部について、その分割を禁ずることができる。ただし、その期間の終期は、相続開始の時から10年を超えることができない。

④ 家庭裁判所は、5年以内の期間を定めて③の期間を更新することができる。ただし、その期間の終期は、相続開始の時から10年を超えることができない。

第2部　不動産登記法等の見直し

第1　所有権の登記名義人に係る相続の発生を不動産登記に反映させるための仕組み

1　相続登記等の申請の義務付け及び登記手続の簡略化

(1) 所有権の登記名義人が死亡した場合における登記の申請の義務付け

不動産の所有権の登記名義人が死亡し、相続等による所有権の移転が生じた場合における公法上の登記申請義務について、次のような規律を設けるものとする。

① 不動産の所有権の登記名義人について相続の開始があったときは、当該相続

（注1）により当該不動産の所有権を取得した者は、自己のために相続の開始があったことを知り、かつ、当該所有権を取得したことを知った日から3年以内に、所有権の移転の登記を申請しなければならない（注2）。遺贈（相続人に対する遺贈に限る。）により所有権を取得した者も、同様とする（注3）。

② 前記①前段の規定による登記（民法第900条及び第901条の規定により算定した相続分に応じてされたものに限る。後記(3)④において同じ。）がされた後に遺産の分割があったときは、当該遺産の分割によって当該相続分を超えて所有権を取得した者は、当該遺産の分割の日から3年以内に、所有権の移転の登記を申請しなければならない（注4）。

③ 前記①及び②の規定は、代位者その他の者の申請又は嘱託により、当該各規定による登記がされた場合には、適用しない。

（注1）ここでいう「相続……によ」る所有権の取得には、特定財産承継遺言による取得も含まれる。

（注2）遺産の分割がされた場合には、当該遺産の分割の結果を踏まえた相続登記の申請をすることで申請義務が履行されたこととなる。また、遺産の分割がされる前であっても、法定相続分での相続登記（民法第900条（法定相続分）及び第901条（代襲相続人の相続分）の規定により算定した相続分に応じてする相続による所有権の移転の登記をいう。以下同じ。）の申請をした場合にも、相続による所有権の移転の登記の申請義務が履行されたこととなる。さらに、後記(3)の相続人申告登記（仮称）の申出をした場合にも第1の1(1)①の申請義務を履行したものとみなすものとする（後記(3)②参照）。

（注3）相続人に対する遺贈による所有権の移転の登記について、登記権利者（受遺者である相続人）が単独で申請することができる旨の規律を設けることについて、後記(4)参照。

（注4）後記(3)の相続人申告登記（仮称）の申出をした者が、その後の遺産の分割によって所有権を取得したときは、当該遺産の分割の日から3年以内に、所有権の移転の登記を申請しなければならない（後記(3)④参照）。

(2) 相続登記等の申請義務違反の効果

相続登記等の登記申請義務違反の効果として、次のような規律を設けるものとする。

前記(1)又は後記(3)④の規定による申請をすべき義務がある者が正当な理由がないのにその申請を怠ったときは、10万円以下の過料に処する（注）。

（注）裁判所に対する過料事件の通知の手続等に関して法務省令等に所要の規定を設けるものとする。

(3) 相続人申告登記（仮称）の創設

死亡した所有権の登記名義人の相続人による申出を受けて登記官がする登記と

して、相続人申告登記（仮称）を創設し、次のような規律を設けるものとする（注1）。

① 前記⑴①の規定により所有権の移転の登記を申請する義務を負う者は、法務省令で定めるところにより、登記官に対し、所有権の登記名義人について相続が開始した旨及び自らが当該所有権の登記名義人の相続人である旨を申し出ることができる（注2）。

② 前記⑴①に規定する期間内に前記①の規定による申出をした者は、前記⑴①に規定する所有権の取得（当該申出の前にされた遺産の分割によるものを除く。）に係る所有権の移転の登記を申請する義務を履行したものとみなす。

③ 登記官は、前記①の規定による申出があったときは、職権で、その旨並びに当該申出をした者の氏名及び住所その他法務省令で定める事項を所有権の登記に付記することができる（注2）。

④ 前記①の規定による申出をした者は、その後の遺産の分割によって所有権を取得したとき（前記⑴①前段の規定による登記がされた後に当該遺産の分割によって所有権を取得したときを除く。）は、当該遺産の分割の日から3年以内に、所有権の移転の登記を申請しなければならない。

⑤ 前記④の規定は、代位者その他の者の申請又は嘱託により、同④の規定による登記がされた場合は、適用しない。

（注1）これは、相続を原因とする所有権の移転の登記ではなく、①の各事実についての報告的な登記として位置付けられるものである。

（注2）この場合においては、申出人は当該登記名義人の法定相続人であることを証する情報（その有する持分の割合を証する情報を含まない。）を提供しなければならないものとする。具体的には、単に申出人が法定相続人の一人であることが分かる限度での戸籍謄抄本を提供すれば足りる（例えば、配偶者については現在の戸籍謄抄本のみで足り、子については被相続人である親の氏名が記載されている子の現在の戸籍謄抄本のみで足りることを想定している。）。

⑷ 遺贈による所有権の移転の登記手続の簡略化

相続人に対する遺贈による所有権の移転の登記手続を簡略化するため、共同申請主義（不動産登記法第60条）の例外として、次のような規律を設けるものとする。

遺贈（相続人に対する遺贈に限る。）による所有権の移転の登記は、不動産登記法第60条の規定にかかわらず、登記権利者が単独で申請することができる。

⑸ 法定相続分での相続登記がされた場合における登記手続の簡略化

法定相続分での相続登記がされた場合における登記手続を簡略化するため、法定相続分での相続登記がされている場合において、次に掲げる登記をするときは、更正の登記によることができるものとした上で、登記権利者が単独で申請することができるものとし、これを不動産登記実務の運用により対応するものとする。

①　遺産の分割の協議又は審判若しくは調停による所有権の取得に関する登記
②　他の相続人の相続の放棄による所有権の取得に関する登記
③　特定財産承継遺言による所有権の取得に関する登記
④　相続人が受遺者である遺贈による所有権の取得に関する登記

2　権利能力を有しないこととなったと認めるべき所有権の登記名義人についての符号の表示

死亡情報を取得した登記所が相続の発生を不動産登記に反映させるための方策として、住民基本台帳制度の趣旨等に留意しつつ、次のような規律を設けるものとする。

登記官は、所有権の登記名義人（法務省令で定めるものに限る。）が権利能力を有しないこととなったと認めるべき場合として法務省令で定める場合には、法務省令で定めるところにより、職権で、当該所有権の登記名義人についてその旨を示す符号を表示することができる。

第2　所有権の登記名義人の氏名又は名称及び住所の情報の更新を図るための仕組み

1　氏名又は名称及び住所の変更の登記の申請の義務付け

氏名又は名称及び住所の変更の登記の申請に関し、次のような規律を設けるものとする。

①　所有権の登記名義人の氏名若しくは名称又は住所について変更があったときは、当該所有権の登記名義人は、その変更があった日から2年以内に、氏名若しくは名称又は住所についての変更の登記を申請しなければならない。
②　前記①の規定による申請をすべき義務がある者が正当な理由がないのにその申請を怠ったときは、5万円以下の過料に処する（注）。

（注）裁判所に対する過料事件の通知の手続等に関して法務省令等に所要の規定を設けるものとする。

2　登記所が氏名又は名称及び住所の変更情報を不動産登記に反映させるための仕組み

登記官が住民基本台帳ネットワークシステム又は商業・法人登記のシステムから所有権の登記名義人の氏名及び住所についての変更の情報を取得し、これを不動産登記に反映させるため、次のような規律を設けるものとする。

登記官は、所有権の登記名義人の氏名若しくは名称又は住所について変更があったと認めるべき場合として法務省令で定める場合には、法務省令で定めるところにより、職権で、氏名若しくは名称又は住所についての変更の登記をすることができる。ただし、当該所有権の登記名義人が自然人であるときは、その申出があるときに限る。

第3　登記所が他の公的機関から所有権の登記名義人の死亡情報や氏名又は名称及び住所の変更情報を取得するための仕組み

相続の発生や氏名又は名称及び住所の変更を不動産登記に反映させるための方策を採る前提として、登記所が住民基本台帳ネットワークシステムから所有権の登記名義人の死亡情報や氏名又は名称及び住所の変更情報を取得するため、次のような仕組みを設けるものとする。

①　自然人である所有権の登記名義人は、登記官に対し、自らが所有権の登記名義人として記録されている不動産について、氏名及び住所の情報に加えて、生年月日等の情報（検索用情報）（注）を提供するものとする。この場合において、検索用情報は登記記録上に公示せず、登記所内部において保有するデータとして扱うものとする。

②　登記官は、氏名、住所及び検索用情報を検索キーとして、住民基本台帳ネットワークシステムに定期的に照会を行うなどして自然人である登記名義人の死亡の事実や氏名又は名称及び住所の変更の事実を把握するものとする。

（注）上記の新たな仕組みに係る規定の施行後においては、新たに所有権の登記名義人となる者は、その登記申請の際に、検索用情報の提供を必ず行うものとする。当該規定の施行前に既に所有権の登記名義人となっている者については、その不動産の特定に必要な情報、自己が当該不動産の登記名義人であることを証する情報及び検索用情報の内容を証する情報とともに、検索用情報の提供を任意に行うことができるものとする。

第4　登記義務者の所在が知れない場合等における登記手続の簡略化

1　登記義務者の所在が知れない場合の一定の登記の抹消手続の簡略化

(1)　不動産登記法第70条第1項及び第2項に規定する公示催告及び除権決定の手続による単独での登記の抹消手続の特例として、次のような規律を設けるものとする。

不動産登記法第70条第1項の登記が地上権、永小作権、質権、賃借権若しくは採石権に関する登記又は買戻しの特約に関する登記であり、かつ、登記された存続期間又は買戻しの期間が満了している場合において、相当の調査が行われたと認められるものとして法務省令で定める方法により調査を行ってもなお共同して登記の抹消の申請をすべき者の所在が判明しないときは、その者の所在が知れないものとみなして、同項の規定を適用する。

(2)　買戻しの特約に関する登記の抹消手続の簡略化として、次のような規律を設けるものとする。

買戻しの特約に関する登記がされている場合において、契約の日から10年を経過したときは、不動産登記法第60条の規定にかかわらず、登記権利者は、単独で当該登記の抹消を申請することができる。

2　解散した法人の担保権に関する登記の抹消手続の簡略化

解散した法人の担保権に関する登記の抹消手続を簡略化する方策として、次のような規律を設けるものとする。

登記権利者は、共同して登記の抹消の申請をすべき法人が解散し、前記1⑴に規定する方法により調査を行ってもなおその法人の清算人の所在が判明しないためその法人と共同して先取特権、質権又は抵当権に関する登記の抹消を申請することができない場合において、被担保債権の弁済期から30年を経過し、かつ、当該法人の解散の日から30年を経過したときは、不動産登記法第60条の規定にかかわらず、単独で当該登記の抹消を申請することができる。

第5　その他の見直し事項

1　登記名義人の特定に係る登記事項の見直し

所有権の登記の登記事項に関し、次のような規律を設けるものとする。

所有権の登記名義人が法人であるときは、会社法人等番号（商業登記法（昭和38年法律第125号）第7条（他の法令において準用する場合を含む。）に規定する会社法人等番号をいう。）その他の特定の法人を識別するために必要な事項として法務省令で定めるものを登記事項とする。

2　外国に住所を有する登記名義人の所在を把握するための方策

⑴　国内における連絡先となる者の登記

所有権の登記の登記事項に関し、次のような規律を設けるものとする。

所有権の登記名義人が国内に住所を有しないときは、その国内における連絡先となる者の氏名又は名称及び住所その他の国内における連絡先に関する事項として法務省令で定めるものを登記事項とする（注1）（注2）。

（注1）連絡先として第三者の氏名又は名称及び住所を登記する場合には、当該第三者の承諾があること、また、当該第三者は国内に住所を有するものであることを要件とする。

（注2）連絡先となる者の氏名又は名称及び住所等の登記事項に変更があった場合には、所有権の登記名義人のほか、連絡先として第三者が登記されている場合には当該第三者が単独で変更の登記の申請をすることができるものとする。

⑵　外国に住所を有する外国人についての住所証明情報の見直し

外国に住所を有する外国人（法人を含む。）が所有権の登記名義人となろうとする場合に必要となる住所証明情報については、次の①又は②のいずれかとするものとする。

①　外国政府等の発行した住所証明情報

②　住所を証明する公証人の作成に係る書面（外国政府等の発行した本人確認書類の写しが添付されたものに限る。）

3　附属書類の閲覧制度の見直し

登記簿の附属書類（不動産登記法第121条第1項の図面を除く。）の閲覧制度に関し、閲覧の可否の基準を合理化する観点等から、次のような規律を設けるものとする。

①　何人も、登記官に対し、手数料を納付して、自己を申請人とする登記記録に係る登記簿の附属書類（不動産登記法第121条第1項の図面を除く。）（電磁的記録にあっては、記録された情報の内容を法務省令で定める方法により表示したもの。後記②において同じ。）の閲覧を請求することができる。

②　登記簿の附属書類（不動産登記法第121条第1項の図面及び前記①に規定する登記簿の附属書類を除く。）（電磁的記録にあっては、記録された情報の内容を法務省令で定める方法により表示したもの）の閲覧につき正当な理由があると認められる者は、登記官に対し、法務省令で定めるところにより、手数料を納付して、その全部又は一部（その正当な理由があると認められる部分に限る。）の閲覧を請求することができる。

4　所有不動産記録証明制度（仮称）の創設

相続人による相続登記の申請を促進する観点も踏まえ、自然人及び法人を対象とする所有不動産記録証明制度（仮称）として、次のような規律を設けるものとする。

①　何人も、登記官に対し、手数料を納付して、自らが所有権の登記名義人（これに準ずる者として法務省令で定めるものを含む。後記②において同じ。）として記録されている不動産に係る登記記録に記録されている事項のうち法務省令で定めるもの（記録がないときは、その旨）を証明した書面（以下「所有不動産記録証明書（仮称）」という。）の交付を請求することができる。

②　所有権の登記名義人について相続その他の一般承継があったときは、相続人その他の一般承継人は、登記官に対し、手数料を納付して、当該所有権の登記名義人の所有不動産記録証明書（仮称）の交付を請求することができる。

③　①及び②の交付の請求は、法務大臣の指定する登記所の登記官に対し、法務省令で定めるところにより、することができる。

④　不動産登記法第119条第3項及び第4項の規定は、所有不動産記録証明書（仮称）の手数料について準用する。

（注1）ただし、現在の登記記録に記録されている所有権の登記名義人の氏名又は名称及び住所は過去の一定時点のものであり、必ずしもその情報が更新されているものではないことなどから、請求された登記名義人の氏名又は名称及び住所等の情報に基づいてシステム検索を行った結果を証明する所有不動産記録証明制度（仮称）は、飽くまでこれらの情報に一致したものを一覧的に証明するものであり、不動産の網羅性等に関しては技術的な限界があることが前提である。

(注2)①及び②の規律は、代理人による交付請求も許容することを前提としている。

5　被害者保護のための住所情報の公開の見直し

不動産登記法第119条に基づく登記事項証明書の交付等に関し、次のような規律を設けるものとする。

登記官は、不動産登記法第119条第1項及び第2項の規定にかかわらず、登記記録に記録されている者（自然人であるものに限る。）の住所が明らかにされることにより、人の生命若しくは身体に危害を及ぼすおそれがある場合又はこれに準ずる程度に心身に有害な影響を及ぼすおそれがあるものとして法務省令で定める場合において、その者からの申出があったときは、法務省令で定めるところにより、同条第1項及び第2項に規定する各書面に当該住所に代わるものとして法務省令で定める事項を記載しなければならない。

第3部　土地所有権の国庫への帰属の承認等に関する制度の創設

次のような規律を内容とする、相続等により取得した土地所有権の国庫への帰属に関する制度（以下「本制度」という。）を創設するものとする。

1①　土地の所有者（相続又は遺贈（相続人に対する遺贈に限る。以下同じ。）によりその土地の所有権の全部又は一部を取得した者に限る。）は、法務大臣に対し、その土地の所有権を国庫に帰属させることについての承認を求めることができる。

②　土地が数人の共有に属する場合においては、①の法務大臣に対する承認の申請（以下「承認申請」という。）は、共有者の全員が共同して行うときに限り、することができる。この場合において、相続等以外の原因により当該土地の共有持分の全部を取得した共有者は、相続等により共有持分の全部又は一部を取得した共有者と共同して行うときに限り、①の規律にかかわらず、承認申請をすることができる。

2　1の承認申請をする者（以下「承認申請者」という。）は、承認申請に対する審査に要する実費の額を考慮して政令で定める額の手数料を納めなければならない。

3　法務大臣は、承認申請に係る土地が次のいずれにも該当しないと認めるときは、その土地の所有権の国庫への帰属についての承認をしなければならない。

①　建物の存する土地

②　担保権又は使用及び収益を目的とする権利が設定されている土地

③　通路その他の他人による使用が予定される土地として政令で定めるものが含まれる土地

④　土壌汚染対策法第2条第1項に規定する特定有害物質（法務省令で定める基準を超えるものに限る。）により汚染されている土地

⑤　境界が明らかでない土地その他の所有権の存否、帰属又は範囲について争いがある土地
⑥　崖（勾配、高さその他の事項について政令で定める基準に該当するものに限る。）がある土地のうち、その通常の管理に当たり過分の費用又は労力を要するもの
⑦　土地の通常の管理又は処分を阻害する工作物、車両又は樹木その他の有体物が地上に存する土地
⑧　除去しなければ土地の通常の管理又は処分をすることができない有体物が地下に存する土地
⑨　隣接する土地の所有者その他の者との争訟によらなければ通常の管理又は処分をすることができない土地として政令で定めるもの
⑩　①から⑨までに掲げる土地のほか、通常の管理又は処分をするに当たり過分の費用又は労力を要する土地として政令で定めるもの

4　3の承認は、土地の一筆ごとにするものとする。

5①　法務大臣は、承認申請に係る審査をするため必要があると認めるときは、その職員に事実の調査をさせることができる。
②　①により事実の調査をする職員は、承認申請に係る土地又はその周辺の地域に所在する土地の実地調査をすること、承認申請者その他の関係者からその知っている事実を聴取し又は資料の提出を求めることその他承認申請に係る審査のために必要な調査をすることができる。
③　法務大臣は、①の事実の調査を行うため必要があると認めるときは、関係行政機関の長、関係地方公共団体の長、関係のある公私の団体その他の関係者に対し、資料の提供、説明、事実の調査の援助その他必要な協力を求めることができる。
④　法務大臣は、その職員が②により承認申請に係る土地又はその周辺の地域に所在する土地の実地調査をする場合において、必要があると認めるときは、その必要の限度において、その職員に、他人の土地に立ち入らせることができる。

6　法務大臣は、次に掲げる場合には、承認申請を却下しなければならない。
①　承認申請が申請の権限を有しない者の申請によるとき
②　申請書の内容に不備があるとき
③　承認申請者が2の手数料を納付しないとき
④　承認申請者が、正当な理由がないのに、5の調査に応じないとき

7　承認申請者は、3の承認があったときは、承認に係る土地につき、国有地の種目ごとにその管理に要する10年分の標準的な費用の額を勘案して政令で定めるところにより算定した額（以下「負担金」という。）を納付しなければならない。

8　承認申請者が負担金を納付したときは、その納付の時において、3の承認に係る土地の所有権が国庫に帰属する。

9　3の承認に係る土地について当該承認の時において3のいずれかに該当する事由があったことによって国に損害が生じたときは、当該事由を知りながら告げずに3の承認を受けた者は、国に対してその損害を賠償する責任を負う。

10①　法務大臣は、承認申請者が偽りその他不正の手段により3の承認を受けたことが判明したときは、3の承認を取り消すことができる。

②　法務大臣は、①の取消しをしようとするとき（承認申請に係る土地が8の規律により国庫に帰属している場合に限る。）は、8の規律により国庫に帰属した土地（以下「国庫帰属地」という。）を所管する各省各庁の長（当該土地が交換、売払い又は譲与により国有財産でなくなったときは、当該交換等が生じた時に当該土地を所管していた各省各庁の長）の意見を聴くものとする。

③　法務大臣は、国庫帰属地が交換等により国有財産でなくなった場合又は国庫帰属地につき貸付け、信託又は権利の設定がされた場合において、①の取消しをしようとするときは、国庫帰属地の所有権を取得した者（転得者を含む。）及び国庫帰属地に係る所有権以外の権利を取得した者の同意を得なければならない。

11　本制度における法務大臣の権限は、法務省令で定めるところにより、その一部を法務局又は地方法務局の長に委任することができる。

（注1）民法に所有権の放棄に関する新たな規律は設けないこととする。

（注2）国は、3の承認がされた場合には、土地の所有権を所有者から承継取得する（承認申請者が無権利者であった場合には、承継の効果を生じない。）。

（注3）法務大臣は、3の承認をしようとするときは、あらかじめ、当該承認に係る土地の管理について、財務大臣及び農林水産大臣の意見を聴くものとする。ただし、主に農用地又は森林として利用されている土地ではないと明らかに認められる場合は、この限りではないものとする。

（注4）5については、事前の通知など、立入りの手続に関する規律を設ける。

（注5）8につき、3の承認後に、承認申請者が負担金を一定期間内に納付しないときは、承認はその効力を失うものとする。

（注6）10の取消しの規律は、法務大臣が、承認を取り消し、土地所有権の国庫への帰属（承継）を遡及的に無効とすることができることを前提にしている。

（注7）その他国庫に帰属した土地の管理に関する所要の規律を設ける。

第4部　その他

その他所要の規定を整備するものとする。

参考図書

・『相続財産管理人、不在者財産管理人に関する実務—財産管理、相続人の探索、選任の申立て、相続放棄の対応、権限外行為許可、相続財産の清算、登記、不在者への対応、失踪宣告—』（正影秀明／著、日本加除出版、2018年）

・『空き家問題解決のための政策法務—法施行後の現状と対策—』（北村喜宣／著、第一法規、2018年）

・『行政代執行の理論と実践』（北村喜宣、須藤陽子、中原茂樹、宇那木正寛／共著、　ぎょうせい、2015年）

・『所有者所在不明・相続人不存在の空家対応マニュアル～財産管理人制度の利用の手引き～』（空家問題対策プロジェクトチーム、川口市、2017年）

・『不在者財産管理人制度活用マニュアル』（八尾市、2019年）

・「空家特措法の施行と税務行政現場」（永田有香（摂津市））（『自治実務セミナー』2017年6月号、第一法規）

・『土地の「所有者不明化」～自治体アンケートが示す問題の実態～』（東京財団、2016年）

・『国土の不明化・死蔵化の危機～失われる国土Ⅲ～』（東京財団、2014年）

・『『時代に合致した不動産所有のカタチと制度』～空き家増加や所有者不明化問題等に対応でき、減少する人口動向に合わせた国土再生を実現するための制度提案～』（日本司法書士会連合会司法書士総合研究所業務開発研究部会、2019年）

■著者紹介

松木　利史（まつき　としのぶ）

川口市生まれ。
私立海城高等学校、国立千葉大学法経学部法学科卒業。
平成７年川口市役所に入庁。
都市計画部建築指導課、㈶川口産業振興公社、水道局給水管理課、企画財政部総合政策課、総務部総務課を経て平成29年から都市計画部住宅政策課空き家対策係で、空き家の対策を行う。

事例でわかる！
空き家対策実務マニュアル
「財産管理人制度」と「略式代執行」の使い方

令和３年８月20日　第１刷発行

著　者　松木　利史

発　行　株式会社ぎょうせい

〒136-8575　東京都江東区新木場1-18-11
URL：https://gyosei.jp

フリーコール　0120-953-431
ぎょうせい　お問い合わせ　検索　https://gyosei.jp/inquiry/

〈検印省略〉

印刷　ぎょうせいデジタル株式会社

ISBN978-4-324-10906-9
（5108658-00-000）
〔略号：空き家マニュアル〕